刑事疑案解析

● 让客观证据"说话"

琰初 —— 著

人民法院出版社

图书在版编目（CIP）数据

刑事疑案解析：让客观证据"说话" / 琰初著.
北京：人民法院出版社，2024.10. -- ISBN 978-7-5109-4255-6

Ⅰ. D924.05
中国国家版本馆CIP数据核字第2024R0H183号

刑事疑案解析：让客观证据"说话"

琰初 著

策划编辑	韦钦平、张 怡
责任编辑	张 怡
出版发行	人民法院出版社
地　　址	北京市东城区东交民巷27号（100745）
电　　话	（010）67550691（责任编辑）　67550558（发行部查询）
	65223677（读者服务部）
客服QQ	2092078039
网　　址	http://www.courtbook.com.cn
E - mail	courtpress@sohu.com
印　　刷	保定市中画美凯印刷有限公司
经　　销	新华书店
开　　本	787毫米×1092毫米　1/16
字　　数	287千字
印　　张	18
版　　次	2024年10月第1版　2024年10月第1次印刷
书　　号	ISBN 978-7-5109-4255-6
定　　价	65.00元

版权所有　侵权必究

前言

释法说理因其独具的法律理性而拥有不可替代的说服力。笔者作为长期从事刑事审判工作的法官,写作本书之目的,正是要通过法官审理刑事案件的角度,揭开法官分析运用证据时的"神秘面纱",希望通过"法官说"来讲述法官内心如何对证据进行取舍和研判,从而展现案件法律事实形成的过程。

刑事案件的实体审理分为两个阶段,第一阶段是审理案件的法官对照《刑事诉讼法》等规定,对在案证据进行审查、分析、判断,确认定案的依据,查明被告人是否实施起诉指控的犯罪行为等案件事实;第二阶段是在已确定的案件事实的基础上,对照《刑法》等规定,对被告人是否构成犯罪、构成何罪、如何量刑等方面进行法律适用。案情简单、证据确凿、事实清楚、法律关系明了的案件因不具有争议性,缺乏讨论的价值;案情复杂、证据存疑、事实难决、法律关系交织的案件,因其在罪与非罪、此罪与彼罪之间游走,差之毫厘,谬以千里,而具有较大的研究价值和探讨空间。在刑事审判实践中,法官都会遇见对在案的关键证据、核心证据有疑问,继而对被告人是否实施犯罪行为等基本事实难以作出决断的案件,这类案件即为本书所致力研究的刑事疑案。

刑事疑案的形成源自多种因素,诸如犯罪行为隐蔽、证据收集困难、侦查方向错误、作案人刻意隐瞒、证人记忆误差等事件的介入,都可以将案件的本来面目、客观真相切割得支离破碎,难以还原,从而留下诸多疑点,使审理案件的法官在求证过程中难以辨别、难以取舍、难以决断,从而难以形成内心确信。如何看待并处理刑事疑案，是法官摆在案头、思在心头的现实难题。

作为法官，我们孜孜以求的司法目标是在依法办案过程中努力做到不枉不纵，守住"社会公平正义的最后一道防线"①，即在法律规制的框架内，既不冤枉好人，也不放纵犯罪分子。"不枉不纵"是我们向往并不懈追求的最终目标，是激励我们前进的永恒动力，而实践、求索之道路漫长且困难重重，不仅要求法官树立正确的审判理念，要有社会责任感和勇于担当的精神，更需要具备高超的司法技能。

本书第一章讲述法官审理刑事疑案的理念问题，详细介绍了刑事疑案形成的原因，谈到了刑事疑案与疑点案件、疑难案件、疑罪案件的关系与区别，论证了疑罪从无原则被滥用的现实可能性与不利后果，提出了处理刑事疑案的思路与对策，从而引导法官践行"努力让人民群众在每一个司法案件中感受到公平正义"②的宗旨。

本书第二章论述法官在审理刑事疑案过程中如何进行证据分析、证据运用的实务问题。为此，笔者精心设计了一起模拟案例，通过法官们对该案例的讨论，折射出法官们在刑事疑案证据审查、分析、判断等方面所持的理念、存在的困惑以及不同的认识，据此提炼出法官审理疑案时证据运用的基本规则与方法。

对于证据运用理论及规则与方法的研究，一直是我国刑事司法界的短板。一方面，司法理论界与司法实务界相互之间连接的桥梁相对封闭，较少有实质性的交流互动。在理论界，学者普遍缺乏实践经验，所研究的基本上是案件事实已经打磨成型、只在定罪量刑等法律适用方面存有分歧的案例，而对于如何运用证据认定案件事实等方面却鲜有研究，关于证据运用方面的理论研究成果不足。在实务界，老一代的法官素质参差不齐，难以将自己的

---

① 习近平：《关于〈中共中央关于全面推进依法治国若干重大问题的决定〉的说明》，载本书编写组：《〈中共中央关于全面推进依法治国若干重大问题的决定〉辅导读本》，人民出版社2014年版，第57页。

② 习近平：《决胜全面建成小康社会 夺取新时代中国特色社会主义伟大胜利——在中国共产党第十九次全国代表大会上的报告（2017年10月18日）》，载本书编写组：《党的十九大报告辅导读本》，人民出版社2017年版，第38页。

办案经验、办案心得形成理论，再用于指导实践；年轻的法官审判经验不足，缺乏办理重大、复杂刑事疑案的经历，难以对这类案件的证据运用等方面进行理论提升。以往，法院对证据采信理由通常语焉不详，在裁判文书中对证据运用进行阐述的更是少之又少。

认定案件事实需要达到何种证明程度？即认定被告人犯罪需要什么样的证明标准？国际社会不同法系均有各自的标准。英美法系国家采用"排除合理怀疑"的证明标准，大陆法系国家采用"内心确信"的证明标准，我国经历了从"证据确实、充分"到"证据确实、充分，排除合理怀疑"标准的转变，"证据确实、充分"即要求定案证据已经查证属实并在量上达到足以得出确定结论的程度。相比而言，我国的刑事诉讼证明标准更为严苛。

本书第三章采取案例研究的实证分析方法，从真实的案例中详解案件审理的司法过程，其旨趣不在于宣告判决内容本身，而在于完整呈现逻辑推断、证据运用的过程。因此案例没有具体说明被告人最终被认定的罪名，也没有说明对被告人所判处的刑罚，而只是说明根据在案证据如何锁定案件事实。该章精选了10起刑事杀人疑案实例，每一起案件的证据体系都有不同的特点，通过阐释法官在审案过程中，如何依据在案证据，针对个案不同的证据特点，运用经验、逻辑等方法，进行证据运用、证据分析，让客观证据"说话"，进而得出于法有据、合乎情理、确定无疑的结论：

案例一：被告人周某某故意杀人疑案。作案人事先进行了谋划，杀死被害人后隐藏其尸体，致使10余天后才案发；现场未提取到作案人留下的蛛丝马迹，也没有任何人目击作案人行凶；该案发生的当晚，现场周边还发生多起盗窃案，扰乱了警方的侦查视线；被告人认罪后翻供，警方取得被告人有罪供述的合法性存疑，"毒树之果"如何取舍……

案例二：被告人喻某某故意杀人疑案。该案发生在光天化日之下，作案人在开放的场所杀害2名儿童，但无人目击凶手作案；现场提取的足印是否系被告人所留，鉴定机构的意见存在分歧；现场提取的足印是否系被告人作案时所留，尚需甄别；被告人系智障，且认罪后翻供，其有罪供述能否采信……

案例三：被告人刘某故意杀人疑案。该案系黑社会性质组织犯罪，身为黑社会性质组织的组织者、领导者和首要分子，被告人深藏于幕后，单独对该组织中另一名组织者、领导者发号施令；被告人归案后拒不认罪，零口供；如何采信"一对一"的证据；如何认定"零口供"的案件事实……

案例四：被告人尤某某故意杀人疑案。直接实施杀人行为的凶手死亡；被告人隐藏于幕后，故意制造其不在作案现场、没有参与杀人的假象；无人直接证实被告人参与杀人；被告人认罪后翻供，其有罪供述能否采信；如何运用技侦资料；如何排除案件疑点……

案例五：被告人苏某某故意杀人疑案。作案人杀人、纵火行为无人目睹；现场因群众救火遭到严重破坏，未提取到任何痕迹物证；警方经搜寻提取到斧头及衣服、毛巾等疑似作案物证，但未能检出人类DNA图谱，致使该物证与本案的关联性产生疑问；被告人的有罪供述不稳定，尚需甄别，如何通过情理分析认定案件事实……

案例六：被告人严某某故意杀人疑案。作案人杀人后用浓硫酸毁尸灭迹，致使被害人"死不见尸"，如何判定被害人已死亡；被告人先否认杀人、后认罪、再翻供，如何甄别其供述与辩解；"先供后证""毒树之果"等证据如何认定；如何借助经验法则、逻辑推理等方法，运用间接证据定案……

案例七：被告人蒋某某故意杀人、放火疑案。作案人杀人后纵火焚烧现场，造成数人死亡，火灾引发的爆炸现象及案发后的救火行为导致现场连续破坏，一片狼藉，许多重要的痕迹物证无法提取；作案人将被害人余某某捂死后为其举行了葬礼仪式，作案方式较为奇特；被害人余某某之夫被告人蒋某某于起火爆炸前离家逃逸，滞留外地长期不归；蒋某某归案后时而认罪、时而翻供，其有罪供述的主要内容与现场勘验检查笔录、尸检检验意见等证据严重不符，蒋某某是否系作案人存疑；如何运用经验法则、逻辑推理、情理分析认定案件事实；如何排除案件中的疑点问题……

案例八：被告人李某1、李某2抢劫杀人疑案。被告人供述杀死被害人后劫取钱财并抛尸于洞庭湖，但被害人尸体至今未找到，能否认定被告人实施了抢劫、杀人行为？能否认定被害人死亡……

案例九：被告人陈某某故意杀人疑案。作案人深夜杀人后纵火焚烧现场，居民救火导致现场破坏，造成若干痕迹物证毁损，留下诸多疑点；被害人的同居男友陈某某于案发当晚到过现场，但坚称没有实施杀人纵火行为；陈某某离开现场四五个小时后房屋才起火燃烧，被害人家中未见贵重财物，是否另有他人作案；陈某某有罪供述的取得合法性存疑，如何在排除被告人有罪供述的情况下认定重大杀人疑案事实；如何把握案件的重要时间节点和关键情节，如何通过逻辑分析和排除法锁定作案人……

案例十：被告人杨某某涉嫌故意杀人疑案。案发地为地下性交易场所，被害人为化名卖淫女，交往对象复杂，很难通过排查等方式寻找作案人；作案人杀人后用报纸擦拭血迹，但卷宗材料未反映现场有作案人的痕迹物证遗留；警方以悬赏方式征集破案线索，举报人仅因杨某某近期行为反常即向警方检举其有作案嫌疑，但现场目击证人均不能辨认杨某某系作案人；被告人智力异常，且其供述不稳定，时供时翻，随供随翻，凶手是否另有其人……

本书将一一为您揭开这10起刑事疑案的神秘面纱。

法官审理刑事疑案的过程，既是传扬司法理念的过程，也是运用司法技能的过程，更是展现司法智慧的过程。笔者在具体案件证据运用的心证过程中，采取的是较为开放、较为包容、较为自主的观念与方法，有的观点可能失之偏颇，值得商榷，只期待能够抛砖引玉，引起法学理论界、司法实务界的共鸣与探讨，从而收集到更多宝贵的意见与建议，促进法官审判理念、实务技能的全面提升。

琰初

2024 年 6 月

目录

第一章 刑事疑案审判理念
——兼谈如何防范疑罪从无原则的滥用 / 1

一、防范疑罪从无原则被滥用 / 1
　（一）疑罪从无原则可能被滥用的现实因素 / 2
　（二）疑罪从无原则可能被滥用的具体表现 / 5
　（三）疑罪从无原则被滥用的不利后果 / 7
二、应对之策——恪守公平正义司法理念 / 9
　（一）司法伦理基础：勇于担当 / 9
　（二）裁判理性基础：证据裁判 / 10
　（三）裁判原则基础：中正之道 / 12
　（四）队伍建设基础：素质提升 / 13

第二章 刑事疑案审判证据运用
——从"深夜运尸案"谈起 / 15

一、模拟案例 / 15
二、案件讨论过程及问题提出 / 16
三、证据裁判原则内涵及相关实务问题 / 22
　（一）核心基础：证据定案 / 23
　（二）前提条件：证据资格 / 27
　（三）程序保障：法庭质证 / 31

　　（四）灵活心证：防错纠偏 / 35
　四、证据运用实务技能与方法 / 38
　　（一）全面掌握证据 / 39
　　（二）系统运用证据 / 40
　　（三）找寻核心证据 / 42
　　（四）发现先供后证的证据 / 43
　　（五）严密运用逻辑推理 / 44
　　（六）善于运用经验法则 / 52
　　（七）重视被告人的辩解 / 56
　　（八）排除重大疑点 / 61

第三章　刑事疑案实证分析 / 65

　案例一：有罪供述存疑　盗粮证据链破解杀人事实 / 66
　　——被告人周某某故意杀人疑案解析 / 66
　　一、发案、破案情况 / 66
　　二、在案证据 / 67
　　三、证据特点 / 76
　　四、证据分析 / 79

　案例二：鉴定意见分歧　现场残缺足印甄别作案人 / 86
　　——被告人喻某某故意杀人疑案解析 / 86
　　一、发案、破案情况 / 86
　　二、在案证据 / 87
　　三、证据特点 / 94
　　四、证据分析 / 95

　案例三：被告人"零口供""一对一"证据分析推定幕后指挥者
　　——被告人刘某故意杀人疑案解析 / 105
　　一、发案、破案情况 / 105
　　二、在案证据 / 107
　　三、证据特点 / 114

四、证据分析 / 115

案例四：直接凶手死亡　间接证据结合技侦资料锁定共谋人
　　　　——被告人尤某某故意杀人疑案解析 / 120
　　一、发案、破案情况 / 120
　　二、在案证据 / 122
　　三、证据特点 / 129
　　四、证据分析 / 130

案例五：物证关联存疑　"先供后证"隐蔽情节印证有罪供述真实性
　　　　——被告人苏某某故意杀人疑案解析 / 143
　　一、发案、破案情况 / 143
　　二、在案证据 / 144
　　三、证据特点 / 149
　　四、证据分析 / 150

案例六：被告供述反复　先供后证细节结合经验法则、逻辑推理排除
　　　　"死不见尸"疑点——被告人严某某故意杀人疑案解析 / 160
　　一、发案、破案情况 / 160
　　二、在案证据 / 161
　　三、证据特点 / 166
　　四、证据分析 / 168

案例七：供证严重不符　特殊作案方式结合经验法则、情理分析、逻辑
　　　　推理还原作案事实——被告人蒋某某故意杀人、放火
　　　　疑案解析 / 176
　　一、发案、破案情况 / 176
　　二、在案证据 / 177
　　三、证据特点 / 192
　　四、证据分析 / 192

案例八：尸体沉湖失迹　客观证据结合经验法则推定被害人死亡事实
　　——被告人李某1、李某2抢劫疑案解析 / 199
　　一、发案、破案情况 / 199
　　二、在案证据 / 200
　　三、证据特点 / 208
　　四、证据分析 / 210

案例九：放火时间存疑　重要时间节点和关键情节梳理锁定作案人
　　——被告人陈某某故意杀人疑案解析 / 214
　　一、发案、破案情况 / 214
　　二、在案证据 / 215
　　三、证据特点 / 237
　　四、证据分析 / 238

案例十：核心证据缺失　仅依被告人不稳定的有罪供述认定案情造成冤案
　　——被告人杨某某涉嫌故意杀人疑案解析 / 245
　　一、发案、破案情况 / 245
　　二、在案证据 / 246
　　三、证据特点 / 257
　　四、证据分析 / 258
　　五、后续案情——真凶落网 / 263

参考文献 / 265

第一版后记 / 269

再版后记 / 272

第一章 刑事疑案审判理念
——兼谈如何防范疑罪从无原则的滥用

刑事司法实践中,受制于犯罪的隐蔽性、证据收集的复杂性以及被告人刻意隐瞒、证人记忆误差、侦查方向错误等诸多因素,刑事案件的客观真相往往难以还原,从而留给审案法官诸多疑问,如果个中疑点比较突出,继而影响到法官对被告人是否实施犯罪难以作出决断时,则形成了刑事疑案。如计划周密的谋杀案、现场不留痕迹的投毒案、找不到被害人尸体的凶杀案、主犯深藏于幕后的有组织犯罪案、证据瑕疵较多的疑难案等,都是法官在从事刑事审判工作过程中屡见不鲜的刑事疑案,疑案审判是刑事审判的常态。刑事疑案经过法庭审判,不外乎三个结局:一是真凶受到法律追究,正义得以实现;二是真凶被无罪释放,被害人的冤屈无处伸张;三是无辜之人受到冤究,形成了冤案,被害人及被告人的合法权益均受到损害。可以说,每一起刑事疑案的审判,稍有不慎,都有可能造成无比惨痛的结局。因此,我们必须对刑事疑案审判予以重视并进行深入研究,以期建立指导疑案审判的科学思维和正确理念。

一、防范疑罪从无原则被滥用

何为刑事疑案?案件疑点达到什么程度才能称之为疑罪案件?法学理论界鲜有研究,没能为司法实务界提供一个具有实践操作意义的定义;司法工作人员素质参差不齐,对于刑事疑案的证据如何运用、如何采信,各

自有不同的认识;现实中的刑事疑案形形色色,每一起案件都存在有别于其他案件的突出疑点问题,根本不可能有照搬照抄予以套用的模式等,这些都为"疑罪从无"被滥用于疑案处理提供了现实可能性,必须引起我们的警惕。

（一）疑罪从无原则可能被滥用的现实因素

1. 混淆"疑案"与"疑罪"。

刑事审判司法实践中,法官经常会对"疑案""疑点案件""疑难案件""疑罪案件"等各种概念产生困惑,因此,有必要对各类案件的界限一一进行梳理和区分。

犯罪就像打碎花瓶,而破案、审案则是收集花瓶碎片,尽量还原花瓶本来面貌的一个过程。司法实践中,受制于案内、案外的多种因素,许多案件或多或少存在疑点,如同部分花瓶碎片无法收集一样,这是一个普遍存在的客观现象。这种存在疑点的案件,我们称之为疑点案件。如果个中疑点比较突出,继而影响审案法官内心对被告人是否实施作案行为等基本案件事实以及被告人构成何种犯罪等法律适用问题难以决断时,通常我们就将该类案件称之为刑事疑难案件。即刑事疑难案件一般包括两种：事实证据认定上的疑难案件与法律适用上的疑难案件。

法学理论界一般研究的是案件事实已经打磨成型但在法律适用上有争议的疑难案件,有学者直接将疑难案件定义为"在法律的理解与适用方面存在困难和争议的案件"①,针对法律上的空白、法律规则中的瑕疵和矛盾,从纯粹语言角度、从语言分析哲学立场、从法律原则与法律规则的冲突与选择角度是有展开讨论的可能性的;而事实证据认定上的疑难案件,对于如何运用证据认定案件事实及法官审案时如何依据证据形成内心确信等方面的理论一直是我国刑事司法界的短板。由于制度缺失等原因,法学理论界与司法实

---

① 孙海波:《不存在疑难案件?》,载《法制与社会发展》2017年第4期。

务界双方各行其是，只是偶尔来些隔空对话。一方面，由于缺乏实践经验，理论界的学者只能充分发挥自己的想象能力，或凭空设计一些稀奇古怪的司法案例，辨法析理，而这些案例大多在司法实务界难得一遇，几乎没有借鉴价值和意义；或针对司法实务界已经作出生效裁判的文书进行分析论证，阐述自己的观点，但由于这些学者并没有参与案件办理，无法审阅全部卷宗材料，故其就文书论法理的依据不够充分；有些学者虽然接受当事人委托担任辩护人参与刑事诉讼，但很难遇到重大、复杂的刑事疑案，而且这些学者很少深度参与案件的实体审查。更为重要的是，理论界的学者所研究的几乎都是案件事实已经打磨成型、只在定罪量刑等法律适用方面存有分歧的案例，而对于如何运用证据认定案件事实及法官审案时如何进行内心确信等方面却鲜有研究，关于证据运用方面的理论研究成果严重不足，难以指导司法实践。另一方面，在司法实务界，老一代的法官素质参差不齐，且有的只顾埋头审案，对理论研究不甚关注，或囿于理论水平，无法将自己的办案经验、办案心得上升到理论层面，再用于指导实践；年轻的法官虽具有较高的文化素质、法律素养，但审判经验不足，缺乏审判重大、复杂刑事疑案的经验，自然也就无法对这类案件的证据运用和事实认定等方面进行经验总结及理论提升。本书所探讨的刑事疑案，正是刑事司法领域研究极为缺乏但具有十分重要意义的在事实证据认定上的疑难案件。

刑事疑难案件不等同于疑罪案件。有学者认为，所谓疑罪是指"已有相当证据证明被告人有重大犯罪嫌疑，但全案证据尚未达到确实、充分的程度，尚不能确认被告人就是真正的罪犯"。疑罪案件是指在认定被告人是否实施犯罪的关键环节，证据之间存在重大矛盾或者存在不能排除的重大疑点的案件，它从属于事实认定上的疑难案件。

由上可见，疑罪案件并不等同于"疑案""疑难案件""疑点案件"（见图1），疑罪案件从属于刑事疑案，且占比很小。如果司法机关不加区分，将"疑案""疑难案件""疑点案件"简单归类为"疑罪案件"，滥用疑罪从无原则，势必会过度放纵犯罪分子，最终会偏离公平正义的轨道。

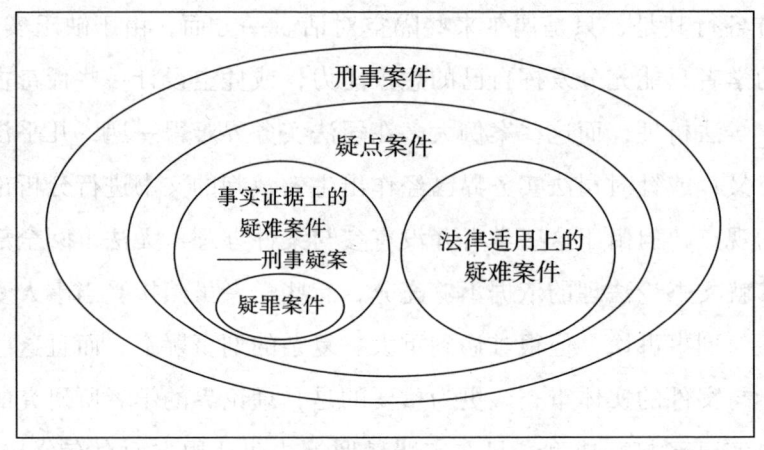

图1 "疑罪"与"疑案"关系示意图

2. 法官职业素养有待提升。

就目前而言,尽管改革开放已40余年,但我国法官队伍的现状,从整体上看,部分地区仍存在老法官素质参差不齐,新法官经验不足的情况。从1979年改革开放到1995年《法官法》颁布实施,各级法院恢复建制后大量缺乏法律专业人才,通过各种渠道招录人员,许多人直接被任命为法官,导致法官队伍素质参差不齐。时至今日,在法院系统内仍有一些从当年的法警、打字员等成长起来的法官。1998年至2002年历时4年的精兵简政,除精简行政编制外,全国各地法院人员招录几近停止,由此造成了当前法官队伍的断层。其后,最高人民法院决定收回死刑案件复核权,最高人民法院及各地高级人民法院为此从下级法院选调优秀刑事法官,同时从应届毕业生中招录大批法官助理、初任法官。他们成绩优秀但缺乏法律或其他职业经验。而"法律的生命从来不是逻辑,而是经验",疑难案件的审理往往不仅需要对现行法律及司法解释等的熟悉理解及融会贯通,而且还需要对以往的法律法规、司法解释、司法政策及司法实践的具体做法有充分的了解和掌握,同时要对常理、情理、事理、伦理等有着深刻且合乎民意人心的体会和领悟,这就需要多年的审判经验积累。这批新进的法学院毕业生(包括硕士研究生、博士研究生）在经历法官员额制改革后，一部分人成为中国最年轻的法官。当前，在法官员额制及法官遴选机制改革的大背景下，法官队伍职业素质正朝向革命化、正规化、专业化、职业化的方向前行，司法裁判权回归于直接审判案件的法官，法官肩负的责任也将越来越重。然而，"罗马不是一天建成的"，缜密的法律思维和周延的逻辑思维需要长期的司法训练和实践锤炼才能形成，法官队伍职业素质建设有待进一步加强。

（二）疑罪从无原则可能被滥用的具体表现

1. 无端猜疑。

毫无缘由地揣测个案中并不存在的疑点问题，以排除合理怀疑为借口否定客观事实。例如，被告人袁某某抢劫杀害友人案。袁某某得知友人带巨额现金贩牛将留宿其家，即起意杀友劫财。袁某某事先将家人安排外出，由其独自接待友人。深夜时分，袁某某持铁锤将友人杀死，并将友人尸体掩埋于其家厕所，劫取友人现金1万余元。案发后，警方在袁某某家中起获了被害人的尸体及其手机等遗物，提取了袁某某作案时所形成的被害人的喷溅状血迹，法医鉴定确认被害人死于钝器打击所致的颅脑损伤。袁某某先期对其杀人劫财行为供认不讳，后翻供，称见被害人深夜发病吐血而亡，担心受牵连而将其尸体掩埋。审理该案时，有法官却提出，因袁某某家未安装大门，不能排除他人进入袁宅实施杀人作案的可能性。但事实上，袁某某根本没有提出他人入宅作案的辩解，只辩称被害人深夜发病吐血而亡，且该"吐血而亡"的辩解理由与案发现场形成的大量喷溅状血迹严重不符。警方经过现场勘查、访问村民，也未发现有外人进入现场作案的任何痕迹与可能性。因此，此时所谓的"合理怀疑"实际是一种无端猜疑。

2. 思维固化。

死抠证据的证明内容，完全抛弃情理分析、经验判断、法律推定。例如，被告人苏某某故意杀害女友案。苏某某在其家中将女友杀害后，在卫生间将女友尸体肢解并抛弃。案发后，警方在苏某某家卫生间墙壁、窗户上提

取了大量被害人的碎肌肉组织,并根据苏某某的供述提取到了被害人的部分尸块。审理该案时,有法官却机械地提出,提取到的被害人部分"尸块"均非人体重要器官,故不能确认被害人已经死亡。该论断明显背离基本常识,让心智健全、精神正常的社会大众难以理解和接受。

3. 放大疑点。

死抠各个证据证明内容不一致的疑点问题不放,从而导致事实认定错误。司法实践中,在证明被告人是否实施某一行为时,通常会出现多个证据,这些证据有的对被告人有利,有的对被告人不利,这是一种客观存在的现象。例如,本书第三章案例二被告人喻某某故意杀人疑案。在案发时间段有4名证人经过凶杀现场。经调查,4名证人均证实看见过2名被害人,但只有1名证人证实看见过被告人;被告人的有罪供述称看见过其中的2名证人;各证人之间或称相互看见或称相互没有看见。据此,有法官认为,仅有1名证人看见被告人在案发现场,系孤证;该证人称看见被告人,但被告人从未谈及看到过该证人,其他证人均证实看见过被害人,但都未看见过被告人,存在证据矛盾,因此不能认定被告人在案发时间段到过作案现场。这种论断显然将案件的小疑点过度放大。日常生活中,人与人之间彼此可见,但并不意味着一定会注意对方、发现对方、记住对方:你看见我,而我没看见你,或者你认为我应该看见了你,但我实际并没有看见你等,这些都是正常现象。因为个体的注意力不同、记忆误差、所处环境差异,均影响人的感知、记忆和判断。另外,个体表达方式的区别、记录人记录能力的差异及记录习惯,均可能导致言词证据的呈现方式有所不同。在案件中,证人证言之间出现差异或许能反映出证人作证内容的真实性;相反,对于证人证言严重雷同或者逐步趋同的情况倒是需要给予充分关注并严格审查。

4. 裁割体系。

在分析证据时,孤立地看待每个证据,人为地割断证据之间的联系,使整个证据体系支离破碎,从而导致事实认定错误。证明案件事实的证据往往都不是孤立的,证据之间存在内在的、客观的、特定的联系,相互印证结成锁链，形成严密的证明体系。在分析、运用证据时，必须充分考虑证据所证事实之间的关联性，从而利用严密的证据锁链还原完整的事实图景。例如，本书第三章案例一被告人周某某故意杀人疑案。周某某杀害被害人后用板车拖走被害人家里的粮食并变卖，证明该事实主要有四个方面的证据：一是证人甲的证言证明其深夜在案发现场附近遇见一男子用板车拖东西；二是证人乙的证言证明周某某次日一大早向其归还板车；三是证人丙的证言及有关条据证明周某某次日一大早卖粮给丙；四是证明被害人家粮食被盗以及被盗粮食的品种和数量与周某某售卖的粮食相符的证据。这四个方面的证据相互印证，足以证实周某某盗走被害人家粮食的事实。但有法官认为，证人甲不能证实运粮者是周某某；证人乙只能证明周某某向其归还板车，既不能证实案发当晚周某某是运粮者，也不能证实板车是案发当晚运粮之物；证人丙只能证明周某某向其卖粮，不能证实该粮食系被盗之物。至此，一个完整的证据链就被"嚓嚓"几刀分解得支离破碎。

（三）疑罪从无原则被滥用的不利后果

疑罪从无原则是现代法治国家刑事审判的重要基本原则之一，被奉为人权司法保障圭臬。然而，对于疑罪从无原则的反思和重新审视的声音始终存在且十分必要，是遵从司法规律的审判经验总结和司法观念进阶式的否定之否定。

疑罪从无原则既无法成为防范冤错案件的唯一出路，也不能成为处理刑事司法顽症的灵丹妙药，故应严格限制，不可曲解，切忌滥用。其一，滥用"疑罪从无"可能会使被害人人权得不到保护，冤情难以伸张。近年来，我们一直强调要保障被告人权利，但被害人权利却较少被提及。基于我国社会现状以及大部分刑事案件被告人的经济履行能力都较差的现实考量，我国《刑事诉讼法》规定的刑事附带民事赔偿范围较小，死亡赔偿金、伤残赔偿金、精神损害抚慰金都不被列入物质损害范围，被害人在其身心遭受严重损害或者被害人近亲属在亲人被残忍杀害的情况下，仅能获得数万元的赔偿

支持,而这还可能因为被告人经济困难而无法执行到位。被害人的人权司法保障只能从罪犯被惩治得以实现。因此,滥用疑罪从无原则处理案件可能使被害人权利被侵害。其二,滥用"疑罪从无"可能导致刑法打击犯罪的功能受损。"疑罪从无"原则多被作为防范冤错案件发生的重要原则,然而,从另一方面看,放纵罪犯也是错案。其三,滥用"疑罪从无"可能损害司法权威,导致负面的社会效果。辛普森案件被视为美国司法制度下疑罪从无原则的典型案件,但在判决作出之时,却引起了美国全体民众、全球媒体和法律人的深刻反思:被害人之一戈德曼的父亲认为,"本案中输掉的不只我们,还有这个国家的法律和正义";哥伦比亚《麦德林报》称,"全世界都认为他(辛普森)有罪";澳大利亚《澳洲新报》称,"这起谋杀案中,除了尼科尔和戈德曼以外还有一个受害者,那就是美国的司法制度"。① 而具有讽刺意味的是,在其后的民事诉讼中,民事陪审团一致认定辛普森对两名受害人之死负有责任,并裁决辛普森赔偿原告方赔偿金及惩罚性赔偿金共计3350万美金。② 尽管辛普森的刑事案件上诉律师可以颇为自豪地宣称:"正义不只是结果本身,它是一个过程。"③ 然而,这两种同样来自法院的矛盾判决,这种相互矛盾的事实认定既不能在法官心中形成真正的内心确信,如此得出的判决结果更不能得到人民群众的普遍认同。法院在判决案件时,应当"适用早先已经存在于民众普遍意识中"的那些东西。④ 从这个意义上讲,人民群众的普遍意识就是正义本身,这也是提出"努力让人民群众在每一个司法案件中感受到公平正义"的思想渊源和理性依据。

---

① 参见郭雳:《从辛普森案看美国的司法制度》,载《政府法制》1996年第1期。
② 参见蔡彦敏:《从O.J.辛普森刑、民事案件评析美国诉讼制度》,载《中外法学》1998年第3期。
③ [美]亚伦·德肖维茨:《合理的怀疑:从辛普森案批判美国司法体系》,高忠义、侯荷婷译,法律出版社2010年版,第187页。
④ [美]约翰·奇普曼·格雷:《法律的性质与渊源》,马驰译,中国政法大学出版社2012年版,第75页。

二、应对之策——恪守公平正义司法理念

刑事诉讼的过程是一个探求事实真相的过程,也是一个惩罚犯罪与保障人权辩证统一的过程。作出裁判本身不是司法的终极目的和价值追求,而正当地裁断刑事案件才是法院的根本任务,"如何适当解决个案纠纷是所有法律人努力的焦点"[①],准确认定事实和证据,尽可能地通过证据还原客观真实是所有刑事法官的努力方向。因此,法官的终极任务与目标是始终如一地恪守公平正义司法理念,努力做到不纵不枉。对于刑事疑案,法官要仔细甄别,根据在案证据,充分运用经验、逻辑、情理、生活常识、法律等知识加以分析、判断和认定,还原案件事实真相,而不是轻率祭出疑罪从无原则。对于在案证据能够证实被告人作案,只是部分事实和部分情节存有疑点的案件,应当对被告人定罪并处以刑罚。而对于部分证据指向被告人作案,但缺乏关键性定案证据的案件,以及对于既不能排除被告人作案,也不能肯定被告人作案的案件,法官应当遵循"疑罪从无"原则,依法作出认定被告人实施犯罪的证据不足、指控不能成立的无罪判决,以防范冤错案件的发生,维护被告人的合法权益。恪守公平正义司法理念,必须做到如下几点。

(一)司法伦理基础:勇于担当

当今中国正在坚定不移地完善中国特色社会主义法治体系、建设社会主义法治国家,越来越强化人权保障意识,法官办案的标准和要求会更高。"正义是法律的生命线,正义与否是衡量法律良善与邪恶的试金石。"[②]"努力让人民群众在每一个司法案件中感受到公平正义"[③]是国家赋予司法机关的神圣使命,需要全体法官内化于心、外化于行,使之成为司法实践中自觉遵循、不懈追求的

[①] [德]卡尔·拉伦茨:《法学方法论》,陈爱娥译,商务印书馆2003年版,第21页。
[②] 汪习根:《法律理念》,武汉大学出版社2006年版,第7页。
[③] 习近平:《决胜全面建成小康社会 夺取新时代中国特色社会主义伟大胜利——在中国共产党第十九次全国代表大会上的报告(2017年10月18日)》,载本书编写组:《党的十九大报告辅导读本》,人民出版社2017年版,第38页。

价值目标。各级法院均有其具体的责任和特定的使命,每一级法院及其法官都要有勇于担当的精神,敢于直面矛盾,妥当处理问题,如此方能不辱使命。如果法官为求自保,回避社会责任,公平正义之梦恐难实现。作为新时代的法官,经常会面对大案、要案、疑案、难案以及新型案件,此时要求法官应当有所作为,有勇挑重担的勇气,有敢于担当的职业精神,运用司法智慧和裁判规则,正确处理好每一个司法案件,实现政治效果、法律效果和社会效果的有机统一。

(二)裁判理性基础:证据裁判

证据是查明案件事实的唯一手段,是正确处理刑事疑案的基础,是进行刑事诉讼活动的基本依据。回顾我国刑事诉讼法的立法、修正过程,虽未明确规定证据裁判原则,但均有"对一切案件的判处都要重证据,重调查研究,不轻信口供"等规定,① 反复强调证据的重要性,"体现了证据裁判原则的精神"②。2007 年,最高人民法院、最高人民检察院、公安部、司法部联合出台的《关于进一步严格依法办案确保办理死刑案件质量的意见》明确提出"坚持证据裁判原则,重证据、不轻信口供""办理死刑案件,要坚持重证据、不轻信口供的原则",在死刑案件办理中首次明确规定证据裁判原则。2010 年,最高人民法院、最高人民检察院、公安部、国家安全部和司法部联合发布《关于办理死刑案件审查判断证据若干问题的规定》(以下简称《办理死刑案件证据规定》)和《关于办理刑事案件排除非法证据若干问题的规定》(以下简称《排除非法证据规定》),成为"刑事证据法发展的重要拐点"③。《办理死刑案件证据规定》第 2 条规定,"认定案件事实,必须以证据为根据",同时在第 5 条明确了办理死刑案件"证据确实、充分"的具体

---

① 1979 年颁布的《刑事诉讼法》第 35 条即作出了相关规定,后 1996 年修订的《刑事诉讼法》第 46 条对此内容进行了保留。
② 陈光中:《刑事证据制度改革若干理论与实践问题之探讨——以两院三部〈两个证据规定〉之公布为视角》,载《中国法学》2010 年第 6 期。
③ 陈卫东:《中国刑事证据法的新发展——评两个证据规定》,载《法学家》2010 年第 5 期。

要求，同时明确死刑案件中"七类事实"必须达到证据确实、充分。① 2012年修订的《刑事诉讼法》在保留1979年《刑事诉讼法》第35条及1996年《刑事诉讼法》第46条的条款内容基础上，对"证据确实、充分"进行了展开，作出三点具体要求，包括引入"排除合理怀疑"规则；② 2013年，《最高人民法院关于适用〈中华人民共和国刑事诉讼法〉的解释》第61条吸收了《办理死刑案件证据规定》第2条"认定案件事实，必须以证据为根据"的规定，证据裁判原则由此明文确立。2014年，党的十八届四中全会召开，这是中国历史上关于司法改革最重要的一次会议，在中国现代法治建设中具有里程碑意义。会议通过的《中共中央关于全面推进依法治国若干重大问题的决定》首次提出"以审判为中心"的诉讼制度改革要求。③ "以审判为中心"的核心是"以庭审为中心"，而庭审实质化的关键就在于"贯彻证据裁判原则"。④

证据裁判原则要求法官在审理刑事疑案时用证据说话，紧紧围绕在案的证据查明并认定案件事实，不能脱离证据搞主观臆断和盲目确信。但是，坚持证据裁判不能死抠证据及刻板地运用证据和证据规则，因为有些证据特别是间接证据是死的，它不会直接讲述案发现场所发生的事情，审查证据是审案法官主观见之于客观的过程，在案证据是否具有合法性、关联性、客观性，需要法官运用专业技能、审判经验进行解读，法官在运用证据时要充分发挥自己的主观能动性，把证据用活、用准，挖掘出证据中所蕴含的有价值

---

① 根据《办理死刑案件证据规定》第5条第3款规定，必须达到证据确实、充分的事实包括：（1）被指控的犯罪事实的发生；（2）被告人实施了犯罪行为与被告人实施犯罪行为的时间、地点、手段、后果以及其他情节；（3）影响被告人定罪的身份情况；（4）被告人有刑事责任能力；（5）被告人的罪过；（6）是否共同犯罪及被告人在共同犯罪中的地位、作用；（7）对被告人从重处罚的事实。
② 2012年《刑事诉讼法》第53条规定："对一切案件的判处都要重证据，重调查研究，不轻信口供。只有被告人供述，没有其他证据的，不能认定被告人有罪和处以刑罚；没有被告人供述，证据确实、充分的，可以认定被告人有罪和处以刑罚。证据确实、充分，应当符合以下条件：（一）定罪量刑的事实都有证据证明；（二）据以定案的证据均经法定程序查证属实；（三）综合全案证据，对所认定事实已排除合理怀疑。"
③ 参见《中共中央关于全面推进依法治国若干重大问题的决定》，载本书编写组：《中共中央关于全面推进依法治国若干重大问题的决定》辅导读本，人民出版社2014年版，第23页。
④ 闵春雷：《以审判为中心：内涵解读及实现路径》，载《法律科学（西北政法大学学报）》2015年第3期。

的东西,正确地认定案件事实。

(三)裁判原则基础:中正之道

1. 正确评价案件疑点。

"疑罪从有""疑罪从轻"是过去疑案审判中导致冤错案件发生的重要原因之一,[①] 但不能因此走向"疑罪从无"的极端,认为只要案件存疑,就滥用疑罪从无原则,一概作无罪处理,将疑罪从无原则作为司法懈怠、个人保全的挡箭牌,将案件的一般疑点简单归结于涉及被告人能否定罪的关键事实、关键证据的重大疑点。《〈最高人民法院关于贯彻宽严相济刑事政策的若干意见〉的理解与适用》一文中提出:"对于定罪证据或者重要量刑证据有疑问、有欠缺,不能排除合理怀疑,不能得出唯一结论,绝对不能适用死刑。"[②] "不能适用死刑"不等于应当适用疑罪从无原则对被告人宣告无罪,对于定罪证据无疑问,能够认定系被告人作案,但关于案件起因、作案过程以及被告人的地位、作用、主观状态等方面的证据有疑问、有欠缺,导致某些重要事实存疑的瑕疵案件,在对被告人量刑时可以留有余地。具体到共同犯罪,是指各被告人的地位、作用无法查清,难分主从的。例如,本书第三章案例八被告人李某1、李某2抢劫杀人疑案。在致死被害人的环节,两人互相推诿,且被害人尸体未找到,不能通过尸体检验的方式予以验证。具体到个人犯罪,是指作案动机因何而起、作案过程如何实施、作案现场存于何处或被告人作案时处于何种精神状态等重要情节缺乏相应的证据证实,且无法查清。又如,被告人王某某故意杀人案,王某某归案后坚称系被害人对其进行挑衅,有过激言行,导致其一时情绪失控而将对方杀死,其所供的该情节与案发情况相符,且在案的其他证据没有反证。再如,本书第三章案例七被告人蒋某某故意杀人、放火疑案,在案证据能够认定蒋某某实施了故意杀害

---

① 参见胡云腾:《聂树斌案再审:由来、问题与意义》,载《中国法学》2017 年第 4 期。
② 《〈最高人民法院关于贯彻宽严相济刑事政策的若干意见〉的理解与适用》,载最高人民法院网站 2010 年 4 月 27 日,http://www.court.gov.cn/shenpan-xiangqing-828.html。

其妻并用汽油纵火焚烧现场的行为，但对于"引起火灾的火源是什么""是否有引火索和爆炸装置"以及蒋某某的精神状态等问题没有查清。因此，上述案件尽管后果极其严重，有关法院均没有对被告人适用死刑。需要说明的是，《〈最高人民法院关于贯彻宽严相济刑事政策的若干意见〉的理解与适用》一文中所讲的"有疑问、有欠缺"的"定罪证据"，应当是指能够证明被告人作案但该定何罪存疑的证据，而并非指证明被告人是否作案、是否具有刑事责任能力等方面的证据有疑问、有欠缺，如果该方面的证据存疑，不能排除合理怀疑，不能得出唯一结论，不仅是不能适用死刑的问题，而且连罪都不能定。如果案件的主要证据、核心证据存疑，法官经过全面审查并考虑了全部证据，并穷尽一切证明方法和手段之后，仍然对被告人是否实施犯罪处于一种不确定的状态，则应果断适用疑罪从无原则。

2. 审慎形成内心确信。

侦查人员、检察人员、审判人员不可能去刻意制造冤假案件，或者故意去冤枉一个无辜之人，从很多冤错案件的侦查、审查起诉、审判过程看，盲目的"内心确信"是最终导致冤错案件发生的根源。面对纷繁复杂的证据，在审查判断能否定罪、如何量刑的问题上，法官不能单凭内心的情感偏向或者数年审判经验所带来的直觉判断，来建立所谓的"内心确信"，而是应当根据现有的证据，在对全案证据的单独评价和综合考量基础上，依法运用证据规则对证据的真实性、关联性、客观性以及证据资格、证明内容、证明力进行综合研判。内心确信必须建立在证据裁判的基础之上。

（四）队伍建设基础：素质提升

党中央十分重视政法队伍建设，党的十八届四中全会《中共中央关于全面推进依法治国若干重大问题的决定》明确提出"推进法治专门队伍正规化、专业化、职业化，提高职业素养和专业水平"。2019年1月，习近平总书记在中央政法工作会议中提出政法队伍建设革命化、正规化、专业化、职业化的"四化"要求。

一直以来，最高人民法院紧紧围绕党中央精神，不断推动司法体制改革，狠抓队伍建设，法官队伍素质不断提升。新一轮司法体制改革，最高人

民法院以习近平新时代中国特色社会主义思想为指导,努力打造德才兼备的高素质法官队伍。最高人民法院自上而下推动司法改革,采取顶层设计与地方实践相结合的方式,改革法官选任制度,完善法官逐级遴选制度,建立法官员额制度,建立从符合条件的律师、法学专家中招录法官制度,结合推进法院人员分类管理综合配套改革。①2017年7月3日,最高人民法院首批员额法官向《宪法》宣誓,这标志着中国法官员额制改革已经全面落实。至2017年6月,全国法院从原有的22万余名法官中"共遴选产生12万余名员额法官"。②然而,法官的素质和能力不会因为员额制改革的完成自动提升,但社会法治发展和司法改革进程要求法官拥有系统的法律知识、严密的法律思维以及审慎的司法智慧,除了最高人民法院国家法官学院通过统筹规划安排全国各级法院全部法官及法官助理进行轮训以外,对于法官个人而言,应该积极主动地投入到一线审判当中。"审判犹如医生诊病,只有懂行的医生才能治好病"③,审判经验从何而来?从大量的审判中来。审判经验源于司法实践,源于法官对大量审判的处理方式、审判方法和司法规律的归纳、总结、提炼,最终上升为裁判规则、审判原则乃至司法理念。这需要职业法官在审判中坚持学习,勤于思考,不断总结,不断提升自身文化素质、法律素养以及司法能力。

疑案审判不仅考验刑事法官的能力,折射出刑事法官的审判理念,更拷问着刑事法官的良知。因此,法官应当提升司法智慧,既不能草率地将"疑罪案件"降格为"疑点案件""疑难案件",导致冤错案件的发生;也不能为了规避风险而简单地将"疑案""疑点案件""疑难案件"作为"疑罪案件"处理,导致疑罪从无原则在司法实践中发生异化。要坚持惩罚犯罪与保障人权并重的司法理念,恪守证据裁判理念、原则和规则,极力探寻案件真相,作出公正裁判,维护社会公平正义。

在解决重大疑难案件时,有决心和能力,并且能够保持立场,毫不动摇,才是刑事法官审理刑事疑案时必须坚守的原则与立场。

---

① 参见最高人民法院:《中国法院的司法改革》,人民法院出版社2016年版,第36~37页。
② 徐隽、张璁:《法官员额制改革在全国法院全面落实:85%司法人力到办案一线》,载《人民日报》2017年7月4日,第11版。
③ 田成友:《法官的改革》,中国法制出版社2014年版,第30页。

第二章　刑事疑案审判证据运用
——从"深夜运尸案"谈起

刑事诉讼实体审理工作分为两大阶段，第一阶段是根据在案的证据，依照《刑事诉讼法》等规定，运用证据查明案件事实；第二阶段是根据已查明的案件事实，依照《刑法》等规定，对被告人进行定罪、量刑或者作出其他处理。因此，查明案件事实是刑事诉讼证明活动的首要任务，是刑事审判工作的基本前提和客观基础。查明案件事实的过程，是法官内心运用证据，由表及里、去粗取精、去伪存真、逐步深化、排除矛盾、探求案件客观事实真相的证明过程。基于知识背景、法律素养、逻辑思维等知识结构和分析能力上的差异，在审案过程中，对于同一案件在案证据的审查、分析和判断，不同的法官可能会有不同的理解，进而形成自己的观点，这种现象在审理疑案的过程中尤为突出。

下面，我们通过一起较为典型的模拟案例，探求法官在审理疑案过程中运用证据查明案件事实的思维定式、心证历程，以期解决在司法实践中存在的现实问题。

一、模拟案例

某日深夜12时许，巡逻警察在A市郊外拦截了一辆可疑轿车，见男司机曹某神色慌张，警察出示有关执法证件，依法对车辆进行检查。当打开轿车尾箱时，发现一具女尸；经对女尸进行尸检，发现其颈部勒痕明显，确

认系被他人用软质物品勒压颈部致机械性窒息死亡；经讯问司机曹某，其称20分钟前，其从郊外游玩行车回家，见路边有具女尸，顿起怜悯之心，准备运往远郊埋葬，对于其他情况，曹某均称不知情；经查找女尸身份，确认系某发廊卖淫女郭某，于案发当晚9时许被一名不明身份的男子带走，但发廊无人能辨认该男子容貌、衣着等特征；经查证确认，司机曹某系A市单身男性，精神、智力均正常，且无任何宗教信仰背景。

检察机关以被告人曹某犯故意杀人罪向A市中级人民法院提起公诉，A市中级人民法院考虑到案情的重大、疑难、复杂程度，指派甲、乙、丙3名资深法官组成合议庭审理本案。庭审中，公诉机关指控被告人曹某构成故意杀人罪，曹某及其辩护人均作无罪辩护。

二、案件讨论过程及问题提出

法官甲：应当严格按照证据裁判原则认定案件事实，本案中，在案的现有证据不足以证实被告人曹某犯故意杀人罪，检察机关的指控不能成立，应当判决曹某无罪。理由是：（1）根据在案现有的证据体系，没有任何证人证言、被告人供述等直接证据能够证明被告人曹某实施了杀人行为。间接证据中，证人证言只能证明被害人系案发当晚被人带走；鉴定意见等证据只能证明被害人系案发当晚被人杀害；搜查笔录等证据只能证明被害人的尸体是从曹某所驾车上查获，均不能证实曹某杀害了被害人。（2）虽然被告人曹某深夜运尸体的行为确实不正常，且其所作"路遇女尸，顿起怜悯之心，准备运到郊外埋葬"的辩解不合常理，显属谎言，但不能排除另有他人实施杀人行为、曹某系受人指使处理尸体等可能性。

法官乙：运用证据认定案件事实，不应该死抠证据，而应当结合经验、逻辑、情理等方面进行分析、判断并加以推定，本案中，所有的证据都指向被告人曹某实施了杀人行为，而曹某对自己深夜运尸体的嫌疑行为不能作出合理解释，应当推定被害人郭某系其所杀，公诉机关的指控成立，可以认定被告人曹某犯故意杀人罪。理由是：首先，（1）鉴定意见等证据证明被害人郭某是案发当晚被人杀害的。（2）搜查笔录等证据证明被害人郭某的尸体是案发当晚12时许在被告人曹某所驾车上被查获的。（3）证人证言等证据证明被害人郭某是案发当晚9时许被人带走的。上述证据相互印证，证实被害人郭某被杀的时间与其尸体在被告人曹某所驾车上被查获的时间间隔很短，如果他人实施杀人行为再指使曹某处理尸体，时间上几乎算不过来。其次，曹某系心智健全的正常人，但其深夜运尸体的行为却极不正常，对此，曹某应当负有解释、说明义务，但他所作"路遇尸体运至郊外掩埋"的辩解明显不符合情理，众人周知是谎言。通过上述证据判断、情理分析，足以推断曹某系杀害郭某的凶手。

法官丙：认定案件事实时，应当将证据裁判、证据运用和存疑有利于被告等原则相互结合起来加以运用，本案中，被告人曹某所作的辩解明显不能成立，没有人相信他说的是真话，根据在案现有证据，曹某的行为不外乎四种可能性：一是其独自杀害了郭某；二是其与他人合谋杀害了郭某；三是其受指使替杀人者抛尸；四是如其所言，路遇尸体欲埋葬。这四种可能性中，第四种可能性不存在，因为这种假话就是小孩子也不会相信；如果前两种可能性成立，则曹某的行为构成故意杀人罪；如果第三种可能性成立，则曹某的行为构成妨害司法类犯罪（到底定何种妨害司法类犯罪，属于法律适用问题，不属于本文探讨的内容）。按照存疑有利于被告原则，拟降低认定标准，按第三种可能性认定曹某的行为构成妨害司法类犯罪。

法官甲和法官乙均同意法官丙的第四种可能性不存在的推断。法官甲还提出：法官乙的推断固然有一定道理，但本案的核心问题在于被害人郭某可能系他人所杀，这个疑点如果不能合理排除，就认定被告人曹某杀害了郭某，恐怕不符合证据裁判原则。对于自己处于涉嫌犯罪的不利情形，我国法律没有规定被告人有说明、解释义务。本案中，因曹某对尸体的来源拒不作出说明或者作出虚假的辩解理由，故上述疑点问题无法得以澄清，认定曹某犯罪也就达不到事实清楚，证据确实、充分的程度。

法官乙：上述疑点系被告人曹某故意隐瞒事实真相，不予解释、说明所致，应当由曹某本人承担不利的后果。案件中如果出现疑点问题，法官当然应当进行合理排除，但是如果这个疑点属于事关被告人是否作案的关键环节，且只有被告人自己才能解释清楚，而被告人拒绝解释或者作出极不符合情理的虚假解释，在这种情况下，应当将疑点解释不能的不利后果归结于被告人。例如，在被告人车上查获毒品的，被告人如果辩称毒品非其所有，则必须对毒品是何人、于何时、在何地以及是在什么情况下放置于其车辆进行详细说明，如果被告人拒绝说明毒品来源的，或者其所作出的说明经查证不属实的，亦应推定毒品系其所有；再如，许多杀人案件都没有找到被害人的尸体，但审判实践中，只要能够依据定案证据推定被害人已经死亡且系被告人致死的，法院依然应当作出有罪判决。

法官丙：案件中如果出现疑点问题，首先应由司法机关查证，如被害人尸体未找到，司法机关应当尽力搜索，不得懈怠；被告人也有回答司法人员讯问的义务。因此，对证据的审查判断，应当结合被告人的辩解予以确认。本案中，上述疑点确实存在，司法机关有查证确认、排除合理怀疑的责任，被告人曹某也有解释说明的义务。但是，如果被告人不予说明的，如何处理？法律没有明确规定，故影响了本案事实的认定。

法官乙：上述疑点问题其实能够得以合理排除，根据在案的证据证实，被害人郭某从被人从发廊带出去到尸体被查获不到3小时，其中从发廊到市郊驾车需要数10分钟；实施杀人行为需要一定的时间；凶手杀人后再通知被告人曹某过来帮忙、曹某驾车到现场、搬运尸体到车内、运尸至郊外，都需要耗费时间，故本案其实只有两种可能，凶手就是曹某，或者凶手与曹某共同实施杀人行为，杀人者与运尸者分别系不同之人所为的可能性几乎没有。再说，如果凶手另有其人，其杀人后为什么要通知曹某过来帮忙处理尸体，而自己却溜之大吉呢？曹某不仅成了冤大头，还心甘情愿地为凶手作掩护？显然没有这种可能性。

法官甲：法官乙的分析有一定道理，但如果单纯从距离、车程推算，3个小时足以完成带人到郊外、将人杀死、喊人过来帮忙、运尸出城的过程，杀人现场在何地？具体的杀人行为是怎样实施的？曹某接通知是否当即赶来？这些情况分别需要多长时间？本案许多细节未能查清，且没有办法通过侦查试验确认。

　　法官乙：曹某所称的发现尸体的现场，没有发现被害人的任何痕迹，也没有提取到其他有价值的痕迹物证，进一步印证了曹某在说谎。

　　法官甲：这有两种可能性，一是曹某说了假话，所谓的"捡拾尸体"的现场根本不存在；二是杀人现场与抛尸现场分离，凶手把人杀死后抛弃于市郊，再通知曹某过去处理，由于抛尸地点位于公路边，平时来来往往的人比较多，所以很难提取到特定的、有价值的痕迹物证。

　　法官丙：如果杀人现场与抛尸现场不是同一地点、杀人者与运尸者不是同一人的话，时间上可能推算不过来，被害人离开发廊到其尸体被发现毕竟不到3个小时。

　　法官乙：曹某所称的发现尸体的地方显然不是杀人现场，因为没有被害人搏斗、挣扎的痕迹，故曹某所称的"捡尸"现场即使存在，也与本案的杀人现场是分离的，这就进一步说明了"第三人"没有作案时间的问题。另外，如果凶手另有其人，则被告人曹某所使用的手机的通话记录可能会有记载，经查证，曹某所持手机在该时间段没有这方面的记录。

　　法官甲：因被告人曹某拒绝说明，还是不能排除曹某另外还以他人名义持有手机、接通知后运尸前抛弃该手机的可能性，本案的疑点还是不能排除。

　　法官丙：在特定的时间段，是否有其他手机与曹某手机基站位置发生重合？因为，如果凶手另有他人，则凶手与曹某必然要碰面；如果曹某还使用了其他手机，那么该手机与其现有的手机也会发生位置重合。

　　法官甲：侦查之初，警方认为没必要提取这方面的证据，没有做这方面的技术侦查工作，现发现这个问题，曾要求警方补证，但已过了有效时间，已丧失补证条件。

法官丙：法官乙的推断是符合情理的，被告人曹某杀害被害人郭某的可能性超过了99%，本人内心确信曹某就是杀人凶手。如果该案发生在从前，我会很坚定地认定曹某构成故意杀人罪。但鉴于我国目前冤错案件接连揭露、理论界和社会舆论强烈呼吁"疑罪从无"的司法现状，为稳妥起见，还是认定曹某的行为构成妨害司法类犯罪为宜。

法官甲：对于案件处理可能会带来的负面效应问题，法官丙提出的折中方案固然有道理，但还是不能避免错案的发生，因为，以后如果有证据证实被害人郭某是被被告人曹某杀害的，则认定曹某的行为构成妨害司法类犯罪显属错误。另外，公诉机关未对曹某的行为构成妨害司法类犯罪提出指控，法院能否依职权改变定性还值得商榷。

法官丙：即使以后案情有了新的发现，能够确认被告人曹某杀害了被害人，也不会导致该案成为法官违反制度规定而应当被追责的错案。因为，曹某实施了杀人行为与抛尸行为，司法实践中，因为抛尸这种隐匿罪证的后行为被其实施杀人的前行为所吸收，依法应当按照"从一重罪"的原则作出处断。现阶段，因曹某的杀人行为存疑，但其抛尸行为却查证属实，法院作出这种认定是符合客观事实和法律规定的。尽管公诉机关未对曹某构成妨害司法类犯罪的行为提出指控，但起诉书对其抛尸行为已予确认，依照我国法律和司法解释的规定，针对公诉机关同一指控事实，法院可以依职权改变定性。

法官乙：如果要改变公诉机关的定性，则需要进行再次庭审，引导控辩双方就可能改变的定性问题进行辩论。

对于案件存在的疑点问题，法官已尽到注意义务，即使日后发现真凶，也是因被告人虚假供述所致，法官主观上没有办错案的故意与过失，因此法官不应被追责。

法官丙：对于疑难、复杂案件，公安机关可以将矛盾交给检察机关处置，检察机关也可以"带病"起诉，但案件一旦起诉到法院，审理案件的法院和法官就再无退路。法官既担心办错案被追责，又担心宣告无罪引起不良的社会效果。因此，本案还是折中处理为妥，这样一来不至于对被告人曹某宣告无罪而引起民众的不满，法官也不会被追责。

经反复评议，法官甲最终同意了法官丙的意见，法官乙坚持自己的意见。合议庭以两种意见报A市中级人民法院审判委员会讨论决定，审判委员会多数委员认为，合议庭的三位法官各自对证据进行了分析与判断，都有一定的道理，但在遵循证据裁判原则的基础上，对案件的处理还要追求法律效果与社会效果的统一，否则可能会引起社会公众的非议。本案中，根据在案证据，曹某未参与杀人而受他人指使运尸掩埋的可能性微乎其微，可以认定曹某实施了杀人行为，要么系曹某单独作案，要么有人与曹某共同作案。因本案存在太多未查实的具体问题，在对曹某量刑时宜留有余地，对其判处死刑，可不立即执行。

上述合议庭、审判委员会运用证据认定案件事实的过程，折射出法官审理疑案的复杂性，法官所持理念的不同、解读规则观点的差异、考虑问题角度的不一致等因素，都会影响案件处理的最终走向，因此，必须予以重视。

无论是法官还是普通民众，都期望在审理刑事案件过程中能发现并调取每一份证据，查清案件事实的每一个细节，将案情查个水落石出，与已经发生过的客观案件事实相符，最好能将客观案件事实予以再现。从认定事实的价值追求方面讲，法官应当最大限度地发现或揭示案件事实，追求法律事实与客观事实相一致，这种要求和期望本身是无可厚非的。但是，任何案件事实都是发生在过去，不可能完全重现或复原，也不可能通过科学实验的方法加以推导或证明。即使有被告人的有罪供述、被害人的陈述、目击证人证言或者视听资料等直接证据，也可能会因为犯罪现场被破坏、证据被毁灭、被隐匿，证明案件事实的个体记忆衰退、复述案件事实能力有限，或其感受犯罪过程的主客观条件发生变化，不同主体解读视频资料的多重性以及共同犯罪人相互串供，证人被威胁、被利诱改变证言，司法人员违规操作等原因，导致案件事实不能全面地或者准确地认定。司法实践中，也常常出现被

告人、被害人、证人出于自身利益考虑或者迫于其他压力,对案件事实作虚假陈述或者隐瞒重要案件事实等情形。因此,法律事实与客观事实出现不一致,是法官在案件事实认定过程中遇到的最常见的情形。如何严格适用法律,正确运用证据,尽最大可能还原案件客观事实真相,是每一个法官不容回避的现实处境以及必须担当的义务责任,因此,需要法官在司法实践中正确理解证据裁判原则,并熟练掌握运用证据审案的技能与方法。

三、证据裁判原则内涵及相关实务问题

证据裁判原则,又称证据裁判主义,其基本含义是指在刑事诉讼中,对于案件事实的认定必须依靠证据,即将证据作为事实裁判的根据。证据裁判原则是现代法治国家均予认可并共同遵循的原则。回顾我国的立法,1979年《刑事诉讼法》第35条、1996年《刑事诉讼法》第46条、2012年《刑事诉讼法》第53条均规定"对一切案件的判处都要重证据,重调查研究,不轻信口供"。这些规定强调证据的重要性,但没有明确规定证据裁判原则。2007年,最高人民法院、最高人民检察院、公安部、司法部联合出台的《关于进一步严格依法办案确保办理死刑案件质量的意见》明确提出,"坚持证据裁判原则,重证据、不轻信口供",第一次在刑事司法文件中提出死刑案件审理应遵循"证据裁判"原则;2012年12月20日,最高人民法院颁布的《关于适用〈中华人民共和国刑事诉讼法〉的解释》第61条规定,"认定案件事实,必须以证据为根据",以司法解释的形式明确"以证据为根据"的原则,是"重证据"原则向"证据裁判"原则迈进的重要标志,证据裁判原则由此明文确立。原最高人民法院审判委员会专职委员胡云腾大法官归纳把握证据裁判原则的三个要点为:"一是司法机关认定任何案件事实都必须有相应的证据加以证明""二是任何证据都必须具有证明力,证据的证明力必须真实可靠""三是证据的来源或者证据的形式必须合乎法

律规定"。① 证据裁判原则尽管已经是法学理论界和司法实务界的共识，但司法实践中，法官对于"以证据为根据"原则、证据裁判原则的理解和把握还有待进一步提高。司法审判及司法裁判文书的目标不仅在于宣告其裁判结果，不仅在于以形式逻辑告示当事人及社会公众其判决如何符合法律规范的要求，更是要在法官对具体案件的审理过程中，在司法裁判文书的释法说理中说服当事人及社会公众，告知他们法官的判决是出于正义、出于公心、出于良知、出于专业判断。而要使当事人及社会公众对裁判真正理解和根本认同的法律手段和理性工具正是证据裁判的规则和原则。

证据裁判原则包含三方面的含义。

（一）核心基础：证据定案

依证据定案是指审案法官对案件事实问题的判定必须紧紧围绕证据、依靠证据来进行，没有证据不得认定犯罪事实。《刑事诉讼法》第55条第1款规定："对一切案件的判处都要重证据，重调查研究，不轻信口供。只有被告人供述，没有其他证据的，不能认定被告人有罪和处以刑罚；没有被告人供述，证据确实、充分的，可以认定被告人有罪和处以刑罚。"该规定体现了证据裁判原则其中一个方面的要求。首先，被告人是否实施了犯罪行为，必须依靠证据予以确认；其次，作为认定被告人犯罪事实根据的证据，必须达到确实、充分的证明标准；最后，没有证据，或者证据不足，在任何情况下都不能认定被告人有罪。

1. 关于"只有被告人供述"的问题。

司法实践中，普遍存在被告人供述的部分情节有其他证据予以印证，部分情节没有其他证据予以印证或者与其他证据相互矛盾等情况，于是，法官对于"只有被告人供述，没有其他证据"的理解和把握尚有过宽、过窄的

---

① 胡云腾：《聂树斌案再审：由来、问题与意义》，载《中国法学》2017年第4期。

分歧,有的法官认为被告人供述的作案过程只要没有证人目睹或者没有在现场提取到被告人作案时留下的痕迹物证,即符合"只有被告人供述,没有其他证据";有的法官认为被告人供述的作案时间、地点、过程等情节只要部分有相应证据予以印证,即不属于"只有被告人供述,没有其他证据"。《刑事诉讼法》所规定的"只有被告人供述,没有其他证据"应当是指案件的核心事实只有被告人的口供,没有其他任何证据包括间接证据予以印证。例如,被告人供述的刑事案件没有其他任何证据证明曾经发生过;被告人供述的被害人失去任何音讯踪迹,是否被害存疑;被告人供述的刑事案件虽然存在,但本人没有作案时间;被告人供述的作案手段、作案过程与现场勘验检查笔录、尸体检验意见等证据严重矛盾等,这些核心事实足以影响具体刑事案件的成立与否。

2. 关于"确实、充分"的证明标准问题。

刑事案件在进入司法程序之前即已发生,侦查、起诉、审判只是依据现有的证据来认识已经过去的事情,这无疑加大了认识的难度。如果证据缺乏或有瑕疵,认识可能会发生偏差;如果其中关键证据存在问题,则有可能得出错误的结论。司法实践中,怎样判定证据的证明力和证据能力,使之符合《刑事诉讼法》规定的"事实清楚,证据确实、充分"的标准?值得关注。

从字面上理解,"确实"是指证明案件事实的证据均已查证属实;"充分"是指已查证属实的证据必须达到充足、足够的要求。根据《刑事诉讼法》等有关规定,"确实、充分"的证明标准被进一步细化为:(1)据以定案的每个证据都已查证属实;(2)每个证据必须和待查的犯罪事实之间均有客观联系,具有证明力;(3)属于犯罪构成各要件的事实均有相应的证据加以证明;(4)所有证据在总体上已足以对所要证明的犯罪事实得出确定无疑的结论,即排除其他一切可能性而得出的唯一结论。根据上述理解与规定,我国"确实、充分"的证明标准,不仅要求定案证据要达到"确实"等"质"方面的保证,还要求在"量"的方面达到"充分"的程度,用一句话概括就是证据真实且充足。

在认定被告人犯罪的证据要达到什么程度、需要什么样的证明标准的问题上，英美法系国家的理解是"排除合理怀疑"，大陆法系国家的理解是"内心确信"，形式虽有不同，但二者的内涵是统一的，即法官对指控的犯罪事实能够形成内心确信，并且这种确信已达到深信不疑的程度，可以看出，该标准只有"确实""确信"等"质"方面的要求。相比我国对定案证据同时有"质"和"量"的双重要求而言，我国的刑事诉讼证明标准显得更为严苛。但对于重大刑事疑案，直接证据往往很少，如审判实践中我们经常遇到的谋划杀人案，有时候现场只提取到一枚指纹，或者只有一名目击证人，而被告人又否认犯罪，在证据"一对一"的情况下，"量"方面的要求无从谈起，如果过度纠结则许多案件难以定案，更多时候还是依靠审案法官对在案证据的审查、判断，通过判定证据的真伪，从而形成内心的确信来定案。司法实践中，还有法官机械地将"确实、充分的证明标准"理解为全部在案证据对整个案件事实的证明标准，也就是说，对涉案的任何细节都应该查清楚，有相应的证据证实，这种观点显然拔高了证明标准，不符合曾经发生的案件事实难以全部还原再现的客观情况，实践中难以执行。而法官应当特别关注的是案件基本事实的证明标准问题，其中最为关键的是案件核心事实、关键环节的证明标准问题，即"何人对何对象实施了何种犯罪行为造成了何种后果"等基本事实有确凿的证据予以证实即可，说通俗一点就是要确认已经发生的刑事案件是不是在案的被告人所为？有没有其他人作案的可能性？"被害人"是否确已死亡？

3. 关于"证据不足"的问题。

从字面上理解，"不足"是指不充足、不够或者满足不了要求等。"证据不足"是指在刑事诉讼过程中，据以认定案件情况的主要证据材料不足以作为指证被告人作案的根据，或满足不了认定被告人作案的要求。包括：（1）据以定案的某个或某些重要证据不真实、不可靠，即不具有证据的客观性、关联性和合法性，尚未达到确实可靠的标准。这是确保案件质量的基础，也可称之为基本标准，因为它会导致一错百错的严重后果。（2）作为犯罪构成的某个要件或几个要件的案件基本事实缺乏证据加以证明。其中，最为关键的是犯罪客观方面要件的证据，按照刑法的传统理论讲，作为客观方面要件，就是案件事实之中的作案时间、地点、方法（手段）、过程和结果，所有这些环节必须要有相应的证据加以证明，缺少任何一个环节所必需的证据，均可视为证据不足，用一句话来概括就是七个"何"，即"何人出于何种动机在何时何地对何对象实施了何种行为造成了何种后果"，其中最为关键的环节是前已述及的四个"何"，即"何人对何对象实施了何种犯罪行为造成了何种后果"。（3）据以定案的主要证据必须是排除了矛盾，表现出同向性，对案件事实得出的结论必须具备排他性。所谓排除矛盾，是指证据与证据之间、证据与案件事实之间、每一个证据前后之间，排除了疑点和矛盾；所谓同向性，是指全案证据经过综合，排列表现为同一个方向，要么肯定，要么否定，要么作为，要么不作为；所谓排他性，是指全案证据的证明结果，得出了唯一的、绝对的、确定的结论，排除了其他一切可能。如果在案证据存有疑点，矛盾没排除，既有肯定被告人有罪的证据，又有否定其有罪的证据，不能得出唯一的结论，就形成一起疑罪案件。如何判断一起案件属于"证据不足"？可概括为三点：一是逐一审查判断。对证明案件事实的每一个证据的证据能力和证明力，按照证据的客观性、关联性和合法性的标准进行审查，加以确定。如果证明案件核心事实"何人对何对象实施了何种犯罪行为造成了何种后果"等方面的证据不符合标准，则应视为证据不足。二是综合审查判断。运用比较、鉴别、分析的方法，对整个证据链条、证据体系进行综合审查，排除矛盾，凡是主要矛盾没有得到排除，在核心事实方面存在疑问，不能得出确定的结论的，即可视为证据不足。三是进行相互验证。案件中所有的言词证据，一般都要有实物（或痕迹）证据验证，做到言之有物。当然，由于刑事案件的复杂性，犯罪分子作案时往往不留现场，实物销毁已尽，痕迹消除，通常没有实物（或痕迹）证据可查，针对这种情况，可以收集相应的间接证据对言词证据予以佐证。同理，案件中的实物证据，尽量也要通过言词证据得以验证。

（二）前提条件：证据资格

证据资格是指审案法官裁判所依据的必须是有证据资格（证据能力）的证据。证据裁判原则所指的证据并非指案件里包含的所有证据材料，只有适格的证据材料才有可能具有证据能力，才有可能作为定案的依据。在合议庭裁决事实时，合议庭由审判员或者由审判员和人民陪审员组成，合议庭兼具裁定证据的证据资格以及证据力的职责。当然，法官并不总是对此负有注意义务，而只在被告人及其辩护人提出证据的证据能力问题时，才对证据的证据资格进行审查。2010年的《排除非法证据规定》首次为被告人及其辩护人提出证据合法性质疑时如何处理提供了具有操作性的程序规定。2017年6月20日，最高人民法院、最高人民检察院、公安部、国家安全部、司法部再次联合发布《关于办理刑事案件严格排除非法证据若干问题的规定》（以下简称《严格排除非法证据规定》），在2012年《刑事诉讼法》及其司法解释基础上进一步细化侦查、审查逮捕、审查起诉、辩护、审判等各个刑事诉讼阶段排除非法证据的范围、标准、各主体职责及具体操作程序。也就是说，证据的来源必须具有合法性，采取刑讯逼供、非法限制人身自由等非法手段获取的证据必须予以排除。

根据《严格排除非法证据规定》的有关规定，采取非法手段获取，必须予以排除的证据包括：采取殴打、违法使用戒具等暴力方法或者变相肉刑的恶劣手段，使犯罪嫌疑人、被告人遭受难以忍受的痛苦而违背意愿作出的供述；采用以暴力或者严重损害本人及其近亲属合法权益等进行威胁的方法，使犯罪嫌疑人、被告人遭受难以忍受的痛苦而违背意愿作出的供述；采用暴力、威胁以及非法限制人身自由等非法方法收集的证人证言、被害人陈述；收集物证、书证不符合法定程序，可能严重影响司法公正，并且不能补正或者作出合理解释的。但是，在排除有关证据时，应该要注意如下问题：

1.关于刑讯逼供的问题。

不可否认，获得犯罪嫌疑人口供后再去提取、固定证据是最直观、最轻松、最经济的破案手段,尽管"口供依赖在世界范围内普遍存在",①一定时期以来侦查机关遵循着口供至上的破案习惯,认为只要突破了犯罪嫌疑人的心理防线,取得了犯罪嫌疑人的口供,就破了案或者离破案不远了。"部分重罪及死刑案件中口供反向补强规则的存在"②,使刑讯逼供的口供往往得不到排除,即使排除了因刑讯逼供产生的口供,但其后没有刑讯逼供而得来的口供,以及因刑讯逼供口供而起获的实物证据(物证、书证)仍然具有证据资格,使口供中心主义始终有其生存空间。刑讯逼供之所以要被彻底禁止,不仅是因为取得的证据不真实而容易造成冤错案件,更是因为这种残暴的手段严重破坏了公平正义的法治基础,已经彻底被现代法治社会、文明社会所摒弃。

2. 关于审讯方法的问题。

审讯犯罪嫌疑人、被告人时,如果仅仅使用一些简单、直接的询问方法,例如,这个案子是不是你干的,你是否去过犯罪现场,你是否与被害人有矛盾等,肯定是难以突破被询问对象的心理防线,效果必然不好。为取得审讯的成功,必须允许讯问人员采取一定的技巧和方法,实践中,常见的讯问方法主要有误区询问法、限制询问法、训斥法、造势法、政策法律攻心法、追问法、激将法等。这些都是正常正当的讯问方法与技巧,讯问方法可能包含威胁、引诱与欺骗等内容,但如果不足以导致"无罪、理性的犯罪嫌疑人或被告人自陷"③,则不被认为是非法方法,不属于非法取证行为。反之,如果对被询问对象以"不交代就上手段""不交代就别想睡觉""不交代就不给饭吃"相威胁,或者以"你家人知情不举,涉嫌犯罪,如果你供了就不追究你家人的刑事责任"相诱导,逼诱被询问对象口供,则属于非法取证行为,为此所取得的口供等证据应当依法予以排除。

---

① See Richard J. Terrill, World Criminal Justice Systems: A Comparative Survey, 8th ed., Cincinnati: Anderson Publishing, 2012; John H. Langbein, Torture and the Law of Proof: Europe and England in the Ancien Régime, Chicago: University of Chicago Press, 2006. 转引自李训虎:《口供治理与中国刑事司法裁判》,载《中国社会科学》2015 年第 1 期。
② 李训虎:《口供治理与中国刑事司法裁判》,载《中国社会科学》2015 年第 1 期。
③ 参见黄金华、黄鹏:《论讯问方法运用的正当性及其界限——以口供获取为视角》,载《法学》2014 年第 10 期。

3. 关于被告人重复性供述的问题。

司法实践中，存在着侦查阶段侦查人员采用刑讯逼供方法使犯罪嫌疑人作出有罪供述，之后，犯罪嫌疑人被送看守所羁押期间，或者案件到了逮捕、起诉、审判环节，犯罪嫌疑人、被告人仍然作出与侦查阶段相同的重复性供述等情况，该重复性供述是否排除？不可一概而论。如果有证据证明犯罪嫌疑人、被告人的重复性供述系受侦查人员上述刑讯逼供等行为的影响而作出的，应当予以排除，但在有足够证据证明犯罪嫌疑人、被告人的重复性供述是自愿作出的情形除外：（1）侦查期间，根据控告、举报或者自己发现等，侦查机关确认或者不能排除以非法方法收集证据而更换侦查人员，其他侦查人员再次讯问时告知诉讼权利和认罪的法律后果，犯罪嫌疑人自愿供述的。（2）审查逮捕、审查起诉和审判期间，检察人员、审判人员讯问时告知诉讼权利和认罪的法律后果，犯罪嫌疑人、被告人自愿供述的。（3）在犯罪嫌疑人、被告人的供述因刑讯逼供原因被排除后，其因良心发现或者在家人、朋友的劝说下主动选择投案，再次自愿供述的。审查时，应当将供述笔录对照同步讯问录音录像予以确认。

4. 关于"毒树之果"的问题。

"毒树之果"理论发源于美国的非法证据排除规则，特别适用于警察运用不当行为而取得的证据，"毒树"是指非法获取证据的方式方法及其通过这种方式方法直接获取的证据；"果实"是指通过上述非法的方式方法取得的证据之后，再利用该证据而取得新的证据。例如，警方刑讯逼供获取了犯罪嫌疑人的口供之后，再根据该口供合法提取到作案工具，这种刑讯方式以及取得的口供就是"毒树"，利用该口供提取到的作案工具就是"果实"。又如，警方在没有搜查证且不属于法定紧急条件的情况下，搜查犯罪嫌疑人的人身或者住所，发现并提取了毒品，这个获取证据的方法就是"毒树"，获取的毒品就是"果实"。对于"毒树之果"的认定，存在三种认识及做法：一是"毒树"以及"果实"均有毒，均予否定，即将排除规则适用于非法证据的二级证据或者衍生证据。如上述案例中，刑讯方法逼取的口供以及

提取的作案工具均无效，这正是美国由判例法确立的非法证据排除规则，[①]受到了全世界的广泛关注，其中的精神及规则也被许多国家所采纳。例如，英国也以成文法的形式确立了非法证据规则，[②]尽管其通常还是采纳普通法的一般原则，即口供之外，更倾向于考察证据的可采性，而不考虑取得方法的适当性，被告人供述之外的其他证据是否排除，主要在于采纳证据对程序公正性的影响是否超出其证据价值，更多的是法官的自由裁量权。二是"毒树"以及"果实"均可利用，例如上述案例中，以刑讯方法逼取的口供以及提取的作案工具均可以作为证据使用。三是"毒树"有毒，应予否定；"果实"无毒，可以利用。例如上述案例中，以刑讯方法逼取的口供无效，不能作为证据使用，但提取的作案工具是无毒的，可以作为证据使用。我国现行司法实践中亦通行这种做法，尽管新颁布的非法证据排除相关规定对言词证据、物证、书证都作出了排除规定，但在近年来的司法实践中一般不倾向于排除物证、书证，几乎难以找到被排除的案例。[③]

[①] 美国"毒树之果"规则有严格的适用范围和规则以及排除例外，如"独立来源例外"，当警察的不当行为不是获取这些证据的唯一途径时，则可不适用排除规则。

[②] 《英国1984年警察与刑事证据法》第78条规定：（1）在任何程序中，法庭可以拒绝将检察官据以作出指控的证据予以采纳，如果在考虑到包括收集证据情况在内的所有情况以后，认为采纳这种证据将会对程序公正性造成不利的影响，不应将它采纳为证据。（2）本条的规定不应有损于任何有关法庭排除证据的法律规则的适用。第82条第3款规定：本法本部分不应当有损于法院根据其意志排除证据（无论是以禁止提出问题的方式还是其他方式）的任何权力。转引自杨宇冠：《非法证据排除规则研究》，中国政法大学2002年博士学位论文。

[③] 2010年《排除非法证据规定》明确非法言词证据应当予以排除，而以非法方法取得的物证、书证在没有进行补正或者合理解释的情况下，不得作为定案证据，没有否定其证据资格，确认了其不具有证据能力。2017年的《严格排除非法证据规定》往前再走了一步，"一般规定"中对以非法方法收集的几类不同的证据的排除规则和排除范围作出了区分规定，以该规定禁止的非法方法收集的言词证据，包括犯罪嫌疑人、被告人供述，证人证言，被害人陈述应当予以排除；对以不符合法定程序规定收集的物证、书证，可能严重影响司法公正的，应当予以补正或者作出合理解释；不能补正或者作出合理解释的，应当予以排除。这里强调了"可能严重影响司法公正"，包含了法官的自由裁量权，即使在法官不敢过度运用自由裁量权驳回辩方的排除请求的情况下，通常侦查机关、公诉机关也会按照规定对证据进行补正或者作出相应解释，即便侦查机关、公诉机关对证据的补正或者解释显得有些苍白，说服力不强，法官也不会直接选择排除相关证据否定其证据资格，而更可能选择在案件审理中对证据的客观性、关联性、合法性进行评价，决定其可采性。

（三）程序保障：法庭质证

定案的证据必须经庭审调查质证予以确认，也就是说，审案法官裁判所依据的必须是经过法庭调查予以确认的证据。侦查机关收集的能够证明案件事实的材料，其最初的表现只是拟作为证据的材料，这些材料的收集不一定符合法律规范的要求，其包含的信息不一定就是真实可靠的，也不一定与待证事实之间具有内在的关联性，这些材料能否成为定案的证据，需要通过法定的场所、规范的程序进行认证，法庭调查就是为此而设置的认证活动，其不仅是程序正义的体现，也是法官查明案件事实、审案断案的主要工作。认证的内容包括证据的证据资格（证据能力）和证明力两个方面。证据能力是证据材料可以接受法庭调查的资格，只有具备证据能力的证据材料，才能够进入法官法庭调查的视野；进入法庭调查的证据材料，并经过法官的审查判断后，确认其有证明力，才能最终成为证据，即认定案件事实的依据。因此，只有同时具备证据能力和证明力的证据材料，才能作为定案证据。对证据能力和证明力的确认，与对证据的合法性、关联性、客观性的审查判断认定是一致的。认证活动的结果是，通过层层筛选，那些具有合法性、客观性和关联性的证据材料被保留、被采信，发生了性质的变化，成为定案的证据，即成为法官作出案件事实裁判的重要依据。

1. 关于法庭调查中法官角色定位的问题。

1979年制定的《刑事诉讼法》确立了我国刑事诉讼超职权主义审判模式，法官在刑事诉讼过程中完全主导和控制庭审活动，审判程序以法官积极主动的证据调查为中心，由法官讯问被告人，询问证人、被害人，宣读和出示证据材料等，这种传统模式存在弊端，使控审职能不分，辩护权萎缩，庭审成为走过场。1996年修正的《刑事诉讼法》对于审判模式进行了重大改革，借鉴了当事人主义的对抗性因素，同时保留了职权主义的某些特征，学界称之为"控辩式"，强化了控方的举证责任和辩方的辩护职能以及控辩双方在庭审中的对抗性，控辩双方各自的证据由自己向法庭出示，法官不再主动调查案件事实和证据,不再先行主动讯问被告人,询问证人、被害人等,但由于庭审程序的设置不完善以及证人出庭率低、辩护人参与率低等原因,使平等对抗机制还没有完全形成,控辩对抗无法有效进行。2012年《刑事诉讼法》再次修改,规定了"公诉案件被告人有罪的责任由人民检察院承担",确立了非法证据排除规则,建立了相关证人出庭作证制度等,沿着控辩式庭审方式改革的方向取得了新的进展。2014年,党的十八届四中全会通过的《中共中央关于全面推进依法治国若干重大问题的决定》,提出推进以审判为中心的诉讼制度改革,强调全面贯彻证据裁判原则,确保庭审在查明事实、认定证据等方面发挥决定性作用。①在上述改革中,法官的角色定位不断发生着改变,一贯的做法、固化的思维、检察权的强势,使个别法官择其便利而行之,很容易回到职权主义的老路。因此,法官应当时刻认清自己的责任和地位,确保在庭审中保持中立,注意以下几点:(1)对被告人、证人、鉴定人员只进行必要性的、补充性的发问;(2)发问时语气要平和,不带倾向性,做到不偏不倚;(3)平等地对待控辩双方,及时处置双方冲突;(4)理性控制自己的情绪,表明态度不武断;(5)对采信证据、认定事实等关键问题发表意见时要考虑成熟,如拿捏不准,当庭可不予发表。如果被告人、证人当庭说谎,回答问题前后矛盾,法官能不能当庭训斥呢?答案是肯定的,因为法庭代表国家行使审判权,是一个无比神圣的场所,不容亵渎,那些当庭说谎的人,其内心显现出无视法律尊严、藐视法庭权威,当然应当予以训诫,甚至可以依法处罚,《刑法》第305条规定了伪证罪。多数国家甚至为此设置了藐视法庭罪。

2. 关于法庭调查实质化的问题。

长期以来,我国庭审虚化的现象较为严重,证人、鉴定人、侦查人员基本不出庭作证;控辩双方在法庭上的对抗性不强,作为"运动员"的控辩双方对被告人的发问不主动、不积极,而作为"裁判员"的法官角色错位,

---

① 参见《中共中央关于全面推进依法治国若干重大问题的决定》,载本书编写组:《〈中共中央关于全面推进依法治国若干重大问题的决定〉辅导读本》,人民出版社2014年版,第23~24页。

主动出击，会出现庭审时控辩双方均消极应对或不作为，法官则以咄咄逼人的语气主动讯问被告人的现象，案件事实不是通过庭审的方式来认定，而主要是靠法官的阅卷来完成，出现"先入为主""先判后审""先定后审"的情况。庭审虚化限制了法官审查判断证据的空间，削弱了法官认证的方法和能力，是滋生冤错案件的温床。现阶段，我国推行刑事诉讼审判中心主义改革，以审判为中心的核心在于以庭审为中心，庭审实质化势在必行，而庭审实质化中最为关键、最为核心的是法庭调查的实质化，即关键证人必须出席法庭作证，所有证据必须在法庭展示，控辩双方的质证意见必须在法庭发表，法官认证的结论必须在法庭形成。但必须看到，由于法官等司法人员长期受习惯做法、传统观念的影响，以及相关建制的滞后、不完善，时至今日，庭审虚化的现象依然存在，推行庭审实质化仍然有很长的路要走，需要全体法官永不懈怠的努力与持之以恒的坚持。

3. 关于庭外调查权的问题。

对于法官的庭外调查权，各国法律不尽一致，我国理论界对此也有存废之争，但刑事诉讼法经过几次修改，仍然保留法官的这项权力。庭外调查权是一把"双刃剑"，行使得当可以进一步查明案件事实，保障当事人的合法权利；如果运行不慎，不仅会弱化检察机关的控诉职能，使检察机关在指控犯罪过分依赖这项后置的权力，而且会使法院自觉或不自觉地担负起本应由检察机关承担的刑事诉讼证明义务和责任，一旦错案发生，此项权力或许成为追责法官的理由，如刑事法官王某某玩忽职守案就是前车之鉴，根据生效判决的认定，王某某构成玩忽职守罪的理由之一就是她对有疑问的证据没有依法进行核实。2012年《刑事诉讼法》规定了法官庭外调查权的适用条件是"合议庭对证据有疑问的"。对此，全国人大常委会法制工作委员会刑法室的解释是"主要是指合议庭在法庭审理过程中，认为公诉人、辩护人提出的主要证据是清楚的、充分的，但某个证据或者证据的某一方面存在不足或者相互矛盾，如对同一事实，公诉人、辩护人各有不同的物证、书证、证人证言或者鉴定意见等证据。在这种情况下，不排除疑问，就会影响定罪或

者量刑，但是控辩双方各执一词，法庭无法及时判定真伪，很有必要先宣布休庭，对证据进行调查核实"。《最高人民法院关于适用〈中华人民共和国刑事诉讼法〉的解释》第271条的规定进一步明确"法庭对证据有疑问的，可以告知公诉人、当事人及其法定代理人、辩护人、诉讼代理人补充证据或者作出说明；必要时，可以宣布休庭，对证据进行调查核实"。根据上述规定及立法本意，法官适用庭外调查权必须具备四个条件：第一，庭外调查的前提是案件主要证据确实、充分，法官仅对部分证据的真伪存在疑问，这些证据并不能导致整个案件"事实不清，证据不足"，但可能会对被告人的定罪量刑产生一定的影响。第二，庭外调查的证据范围限于在法庭审理中已出示的证据，法官原则上不主动依职权启动庭外调查程序。第三，庭外调查应当坚持有利于被告人的原则。鉴于控辩双方在收集证据能力上的不平衡以及控方应当承担刑事诉讼证明义务的法律规定，法官一般不应依职权作有利于控方的庭外调查，如果控方不能或不愿意提出确实、充分的证据证明被告人有罪并排除合理怀疑的，则法官应当以证据不足、指控的犯罪不能成立，判决宣告被告人无罪。相反，如果对证明被告人构成自首、立功、坦白等有利的证据有疑问，法官可以依职权启动庭外调查程序。第四，庭外调查必须坚持补充性、必要性原则。法官首先要求举证责任主体补充举证或者作出说明，只有举证责任主体穷尽手段仍无法证明证据的真伪性，或者举证责任主体作出的说明未使疑问得以消除时，法官才可以启动庭外调查权。例如，胡某某等三名被告人抢劫并杀死出租车司机疑案。其他两名同案被告人均供称出租车系被胡某某推下悬崖致车毁人亡，而胡某某辩称车子是被另外一个被告人挂至空挡滑下悬崖的。故本案存在车子是怎么掉下悬崖的疑问，这个疑问事关各被告人在实施犯罪过程中所起的作用，进而影响各被告人的刑事责任问题，甚至是能否对胡某某判处死刑的问题，而现场勘验检查笔录及照片不足以反映现场实际情况。为了消除疑问，承办法官到现场进行了实地勘验，确认了车辆挂空挡无法自行滑动的事实，认定胡某某的辩解不能成立，依法判处了胡某某死刑。此外，《刑事诉讼法》规定"人民法院调查核实证据,可以进行勘验、检查、查封、扣押、鉴定和查询、冻结"。那么,法官行使庭外调查权是否仅限于上述六种方式,能否包括询问证人、搜查等手段呢?理论界和实务界存有争议。从司法权的被动性出发,司法权除了"不告不理"之外,还包括"法无授权不可为"的内在属性,法官必须在法律授权的范围内行使司法职权;① 根据程序法定原则,法官行使庭外调查权似乎仅能采用法律明确规定的六种手段;根据必要性、补充性原则,庭外调查权仅仅是一种补充性的调查手段,而非常态,应当依法规制并在实践中予以限制;但如果从有利于被告人原则出发,则上述六种手段显然不足以保护辩方收集证据的合法权利。上述问题,需要立法予以明确。

(四)灵活心证:防错纠偏

适用证据裁判原则应当严谨而不失灵活、规范而不失自由,拟避免如下错误倾向。

1. 证据唯一论。

法官在审案时,不应只刻板关注在案证据固定的证明内容,而应该挖掘证据里所蕴含的有价值的情节,借助情理分析、经验判断、法律推定等科学方法运用证据。例如,被告人江某某交通肇事、故意杀人疑案。江某某深夜酒后驾车将行人吴某某撞倒,江某某唯恐罪行败露,将被害人搬至车上运至第二现场(公路上)抛弃,被害人又被随后的车辆碾压,该司机报警而案发。经鉴定及调查确认,被害人系受江某某车辆碰撞导致严重颅脑损伤而死亡。江某某归案后,只供认交通肇事事实,否认将被害人搬移抛弃、不顾害人死活的故意杀人行为。江某某交通肇事造成被害人颅脑损伤死亡的事实有确凿的证据证实,但其搬移抛弃被害人的行为缺乏直接证据予以证实,如若只是刻板地审查在案证据的证明内容,很容易得出认定江某某实施杀人行为证据不足的结论。但是,如果结合经验、情理等方法,仔细分析各证据证

---

① 参见黄怡:《司法责任制的法理基础与完善路径》,武汉大学 2018 年博士学位论文。

明内容中有价值的东西，江某某故意杀人的事实就会豁然明朗。被害人从第一现场到第二现场有三种可能性：第一，被害人自己来到第二现场。经审查，第一现场距离第二现场接近1公里，被害人第一次被撞到第二次被碾压只有20分钟左右，显然，被害人颅脑损伤很严重，几乎没有起身站立的可能性，更不可能在那么短的时间内走那么远的路来到第二现场。第二，第三人将被害人送到第二现场。依情理分析，第三人将被害人送到第二现场的目的只有一个，那就是救人，既然如此，怎么会在救人之后又将伤者抛弃于危险的公路上呢？这岂不是由救人变成杀人了吗？如果有第三者救人，他怎么不打电话报警呢？这种可能性显然不符合情理，现实中心智健全、精神正常的人都不会这么做。第三，被告人江某某将被害人搬移至第二现场。通过证据分析并结合侦查实验，江某某既有作案动机，也有足够的作案时间，足以推定系江某某将被害人搬移至第二现场。

2. 证据相同论。

司法实践中，在证明被告人是否实施某一行为时，通常会出现多份证据，这些证据有的对被告人有利，有的对被告人不利，这本是一种客观存在的现象，法官在审案时，不能要求每一份证据的证明内容均相同，不能死抠各份证据之间证明内容的异同点，并将此归结为证据的矛盾之处，从而导致事实认定错误。例如，本书案例一被告人周某某故意杀人疑案。周某某的多份有罪供述中，先是供称其到被害人家时，被害人已吃过饭，后又供称被害人正在生火做饭；先是供称作案工具是白绳子，后又供称是白电线；先是供述拿走的被害人家的手提灯是黄色的，后又供称该手提灯是粉红色的；先是供称将被害人的钥匙在路上扔了，后又供称该钥匙不知是什么时候掉了……在部分案件中，这些供述的自相矛盾可能意味着逼供、诱供的存在，但在有的案件中，被告人也可能会基于其他原因故意作出自相矛盾的供述，致使司法机关对其供述无法进行认定和采信。周某某曾因多次犯罪被判刑，有较强的反侦查能力，其为了逃避罪责，有故意作出相互矛盾的供述扰乱警方侦查视线的现实动机，法官不能死死纠结于这些矛盾点，继而提出彻底推翻被告人有罪供述的意见。再如,本书第三章案例二被告人喻某某故意杀人疑案。杀人现场位于被告人所在村庄通往外界的一条土路上,在案发时间段有四名证人经过该路段,有的证人证实看见过被害人,但没有看见过被告人;有的证人证实看见其中的两名证人,但没有看见其他的一名证人;有的证人证实看见过被害人,也看见过被告人……各证人之间所证明的情况不同。据此,有人认为,证人证言之间相互矛盾,故证明案发期间被告人在现场的证据不足。作出这种论断显然缺乏日常经验常识。日常生活中,人与人之间彼此可见,但并不意味着一定会注意对方、发现对方、记住对方,证人个体身体状况的差异、关注点的不同、记忆力的区别及所处的位置、距离等环境因素,均影响人的感知和判断。本案中,四名证人在不同的时间先后进入现场所在路段,有的是骑车,有的是步行,有的关注于所处环境,有的专注于赶路,故其观察到或者感知到的情况是不一样的,作出不同的证言是在情理之中,能够反映出证人作证内容的真实性。相反,证人证言之间如果高度雷同,倒是需要引起法官注意。例如,聚众斗殴案件中的具体打斗情节,因为打斗过程的激烈性、行凶时间的短暂性等因素,客观上经常出现证人证言不尽一致的情况,需要法官审慎分析、综合判断,不能简单地以证据矛盾为由否定某些情节。

  3. 证据割裂论。

  司法实践中,证明案件事实的证据往往都不是孤立存在的,它们之间或多或少都存在着内在的、本质的、必然的联系,相互影响、相互印证而结成锁链,形成严密的证明体系。法官在分析证据时,不能孤立地看待每一份证据,人为地割断它们之间的联系,使整个证据体系支离破碎,从而导致事实认定错误。例如,证人甲证明,看见被告人吴某某于案发当日早晨6时许进入商店;被害人乙证明,其系商店营业员,当日早晨案发前只有被告人吴某某到过商店,其转身拿东西时被击昏;现场勘验检查笔录及鉴定意见证明,案发当日早晨6点多钟,群众发现商店业主丙被杀、营业员乙受伤而报警,现场勘验时提取到被告人吴某某在柜台玻璃上留下的指纹;其他证据证明,该商店被劫财物若干。这四方面的证据相互印证,足以证实被告人吴某

某于案发当日早晨进入商店行凶、劫财作案的事实,但如果将该四方面的证据人为分离,割裂它们之间的客观联系,单独进行评判,则可能得不出上述结论。因为证人甲并不能证实吴某某是当日案发前进入商店的唯一之人,更不能证实吴某某就是作案人;被害人乙并不能证实对其行凶之人是吴某某,更不能证实系吴某某杀死了被害人丙;现场勘验检查笔录及鉴定意见不能证实现场提取的指纹系吴某某作案时所留,因吴某某可以解释事前或事后到过该商店,接触了柜台;其他证据也只能证实商店被劫,不能证实吴某某系劫财者。

4. 盲目确信论。

司法实践中,刑事疑案的证据材料鱼龙混杂、真伪难辨,必须审慎甄别。法官在审查证据时,要统筹分析、通盘考量、综合判断,不能断章取义,通过对在案的一两个证据的确认,就轻易认定全部案件事实;不能过于看重被告人的供述笔录,主观臆断,轻易认为"不是被告人作的案,他不可能供述得那么详细";不能"想当然",在分析案情时脱离在案证据,凭自身经验大搞内心确信;不能忽视证据之间的矛盾点,"宁可信其有,不可信其无";不能存在怕打击不力的思想,确信侦查机关不会弄虚作假……事实证明,这些证据审查认定方法都是造成冤错案件的根源。

四、证据运用实务技能与方法

证据作为一种客观事实,无论有没有被发现、有没有被采信,它本身就存在于案件中。但许多证据特别是间接证据又是死的,它不会主动引起人们的关注,只能静候在某个地方等待被发现;也不能主动讲述作案人行凶的过程,只是在作案过程中的某个时间点记录下客观印记。运用证据的过程是主观见之于客观的过程,是法官内心对证据进行灵活的、动态的、自主的分析判断过程。运用证据的最佳状态,就是在运用证据的过程中,似乎有一个神秘的人透过客观证据活灵活现地向法官"讲述""反映""揭示"案件事实、客观真相。法官作为运用证据的主体，不仅要睿智，还需要司法能力，更应寻求正确的方法与规则，这种方法与规则除了教义、法条的规定之外，更多的是法官在逐年审理案件过程中所形成的一种经验与积累。

（一）全面掌握证据

证据材料通过法庭审理成为定案证据的过程，就是法官发挥主观能动性对证据材料进行筛选、过滤的审查过程，在审查过程中，法官要全面掌握案件的证据情况，力求不漏掉每一个细节。因为，看似不起眼的细小证据，恰恰就是认定案件事实的关键。例如，被告人伍某某抢劫杀人疑案。伍某某在湖北劫取一小卖部财物并杀死被害人，逃至云南隐藏，十多年后警方抓获了伍某某。这个案件从案发到破案，再到抓获犯罪嫌疑人，历时很长，且现场没有留下作案人的任何蛛丝马迹，其直接证据就是被告人的有罪供述——伍某某自归案至一审庭审，一直供认杀人劫财的犯罪事实。对于能否认定伍某某系作案凶手，合议庭最初显得很忐忑，最后通过一份不起眼的证据形成了内心确信，确认系伍某某作案。这份证据是伍某某在云南被当地警方抓获后所形成的讯问笔录。当时，云南警方通过湖北警方的协查通报抓获了伍某某，在湖北警方的协查通报没有描述任何案件情况的前提下，云南警方抓获伍某某后对其进行了简单讯问，伍某某当即供述了主要犯罪事实，包括作案的时间、地点、手段、使用的凶器、被害人的基本情况及劫取的财物品种、数量等情节，与现场勘验检查笔录、证人证言等证据能够相互印证，如果非伍某某亲自实施，其无论如何也编造不出这些情节，没有掌握案情的警察也无从对其进行逼供、诱供。又如，本书第三章案例四被告人尤某某故意杀人疑案。尤某某出于个人目的，利用村民韩某新想与被害人之妻结婚的心理，两人合谋后由韩某新将被害人杀死，案发后凶手韩某新死亡。本案中，尤某某不在现场，认定尤某某参与该案的直接证据就是其本人的有罪供述，其中有一个细节就是韩某新于当日早晨杀死被害人后打电话向尤某某通报情况，证明被害人死于当日早晨。合议庭讨论时，对于如何确定被害人的死亡时

间产生疑问,后通过鉴定意见中一项不起眼的记载——被害人胃内食物已排空,再结合通话记录等其他证据形成了内心确信,不仅确认了被害人的死亡时间,还佐证了尤某某有罪供述的真实性。

(二)系统运用证据

普通刑事案件,经常会出现证据量很少,甚至证据一对一的情况,如行贿、受贿等对合性犯罪,全案证据可能只有行贿人的供述和受贿人的供述,只要两人供述的时间、地点、款物及交付方式一致,就可以认定犯罪事实。但重大刑事疑案出现上述情况的概率很小,只在某个情节的证据可能会出现一对一的情况,其证据特点是:(1)证据量大。往往一个杀人案件发生后,公安机关为了破案,会动用警力收集大量的证据材料;检察机关为了指控犯罪成立,会向法庭提供大量的证据材料;辩方也经常会提供若干证据材料予以反驳。(2)证据种类庞杂。重大刑事疑案所涉及的证据种类至少包括:证明案发情况的证人证言、受案登记材料;证明凶杀现场情况的现场勘验检查笔录;证明被害人死亡原因的鉴定意见;被告人的供述与辩解等。各类证据又包含若干个证据或若干个证明内容。例如,指证被告人实施某一犯罪行为的若干证人的证言;鉴定意见包括伤情记录、伤情分析、死亡原因、死亡时间等若干内容。(3)证据之间相互影响。各个证据、各类证据都不是孤立的,它们相互联系,互为制约。例如,鉴定意见确认被害人的死亡原因是被单刃锐器捅伤致死,那么,提取的作案工具必定是单刃锐器,证人证言、被告人供述证实的作案工具也应当是单刃锐器,否则,证据之间就出现了矛盾。(4)证据矛盾点多。既有有利于被告人的,也有指证被告人实施犯罪行为的。例如,有的证人证明被告人出入案发现场,有的证人证明案发时被告人不在犯罪现场;有的证人证明被告人与被害人有矛盾,有的证人证明被告人与被害人之间关系较好。又如,被告人所供述的作案手段,但在鉴定意见中未能得以确认。(5)案件疑点多。如果将犯罪比喻为被打碎的花瓶,那么断案就是收集花瓶碎片,还原案件事实真相的过程,受制于种种因素，花瓶碎片不可能全部收集到位，拼凑起来的花瓶也不一定是原来的模样，因此，疑点问题不可避免，以至于在审理疑案过程中，法官经常会产生这样或者那样的疑问。

　　上述复杂的证据情况，需要法官系统地予以分析论证。在本书第三章案例四尤某某故意杀人疑案中，一、二审法院的证据分析，较为典型地体现出证据系统分析过程中容易产生的误区与法官之间的差异。一审法院认为：现场勘验检查笔录及照片等证据只能证明被害现场的情况；鉴定意见等证据只能证明被害人的死亡原因系钝器致伤头部，造成严重颅脑损伤死亡，不能证明从现场提取的螺丝刀系作案工具，且从现场提取的木棒上未检出"凶手"韩某新所留痕迹；心理测试报告、测谎情况说明并非法定证据种类；通话记录只能证明案发前后尤某某与被害人、"凶手"的通话情况；张某某、黄某某等证人的证言只能证明发现被害人死亡后报警、尤某某与黄某某有不正当男女关系及"凶手"约被害人外出打铁等事实，不能证实尤某某唆使"凶手"杀害被害人。二审法院则认为：对证据的证明力，应当从证据与待证事实的关联程度、证据之间的内在联系等方面进行审查判断。现场勘验检查笔录及照片等证据，不仅证明被害现场的情况，还能证明被害人死亡的时间、地点和作案的工具及其被发现的位置等情节；鉴定意见等证据，不仅证明被害人的死因系钝器所致，还能证明现场提取的木棒、螺丝刀系作案工具，且螺丝刀系凶手韩某新的物品等情节；通话记录及技侦资料，不仅证明案发前后尤某某与韩某新的通话情况，还能证明尤某某与韩某新谋划杀人、在被害人被害的时间节点韩某新与被害人有通话并到过作案现场、作案后韩某新多次向尤某某通报情况且两人多次见面等情节；张某某、黄某某等证人的证言不仅证明案发情况、尤某某与黄某某有不正当男女关系及韩某新约被害人外出打铁等事实，还能证明尤某某有作案动机、被害人系与韩某新外出打铁时被害等情节；心理测试报告、测谎情况说明虽非法定证据种类，但能检视尤某某有罪供述的真实性。上述证据涵盖了作案动机、事前策划、着手实施、善后处理、凶手逃离等环节，均能与尤某某的有罪供述相互印证，可

以印证尤某某有罪供述的可靠性，补强有罪供述的证明力。一审判决孤立地分析各个证据，分割了整个证据的体系，对证据的综合审查判断失当。

（三）找寻核心证据

我国证据法学没有对核心证据进行说明和规范，法学理论界和司法实务界也鲜有研究。笔者认为，核心证据是指在刑事疑案证据体系中的主线，即法官为认定案件主要事实而采信证据所形成的小体系，具体到某一起故意杀人案，案件的主要事实是指被害人之死是否系被告人所为，核心证据是现场提取到被告人的痕迹物证、被害人遇害时被告人在作案现场等。基于个案的差异，其核心证据的表现形式也不同，需要法官仔细研判，从庞杂的证据体系中寻找发现核心证据，并将其组合成一个严密的证据小体系，经过逻辑推理等认证手段形成最具说服力的证明。

以本书第三章案例一被告人周某某故意杀人疑案为例。周某某杀害被害人后用板车拖走被害人家里的粮食并变卖，证明该事实主要有四方面的证据：一是证人甲的证言证明其深夜在案发现场附近遇见一男子用板车拖东西；二是证人乙的证言证明周某某次日一大早向其归还板车；三是证人丙的证言及有关条据证明周某某次日一大早卖粮给丙；四是证明被害人家粮食被盗及被盗粮食的品种、数量与周某某售卖的粮食相符的证据。这四方面的证据相互印证，组成了证据小体系，足以证实在被害人被杀的时间段周某某到过现场且系盗粮者，然后又通过分析被害人死于案发当日晚饭后2小时内，被害人家中被清理、被害人尸体被隐藏符合熟人作案特征，实施杀人、隐藏尸体、寻找财物、清理现场、拖来板车、搬运粮食、运粮出村等作案行为需要大量时间，排除盗粮者与杀人者系不同人员的可能性，综合分析、合理推断，认定周某某既是盗粮者，又是杀人凶手。

又如，本书第三章案例二被告人喻某某故意杀人疑案。认定喻某某作案的核心证据有：（1）现场勘验检查笔录等证据证明，在杀人现场大泊塘水里提取新鲜的残缺穿袜足印一枚；（2）提取笔录等证据证明，在喻某某家提取喻某某黏附有碎植物的袜子一双；（3）鉴定意见证明，该足印系喻某某右脚穿袜所遗留，袜子内碎植物籽与被害人衣物上所黏附的植物籽特征相符，袜子内绿色叶片与大泊塘水草特征相符；（4）证人喻某1证明，案发时间段在大泊塘附近先后路遇喻某某及两名被害人；（5）喻某某之母李某某证明，案发当日下午喻某某换下衣服袜子，次日其将喻某某换下的衣物洗了。这五方面的证据相互印证，组成了证据小体系，足以证实现场足印系喻某某于案发当日所留，再结合本案的其他证据，并通过情理分析，认定喻某某系杀人凶手。

（四）发现先供后证的证据

被告人的供述是直接证据，如果案件系被告人所为且其认罪，就能够直接地、有效地证明案件事实。但是，被告人的供述也是最不稳定、最具争议的证据，能否成为定案依据，必须经过查证属实后予以确认。对于被告人供述的印证，司法实践中存在着先供后证、先证后供两种情形。先供后证，是指在刑事案件的侦查过程中，侦查人员根据犯罪嫌疑人的供述，提取到未被侦查机关发现的、隐蔽性很强的物证、物证痕迹、书证，或者找到未被侦查机关掌握的能够证明案件主要事实的证人等，且这些证据与在案的其他证据能够相互印证，并排除串供、诱供、逼供等可能性的证明方法。先证后供，是在刑事案件的侦查过程中，侦查人员提取到其他的物证、书证或者证人证言等证据之后，再根据该证据获取犯罪嫌疑人的供述予以印证的证明方法。二者相比较而言，在先供后证的情形下，被告人供述的隐蔽信息，一般非亲历者不可能知晓，由此取得的证据能够印证被告人供述的真实可靠性。下面两起案例体现出了先供后证的特殊证明功能：

例如，被告人赵某某故意杀人案。被告人赵某某供述，其进入被害人家行窃时遇小女孩回家，其强迫小女孩脱光衣服躺在床上，为制止小女孩呼救从现场某处拿起一把菜刀杀死小女孩，后从现场窃取170元现金，并放火焚尸灭迹，离开现场时遗落70元现金。由于现场被火灾破坏，侦查机关

根据赵某某的供述展开调查、核实:(1)根据赵某某供述的现场布局及物品摆放情况,询问了被害人之母,其印证了赵某某所供情节,特别是作案工具菜刀案发前的摆放位置及失窃现金170元的情况,其证实的情况与赵某某所供情节一致;(2)根据赵某某供述的现场遗落现金70元的情况,询问了赵某某的同居女友、在现场发现70元现金的证人吴某某及数名消防队员,证人均能印证赵某某所供情节。后来,尽管赵某某翻供,但这些先供后证情节足以反映其先前供述的真实性。

再如,前述被告人伍某某抢劫一案。伍某某在湖北作案,十多年后在云南被抓获,云南警方在没有掌握案件具体情况的前提下,对伍某某进行了简单讯问,伍某某当即供述了包括作案的时间、地点、手段、使用的凶器、被害人的基本情况及劫取的财物等主要情节,与在案的其他证据能够相互印证。伍某某供述的这些情节对于云南警方来说,其性质类似于先供后证的证据,具有极强的证明力。

(五)严密运用逻辑推理

推理,逻辑学指思维的基本形式之一,是由一个或几个已知的判断(前提)推出新判断(结论)的过程。① 具体到证据运用方面,是指法官根据审查确认的证据,通过严密的逻辑分析,推断出被告人是否实施了犯罪行为、实施了何种犯罪行为的过程。

司法实践中,运用直接证据证明案件事实,是最简单、最便捷、最经济的方法。如被告人实施的犯罪行为被多名证人目睹,或者被告人对自己实施的犯罪行为供认不讳,或者被告人的犯罪行为被视频监控完整记录。但在疑案的审理过程中,由于被告人实施犯罪行为的隐蔽性、被告人对警方破案行为的反侦查性及因警方非法取证被告人供述、证人证言被依法排除等因素,往往没有直接证据可用,法官运用间接证据定案成为常态,而运用间接

---

① 中国社会科学院语言研究所词典编辑室:《现代汉语词典(第6版)》,商务印书馆2012年版,第1323页。

证据定案的基本手段之一就是推理。即使是案件的直接证据，也需要对证据的真伪进行判断，而这个判断的过程实际上也有一个推断、推理的过程。因此，逻辑推理是司法实践的重要工具。司法的培训、实践往往是一种逻辑推理的训练，司法判决的论辩也主要是一种逻辑推理的语言。

有的法官不善于运用逻辑推理方法，甚至反对推理，认为推理容易造成冤错案件。殊不知，法律在本质上是一种逻辑的科学，审案就是运用逻辑学推断案件事实的过程。运用推理不仅是法官审案断案不可回避的选择，更是对法官司法能力的检视。而且，在法律规定、司法解释、司法实践等层面，推理的运用无处不在，例如，（1）《刑法》第196条规定，恶意透支的构成信用卡诈骗罪，恶意透支是指持卡人以非法占有为目的，超过规定限额或者规定期限透支，并且经发卡银行催收后仍不归还的行为。（2）《全国法院审理金融犯罪案件工作座谈会纪要》规定，行为人明知没有归还能力而大量骗取资金的、非法获取资金后逃跑的、肆意挥霍骗取的资金的、使用骗取的资金进行违法犯罪活动的等几种情形可以认定其主观上具有非法占有目的。（3）最高人民法院、最高人民检察院、公安部制定的《办理毒品犯罪案件适用法律若干问题的意见》规定，执法人员在口岸、机场、车站、港口和其他检查站检查时，要求行为人申报为他人携带的物品和其他疑似毒品物，并告知其法律责任，而行为人未如实申报，在其所携带的物品内查获毒品的；以伪报、藏匿、伪装等蒙蔽手段逃避海关、边防等检查，在其携带、运输、邮寄的物品中查获毒品的；执法人员检查时，有逃跑、丢弃携带物品或逃避、抗拒检查等行为，在其携带或丢弃的物品中查获毒品的；体内藏匿毒品的；为获取不同寻常的高额或不等值的报酬而携带、运输毒品的；采用高度隐蔽的方式携带、运输毒品的；采用高度隐蔽的方式交接毒品，明显违背合法物品惯常交接方式的……并且行为人不能作出合理解释的，可以认定其主观上"应当知道"自己所实施的行为是走私、贩卖、运输、非法持有毒品行为，除非有证据证明其被蒙骗。（4）在审理故意杀人案的司法实践中，如果有行为人持刀朝被害人胸部连刺几刀的情节，则可以根据行为人

所持凶器、打击部位、打击力度、重复打击等情节综合分析，推断其主观上积极追求他人死亡的故意心理，从而认定其具有杀人的直接故意，而非杀人的间接故意或者伤害的直接故意。（5）在审理强奸案的司法实践中，行为人是否强行与被害人发生性关系，可以根据两人的关系、行为时的环境、被害人是否呼救、是否反抗导致身体受伤等情节进行综合分析、推断等。每一起刑事疑案的审理，通常是法官通过行为人与被害人的关系判断其是否有作案动机、通过被害人的伤情情况判断作案手段、通过现场痕迹判断被告人是否到过现场、通过提取的作案工具判断是否系被告人持有之物品、通过案发后行为人的反常表现判断其是否涉案等具体情节的推断，再将所有的情节串联起来，经过严密的逻辑分析，形成证据锁链，指向待证事实。

例：被告人黄某某故意杀害被害人吴某某母女三人一案，二审裁判文书充分演绎了法官对证据分析、事实认定的逻辑推理过程。

认定案件事实的证据有：

1. 群众发现尸块而报案。

证人李某某的证言：2008年9月8日10时许，我到山庄后面查看水泵时，发现水泵旁的水面上漂浮着一颗人头，即打电话报警。

现场勘验检查笔录及照片证明：公安机关接到报案后，于2008年9月8日至16日，组织人员在某县三道河库区内共打捞出人头1颗、人足3只、人手4只等各类人体组织20多块。

2. 死者系吴某某母女三人。

公安部物证检验报告：所检检材左足部分骨骼（小块）1份、左足部分骨骼（大块）1份、左胫腓骨部分骨骼（小块）1份、左胫腓骨部分骨骼（大块）1份、肋软骨1份、牙齿1枚、肋骨（短）1根、肋骨（长）1根、带软骨的肋骨1根，共9份，分属三位女性个体。其中，所检左足部分骨骼（大块）、左胫腓骨部分骨骼（大块）、肋软骨、肋骨（短）、带软骨的肋骨属于同一个体的可能性大于99.999999%，且此个体与所检左足部分骨骼（小块）所属个体符合单亲遗传关系；所检左胫腓骨部分骨骼（小块）、牙齿、肋骨（长）属于同一个体的可能性大于99.999999%，且此个体与所检左足部分骨骼（小块）所属个体符合单亲遗传关系。

省公安厅刑事科学技术鉴定意见：在排除双胞胎和近亲的前提下，所检左足部分骨骼（小块）所属个体是吴某1、彭某某（吴某某之父母）的生物学后代，从遗传学角度已经得到科学合理的确信；在排除双胞胎和近亲的前提下，所检左胫腓骨部分骨骼（小块）、牙齿、肋骨（长）所属个体是所检左足部分骨骼（小块）所属个体、邓某某（吴某某前夫、吴乙之父）的生物学后代，从遗传学角度已经得到科学合理的确信。

市公安局生物物证/遗传关系鉴定意见：将检出的三名女性人员的DNA分型分别编号为死者1、死者2、死者3，同时提取肖某某（吴某某前夫、吴甲之父）的血样送检。得出以下结论：极强力支持死者2系死者1和肖某某的生物学后代。

吴某某之妹、肖某某等证人的证言证明：吴某某与肖某某结婚后生育吴甲，两人离婚后吴某某又与邓某某结婚生育吴乙。

3. 杀人现场发生在吴某某家中。

现场勘验检查笔录及照片证明：中心现场位于某县燃料公司院内南楼吴某某家。吴某某的防盗门门锁完好，呈闭锁状态。室内多处有翻动痕迹。卫生间的黄漆木门上、地面、墙面、洗脸架等处发现19处血痕。

省公安厅刑事科学技术鉴定意见：送检的吴某某家卫生间门上、瓷砖上的血痕中检出同一女性成分，经15个STR分型未排除所检左足部分骨骼（小块）所属个体（即吴某某），支持该血痕为左足部分骨骼（小块）所属个体所留，不支持为其他随机个体所留。

市公安局生物物证、遗传关系鉴定意见：鉴定人将公安部物证检验报告检出的三名女性人员的DNA分型分别编号为死者1、死者2、死者3，同时将在吴某某家中提取的物证送检。结论为：吴某某家门上血痕系死者1（即吴某某）所留，吴某某家浴室门柜上及洗脸架底部上血痕系死者2（即吴甲）所留。

4. 黄某某与吴某某同居于吴家。

现场勘验检查笔录及照片证明：勘验时用从黄某某身上扣押的原配钥匙打开吴某某家大门门锁进入吴家，室内发现黄某某的身份证复印件，阳台上晾着黄某某的衣服。

县公安局手印鉴定书及比对照片证明：从吴某某家卫生间内提取的五枚潜血指印中，一号指印是黄某某右手食指所留、二号指印是黄某某右手中指所留、三号指印是黄某某右手环指所留、四号指印是黄某某右手中指所留、五号指印是黄某某右手环指所留。

证人秦某某的证言：2006年吴某某在我开办的服装店帮工期间，与黄某某相识并交往，后吴某某告诉我，她已与黄某某同居生活。

吴某某之妹的证言：2007年秋，吴某某在县燃料公司院内购买了一套住房，黄某某随吴某某一同居住。

吴某某邻居付某某的证言印证了黄某某与吴某某同居的情况。

5. 吴某某母女于2008年8月下旬失联。

证人肖某某的证言：2008年8月26日上午，吴甲用号码为139××××××0的手机（黄某某的号码）打我手机136××××××6，称其已从海口市回到南漳家中，午饭后我打该手机号码与吴甲取得联系，此后再未与吴甲联系。黄某某的手机通话清单印证了上述情节。

证人杨某某的证言：2008年7月底，我与吴某某相识并开始交往，后将一部中兴牌手机和153××××××9的卡号送给吴某某使用。8月25日我与吴某某在县城见过面，当日下午分手后吴某某到市里接大女儿回县城。当晚吴某某用153××××××9打我手机133××××××5，没说几句就听到她和别人发生争执，我问是怎么回事，她说租车人要价太高。约三四天后，我拨打153××××××9的号码，手机呈关机状态。我又打吴某某以前的号码135××××××6，接通后是一个男子的声音，我以为拨错电话就挂机了。杨某某的手机通话清单印证了上述情节。

吴某某邻居付某某的证言：从2008年8月下旬就再未看见吴某某及其

两个女儿,也很少看见黄某某。9月22日,我在楼梯间遇见黄某某。

6. 黄某某掩盖吴某某母女失踪的事实。

吴某某父母的证言:2008年8月23日,吴某某带吴乙回娘家,次日吴某某回县城,将吴乙留在外公外婆家。同月27日上午,吴乙称家中打来电话让她回去上学,吴某某之父即送吴乙到车站让其搭车回家。吴某某之父的手机常放在桌上,不知吴乙是否用过。同年农历八月十四日(公历9月13日),一名叫黄某某的男子来到吴某某父母家,称其与吴某某谈恋爱,吴某某带两个女儿已去厦门,让其来帮忙收割稻谷。次日,黄某某又来到吴家陪吴某某父母过中秋节。

黄某某的手机通话清单记载:2008年8月26日19时32分,黄某某的手机139××××××0主叫过吴某某之父的手机159××××××4。

从黄某某住处提取的结婚申请书记载:黄某某申请有关部门,批准其与吴某某结婚。落款于2008年9月24日。

7. 从黄某某住处提取到吴某某的大量遗物。

扣押物品清单及照片证明:案发后,公安机关从黄某某位于某县城梁家巷×号的住所提取到手机8部及吴某某的居民身份证、银行卡、摩托车、自行车等物品。

8. 被告人黄某某供述。

2006年8月吴某某带两个女儿搬至我位于梁家巷的住所与我一起生活。10月我女儿打工回来,家里房子不够住,吴某某即另行租房居住,但我们两人还保持着那种关系。2007年6月,吴某某在燃料公司购买一套二手房,由我出资3万元装修好后,我们便在此处共同生活。2008年8月25日,吴某某的大女儿吴甲从厦门回来,我和吴某某于晚上7点在市火车站把吴甲接回家,消夜后我上班去了。次日早晨6点我下班回到燃料公司家里,吴某某已起床在看电视,我要求与她发生性关系,吴某某不同意,但还是和我一起上床睡觉。我和吴某某睡到8点钟起床一起看电视,此时吴甲已出门。吴某某质问我是不是用她的手机给她的新男友通过话,因她新男友说一个河南口

音的人给他打过电话。我们因此发生争执,我说:"我们三年的感情为一个电话发生争执,值得吗?"我欲与吴某某发生性关系她不同意,东躲西藏,我一气之下从吴某某后面用右臂勒住她的喉咙,直到感觉她死了才松手。我将尸体拖到洗手间内,将门闩死,然后去厨房做饭。怕吴甲回来发现后报警,决定将她一起干掉。11时许,吴甲回来,她用我的手机给别人打电话,并问她妈到哪里去了。我告诉吴甲,她妈妈在外面还没有回来,让其先吃饭。趁吴甲吃饭之机,我从背后用右臂勒住吴甲的喉部将其勒死,亦将尸体放入洗手间内。吃过中饭,我躺在床上想着怎么处理尸体时,吴乙用她外公的手机打我电话,问她姐姐回来了没有,我告诉她吴甲已经回来了。挂电话后我想,吴乙快要上学了,如不把她弄死,她回来后就会发现我杀死了她妈妈和姐姐,于是决定将吴乙骗回家杀死。当晚,我打吴乙外公电话,正好是吴乙接的,我谎称吴某某让她回家准备上学。第二天中午11点半左右,吴乙回到家中,被我用同样方法勒死。后我用自制的西瓜刀肢解吴某某、吴甲和吴乙的尸体,将尸块装箱打包,抛于三道河水库之中。作案后,我对卫生间进行了清洗,还书写了一份结婚申请书来骗吴某某的父母。

上列证据表明:吴某某家卫生间发现大量点状和溅状血迹,确认系吴某某及其女儿吴甲所留血迹,可以认定杀人分尸现场在吴某某家中;吴某某家门窗完好,可以排除他人非法侵入其住宅作案;吴某某母女三人在家一一遭杀害,并被分尸运出抛弃,行凶人必须具备足够的时间作案并具备能自由出入、逗留吴家的作案条件,黄某某与吴某某母女共同生活,具备上述作案时间和条件;通话记录证明,吴某某母女失踪前,黄某某与她们在一起,且吴乙系被黄某某电话骗回后失踪;吴某某母女三人的尸块被发现后,公安机关向社会发布寻找失踪人员的通告,黄某某来到吴某某娘家,自称是吴某某的男友,告诉吴某某的父母吴某某已携女外出打工,其后又陪同吴某某的父母过中秋节,还书写欲与吴某某结婚的申请书,此反常表现说明其已知道尸块的身份,因害怕吴某某亲属发现其失踪而报案,意图予以掩盖;案发后,公安机关从黄某某的住所查获吴某某的身份证件、手机、银行卡等物品,其中身份证件是外出务工人员的必备证件,手机是外出务工人员联络不可缺少的通信工具,如果吴某某携女外出打工,不可能将身份证件、手机放在黄某某处,进而印证了黄某某杀死吴某某母女三人后,拿走其财物以掩盖犯罪事实的情节;黄某某对其杀死吴某某母女三人并分尸抛弃的犯罪事实供认不讳,所供情节与证人证言、现场勘验检查笔录、刑事科学技术鉴定、手机通话记录等证据能相互印证。因此,本案证据已形成锁链,足以认定黄某某杀死吴某某母女三人的事实。

该案的证据特点是:第一,主要靠间接证据定案。因为除被告人黄某某的供述外,其他证据均为间接证据。第二,证据数量繁多。第三,证据种类复杂。审案法官以案件的发现、侦破为主线,将证据归类后分为七组,前六组证据分别为群众发现尸块而报案的情况、被害人身份的确认、杀人现场被确认是发生在被害人家中、被告人黄某某与被害人系同居关系、被告人黄某某作案后极力掩盖被害人失踪的事实、从被告人黄某某其他住处提取到被害人的大量遗物,从而形成指向被告人黄某某作案的完整证据链,然后在第七组证据中引用被告人黄某某的有罪供述,将整个案件事实和被告人的作案情节串联在一起,最后进行令人信服、符合逻辑的证据分析、论述,达到了较好的证明效果。

运用逻辑推理要善于运用排除法。有的案件,现场提取的某某人痕迹印记,存在两种可能性:一种可能是某某人作案时所留;另一种是某某人于案发前或案发后所留。如果排除第二种可能性,则可以认定某某人系作案人;如果确认第二种可能性存在,则不能就此确认某某人系作案人。还有的案件,存在非他人作案即被告人作案的情况,如果排除了他人作案的可能性,则可以推定系被告人作案。如前述的被告人江某某交通肇事、故意杀人疑案。被害人遭遇车祸后被搬移至第二现场抛弃的可能性有三种:一是被害人自行而至,因被害人脑部受重创,站立不起,该可能性被排除;二是被第三人搬移而至,该救人后随即弃之的举动显然不符合情理,该可能性亦被排除;三是肇事者江某某将受伤的被害人搬移抛弃。

（六）善于运用经验法则

严格的逻辑推理固然使法官认定事实具有了理性和科学的色彩，但也存在严重的局限性，即由于过于关注逻辑的严密性和完整性，往往容易导致法官的认知能力严重脱离经验世界而日渐封闭，最后发展成为制约法官审案断案的桎梏。在审理某些刑事疑案时，逻辑推理有时会显得捉襟见肘。此时，起决定作用的不再是逻辑推理，而是法官对法理、事理、情理的有机结合，以及对社会常识、人情世故、事物性质等方面的理解与融入，这些都是经验法则的运用。对此，本书中的模拟案例从某一方面得以体现。

经验法则是大陆法系诉讼理论中的概念。从中文词义研究，所谓经验，是指人的亲身经历以及人从多次实践中得到的知识和技能；所谓法则，是指法官在司法实践中运用自己的经验认定案件事实的方法。经验法则在我国尚未形成体系性的理论。但在民事诉讼中，《最高人民法院关于民事诉讼证据的若干规定》第9条规定，根据法律规定或者已知事实和日常生活经验法则，能推定出另一事实的，无须举证证明，正式将经验法则规定在民事诉讼证据规则中。在行政诉讼中，《最高人民法院关于行政诉讼证据若干问题的规定》第68条规定，根据日常生活经验法则推定的事实等法庭可以直接认定，确认了经验法则在行政诉讼中的法律地位和作用。在刑事诉讼中，《办理死刑案件证据规定》第5条界定"证据确实、充分"的证明标准时，其中一项要求就是，根据证据认定案件事实的过程符合逻辑和经验规则，由此得出的结论为唯一结论。日常审判工作中，无论是有意识还是无意识，刑事法官一直都在运用经验法则评价证据、认定案件事实。例如，根据警方的侦破报告，判断案件的破获是否自然、被告人的心理防线如何突破、口供如何取得；根据现场提取被告人的指纹、足印等痕迹，判断被告人到过现场；根据现场物品凌乱无序的摆放状况，判断被告人与被害人曾经发生过打斗；根据被害人血迹呈喷溅状的面积大小、分布情况，认定被害人死于钝器打击或锐器刺击以及判断作案人行凶的手段和强度；根据被告人深夜将身受重伤的被害人丢进深湖等情况，判断被害人不可能生还；对相关证据所证明的作案过程、作案时间等情况综合分析，判断被告人能不能完成作案；根据日常生活常理，判断被告人供述或证人作证时神态和举止自不自然，进而认定其所供、所证的情况属不属实；根据被告人杀人后隐藏被害人尸体等情节，判断本案不符合流窜作案的特点；根据证人的年龄、智力等情况，判断其作证能力的强弱以及作证内容是否虚假；根据证人翻证的解释，判断其是否受到贿赂、威胁或利诱等。

林肯运用经验法则进行无罪辩护的小阿姆斯特朗案就是这方面的经典案例。小阿姆斯特朗被控为图财害命，证人福尔逊一口咬定在10月18日深夜亲眼看到了小阿姆斯特朗枪杀了死者，林肯在辩护过程中首先向证人提问。

林肯："你发誓说认清了小阿姆斯特朗吗？"

福尔逊："是的。"

林肯："你在草堆后，他在大树下，两处相隔二三十米，你能认清吗？"

福尔逊："看得很清楚，因为月亮很亮。"

林肯："你肯定不是从衣着方面认清的吗？"

福尔逊："不是的，我肯定认清了他的脸蛋，因为月亮正照在他的脸上。"

林肯："你首先肯定时间是在晚上11点吗？"

福尔逊："充分肯定，因为我回屋里看过时钟，那时正在11点1刻。"

林肯在进行十分平缓而又十分冷静的询问后，立刻发起了十分简短而又十分猛烈的攻击进行反驳，他指出："证人发誓说他在10月18日晚上11时在月亮下认清了被告小阿姆斯特朗的脸。但那天晚上是弱月，11时月已下山去，哪来的月亮呢？退一步说，就算证人记不准时间，假定稍有前后，月亮还在西天，那么月亮是从西边照过来，但草堆在东，大树在西，被告脸上是不可能照到月亮的，怎么能从二三十米外的草堆后面看清被告的

脸呢？"①

林肯运用经验法则成功地推翻了关键证人的证言，小阿姆斯特朗最终被无罪释放。

在美国，在对证人证言进行审查时，法官都要提醒陪审团注意从如下几方面判断证人证言的可信度：证人看见或者获知其作证事项的机会或能力；证人记忆或表述作证事项的能力；证言的性质和质量；证人作证时的神态和举止；是否存在偏见、利益或者其他动机；是否存在证人作证证明的事实；证人对本案或作证的态度；证人作出的与其证言相符或不相符的陈述；证人的性格如诚实与否，可靠与否。② 上述事项的提醒，大多出自生活经验方面的判断。

本书案例一被告人周某某故意杀人疑案也较好地诠释了经验适用法则。法官认为，盗粮者与杀人者系同一人，周某某即杀人者：（1）周某某与被害人系同村村民，两家相距百十来米，平时两人交往较多，周某某对被害人的家况非常了解，对其行踪易于掌握。（2）盗窃现场发生在被害人家中，周某某不可能避开被害人将放置在其卧室里的数百斤粮食用板车拉走，除非其明知被害人不在家或明知被害人已经死亡，而当天被害人就在家中，且已用过晚餐，在此情况下，周某某胆敢拖板车去被害人家中盗粮，说明其知道被害人已经死亡。（3）被害人尸体是被隐藏起来的，除非周某某目睹被害人被杀、被藏尸，或者其亲自参与杀人、藏尸，否则不可能发现被害人已经死亡。（4）鉴定意见确认被害人死于晚饭后2小时以内，苏某某等证人证明被害人家的豆腐已制成成品，根据农村吃晚饭的生活习惯等客观情况分析，被害人死于晚上七八点钟；张某某等证人证明其遇到拖板车的人是在当晚11时许，故从被害人死亡到其家粮食被盗仅相隔三四个小时。而实施杀

---

① 苏越、郝卯亮：《小阿姆斯特朗犯了杀人罪吗？——谈谈反驳的运用》，载《新闻与写作》1992年第4期。

② 参见［美］弗洛伊德·菲尼、［德］约阿希姆·赫尔曼、岳礼玲：《一个案例 两种制度——美德刑事司法比较》，郭志媛译（英文部分），中国法制出版社2006年版，第5~174页。

人作案、隐藏尸体、寻找财物、清理现场、拖来板车、搬运粮食、运粮出村等行为均需耗费较多时间，故不存在杀人者、盗粮者系不同人员的客观可能性。（5）案发后，周某某行为反常。具体表现为：①2008年1月9日晚，周某甲被人杀害、家中粮食被盗，次日早晨周某某卖粮、还板车。②案发时已是腊月初，很快就要过春节了，但周某某一直在外逗留，基本不归家，甚至不回家过春节，正月初即前往广东，且一去不复返。③周某某受母亲吩咐拖砖砌墙，但在案发次日，周某某将板车归还，砖也不拖了，墙也不砌了。④周某某在外逗留时间较长，其间需住店、用餐，还到朋友家走访送礼，而其平时没有任何经济来源。⑤周某某在广东期间使用假身份证，隐姓埋名。⑥周某某的无罪辩解或与已查明的事实相悖，或完全经不起推敲。针对其到广东打工和使用假身份证件的情况，周某某先辩称不在家过春节一是因为想见女朋友，二是担心钱不够给母亲治病。后辩称当时谈有女朋友，并准备结婚，女朋友让他出钱装修房屋，并说不行就分手，他感觉没面子，后来与母亲谈及此事，母亲让他外出打工，因年前买不到票，只好正月初去广东；自己的身份证一直没有办下来，因记不得自己的身份证号码而记得周某乙的身份证号码，就以周某乙之名办个假证。经查，周某某的母亲称周某某未与其谈及交女友、结婚、装修房屋的事情；证人陈某某称其仅与周某某见过两次面，感觉不合适就不再联系，周某某的辩解与证人所证情况不符。到南方打工年前车票好买，年后车票不好买，这是一个众所周知的客观事实，而周某某关于因年前不好买票所以年后去广东的辩解与客观事实相悖。周某某关于忘记自己的身份证件号码而记得他人的身份证件号码故使用他人真实的身份证件号码办假证的辩解显得逻辑混乱，有悖于生活常理。针对其原有罪供述，周某某称系警察诱供而形成，他是听堂姐夫说过周某甲被害的情况，听不知名的邻居说过路上散落黄豆的情况，运粮途中遇小偷的情况系警察逼供形成。经查，周某某堂姐、堂姐夫证明，他们根本不知道具体情况，不可能向周某某讲述被害人如何被害、现场怎样等细节；周某某所称的邻居竟不知姓名，不符合常理；关于运粮途中遇小偷的情况，周某某所供细节与张某某

等证人所证情节不尽一致,侦查机关的讯问笔录均作了如实记载,不符合警察逼供、指供的情形。

需要说明的是,通过法官审理上述案例的证据运用过程来看,经验法则与逻辑推理其实是相互关联、密不可分的关系,运用经验法则认定案件事实,避免不了法官内心对证据进行逻辑推理的过程;运用逻辑推理认定案件事实,需要法官利用经验法则对每一个细节先行确认属实。

(七)重视被告人的辩解

经验法则、逻辑推理得出的结论是否成立,需要从几个方面进行验证:一是据以运用的证据是否可靠;二是基础事实是否查证属实;三是证据之间的矛盾点以及形成证据体系的重大疑点是否排除;四是允许反驳。这里的反驳主要是指被告人的辩解,包括被告人的翻供理由。

在办理刑事疑案的司法实践中,在侦查阶段,被告人经常拒绝回答警方的讯问,或者提出自己没有作案时间、没有作案动机、没有实施杀人行为、现场留下的痕迹是案发后所留等辩解,案件进入审查起诉、审判环节后,曾经供认犯罪的被告人屡屡翻供,辩称自己的有罪供述系侦查机关刑讯逼供所致,这种辩解也属于《刑事诉讼法》规定的证据,是针对控诉的反证,但有的法官过于惧怕被告人的辩解与翻供,认为被告人一旦翻供,案件就棘手了;也有的法官不重视被告人的辩解与翻供,轻率地以被告人的翻供理由不合常理就予以否定;还有的法官认为举证责任在于控方,被告人不是举证责任主体,以此为由将被告人的辩解与翻供不作为证据使用。

1963年美国最高法院的"米兰达案件"审判,形成了著名的"米兰达"规则,将美国宪法第五修正案规定的"默示的沉默权制度转化为明示的沉默权制度"[①],它要求警察将犯罪嫌疑人拘捕后,在对其进行讯问前,必须先向犯罪嫌疑人宣布米兰达警告:"你有权保持沉默。你所说的一切都将可能在

---

① 何家弘:《中国式沉默权制度之我见——以"美国式"为参照》,载《政法论坛》2013年第1期。

法庭上成为对你不利的证据……"作为维护政府与个人之间利益平衡的一种权利，沉默权制度在美国及世界范围内得以推广，其积极意义在于彻底贯彻了无罪推定原则，鲜明地突出了控方的举证责任，要求警察和检察官必须收集口供之外的其他证据来证实犯罪，而被追诉者本人则无须承担证明自己无罪的责任。但是，司法实践表明，有许多案件，如果涉案的当事人在面对警察讯问时一概保持沉默，则案件很难侦破，无法将犯罪者绳之以法，如一对一犯罪的行贿、受贿案件；主谋通过中间人雇用凶手杀人的案件；毒品犯罪案件；被拘捕后不讲真实姓名的流窜犯罪案件；多人在逃的共同犯罪案件等。因此，沉默权另一方面也削弱了侦查机关有效追究犯罪的能力以及政府对犯罪的控制能力，使社会秩序以及被害方的正当权利受到损害。于是，各国针对沉默权进行了改革，又延伸出了一些新的规定和制度，有的国家允许被告人保持沉默的同时，又规定对作虚伪陈述或嫁祸于人的，要再加一个伪证罪或藐视法庭罪；有的国家规定警察在告知犯罪嫌疑人沉默权后，又加了一段近似于我国的"坦白从宽，抗拒从严"的"但书"，让犯罪嫌疑人考虑是否要与警方对抗。美国则以辩诉交易鼓励被告人以认罪的方式换取较轻的刑罚，并规定了有罪推定的一定情形。[①] 特别是英国 1994 年通过的《英国刑事司法和公共秩序法》(Criminal Justice and Public Order Act 1994) 第 34 条至第 37 条对沉默权作出进一步限制，规定了犯罪嫌疑人、被告人对不利于自己的犯罪嫌疑而不予说明的四种推定情形：（1）嫌疑人在接受讯问时没有陈述他们被合理要求应当提及的事实，而这事实为辩护方法庭辩论中用来作为辩护的依据；（2）假如被告人在法庭审判中无正当理由不作证或不回答法庭提出的问题；（3）当嫌疑人的人身、衣服或者在其被逮捕处发现可疑的物品和痕迹，而嫌疑人拒绝回答警察对这些物品和痕迹的询问时；（4）当嫌疑人在案件发生时或案发相近时间出现于某处，并为此而被逮捕

---

① 美国国会在 1968 年通过一项法案，规定犯罪嫌疑人只要自愿坦白自己的罪行，其供词就可以在法庭上作为证据。参见唐嫣：《米兰达规则的前世今生》，载《开封教育学院学报》2014 年第 7 期。

时，嫌疑人对当时在场的原因未能作出解释，[①]法庭或者陪审团可以从这些解释不能、拒绝解释中作出看起来适当的推论（draw such inferences from the failure or refusal as appear proper），这些"看起来适当的推论"，即为对犯罪嫌疑人、被告人不利的推论。

我国《刑事诉讼法》第51条规定"公诉案件中被告人有罪的举证责任由人民检察院承担"；第120条规定"犯罪嫌疑人对侦查人员的提问，应当如实回答"。但对于犯罪嫌疑人不予回答侦查人员的提问，或者确有证据证明犯罪嫌疑人有实施犯罪的重大嫌疑时，犯罪嫌疑人是否有说明义务，《刑事诉讼法》没有明确规定。《最高人民法院关于适用〈中华人民共和国刑事诉讼法〉的解释》第96条第1款和第2款规定："审查被告人供述和辩解，应当结合控辩双方提供的所有证据以及被告人的全部供述和辩解进行。被告人庭审中翻供，但不能合理说明翻供原因或者其辩解与全案证据矛盾，而其庭前供述与其他证据相互印证的，可以采信其庭前供述。"该司法解释从另一个角度阐释了被告人对于不利于自己的犯罪嫌疑应当有说明义务。司法实践中，许多重大杀人疑案，即使是在犯罪嫌疑人住处搜出毒品，从犯罪现场提取到犯罪嫌疑人的血迹、指纹、毛发等痕迹物证，这些都是间接证据，不能直接证明犯罪嫌疑人就是毒品所有者或是杀人凶手，如果犯罪嫌疑人闭口不讲任何情况，或者作出一些不合常理的辩解，就采用上述模拟案例中某些法官的观点，认为不能认定犯罪嫌疑人实施了某种犯罪行为，显然过于刻板和机械。因此，法官要注重对被告人辩解与翻供理由的审查，以增强内心确信，或者确认被告人有罪，或者推翻控诉。

例如，本书第三章案例四被告人尤某某故意杀人疑案。法官认为，尤某某的下列翻供理由不能成立，且对自己涉嫌犯罪的行为无法作出合理解释：

被告人尤某某翻供称侦查人员对其拍桌子、两天两夜不让其睡觉，逼其承认杀人行为。但事实上，尤某某被传讯数小时后在清醒的状态下就开始

---

① See Criminal Justice and Public Order Act 1994. 参见龙宗智：《英国对沉默权制度的改革以及给我们的启示》，载《法学》2000年第2期。

交代犯罪事实，且尤某某无法解释侦查人员在没有掌握具体案情、无从诱导的情况下，其为什么能够对整个作案过程讲述得很详细、很具体。

被告人尤某某翻供称其知晓凶手韩某新的杀人计划，但韩某新每次提出要杀死被害人时，其均予以劝阻。而事实上，在案发之初，尤某某刻意回避其与韩某新之间案发前后的频繁联系及其知道韩某新杀人的事实，且尤某某无法解释既然其反对韩某新杀人，韩某新为何还一次又一次地告知其杀人计划；案发前其为何刻意打听并掌握被害人的行踪，还与韩某新进行频繁的电话联系；韩某新作案后为何告诉其杀人情况及具体细节，其多次与韩某新见面并告知案情进展情况。上述事实表明，尤某某清楚韩某新欲杀死被害人，不仅未加阻止，反而参与谋划。

被告人尤某某翻供称案发前一天晚上及作案当日早晨韩某新给其打电话是让其带肥料。但事实上，尤某某没有为韩某新带回肥料，且尤某某无法解释其有意避开被害人之妻与韩某新通话的原因；无法解释韩某新在杀人作案的紧要关头为什么还有心思请其带肥料；带肥料只需三言两语即可交代清楚，两人为什么还要频繁进行电话联系；如果韩某新频繁打电话只是交代带肥料之事，其又为什么不顾韩某新的再三请求不带回肥料。

对于案发前被告人尤某某为什么在自己家中安排被害人之妻与凶手韩某新发生性关系；尤某某锯断的大树为什么恰恰差点砸中被害人；韩某新为什么在作案后第一时间打电话向其报告；案发后其为什么要向韩某新询问具体作案细节，为什么让韩某新逃进山林；案发后其为什么让杨某某为其作假证等问题，尤某某在翻供时均无法作出合理解释。

通过对被告人尤某某上述翻供理由的审查，结合在案其他证据，审案法官的内心确信一步步建立。

再如，前已多次叙述的被告人陈某某抢劫致多人伤亡疑案。陈某某归案后，多次作出有罪供述，供称其经预谋后于某日一大早来到某商店，持钝器袭击店老板一家多人，劫取钱财、换下血衣后，见有人过来，怕被怀疑而在商店门口假装喊"救命"，随即逃离现场，并潜逃近10年不敢归家等事实。后陈某某翻供,称其案发当天到该商店买烟,因店内无人而进入店后卧室,见老板浑身是血倒地求救,其扶起老板时被老板鼻子里喷出的血溅了一身,心里很害怕,即打开水龙头洗手,脱下自己的衣服,换上老板的短袖T恤,并到店门口喊"救命",随后搭乘摩托车离开现场并于次日回了福建老家。因警察来找,其害怕没有把事情讲清楚,之后潜逃近10年没归家。

综观陈某某的上述有罪供述与翻供理由,其有罪供述自然客观并合乎逻辑,基本无破绽,而其翻供理由则漏洞百出,多处与事实不符,并违背常理:(1)陈某某称因店内无人而进入店后卧室。而事实上,女店主已被凶手击晕在店内,狭小的店铺,到店内购物的人轻易就可发现女店主。(2)陈某某称见店内无人便进入店主的卧室。一个外人随随便便就进入他人家的私密场所卧室,显然有犯大忌,不是正常的行为。(3)陈某某称见老板浑身是血倒地求救,扶起老板时被老板鼻子喷血溅其一身。见浑身是血的人求救,本能的第一反应应是火速报警,而不是多此一举将被害人抱起;动脉血管破裂才会发生血液喷溅的现象,"鼻子喷血"的讲述显然违背常识,陈某某所称的上述现象只在虚构的影视作品中才出现过。(4)陈某某称因衣服染血,故脱下自己的衣服,换上老板的短袖T恤。该辩解理由更是匪夷所思,非正常人之举。(5)陈某某所称到店门口喊"救命",随后离开现场并于次日回了福建老家。该辩解理由中包含三个相关情节:一是主动喊"救命"报警;二是迅速逃离现场;三是逃回福建老家。喊"救命"报警的情节与后两个情节自相矛盾,一方面显示陈某某有意救人、将案情公开让众人知晓;另一方面显示其有意逃避,想方设法摆脱麻烦,显得逻辑混乱,自相矛盾。(6)陈某某称因害怕没有把事情讲清楚,之后潜逃近10年没归家,付出东躲西藏、有家不敢回的惨重代价,竟然只是因为害怕没有把事情讲清楚的区区小事,太难以令人置信。

通过对比陈某某的有罪供述和无罪辩解,审查陈某某的翻供理由,结合本案指向陈某某作案的其他证据,足以得出陈某某系抢劫杀人凶手的结论。

（八）排除重大疑点

在刑事疑案的审理中，往往出现许多细节没有查清，案件存在较多疑点问题等现象，于是，法官的目光经常穿梭于证据与证据之间、证据与事实之间，通过回答若干个"为什么"，寻找解决疑点问题的答案。但是，如前所述，基于案件发生之后不可再现的客观因素等原因，刑事案件存在疑点问题属于正常现象，并不要求法官能够排除任何可能的怀疑，而只有对于涉及被告人是否有罪的疑点，才是必须予以排除的对象，这个标准就是：证据与证据之间、证据与案件事实之间不存在重大矛盾或者矛盾得以排除，根据证据认定案件事实的过程符合逻辑和经验法则，由证据得出的结论是唯一的，排除了系他人作案的可能性。

例如，本书第三章案例四被告人尤某某故意杀人疑案。该案中，直接实施杀人作案的凶手死亡、尤某某没有到现场实施作案的时间，案件存在诸多疑点，法官对此一一进行了分析、解惑：

第一，关于凶手韩某新之死。检察机关指控被告人尤某某唆使凶手韩某新杀死被害人韩某立后，又恐吓、威逼韩某新喝农药自杀于深山。对于韩某新之死的疑点问题，法官审查认为：（1）尤某某曾供称，其担心罪行败露，两次约见凶手韩某新，恐吓韩"肯定会查出来""杀人是要偿命的"，后韩某新自称要喝农药自杀，并逃进深山。在案其他证据证明，案发数月后，韩某新的尸体在山林中被发现，其头颅与尸身分离，尸体腰部以上均白骨化，几乎无皮肉，无法鉴定死因；侦查机关在韩某新家中提取的某品牌酒瓶、韩某新尸体腹部处的泥土上均未检出常用农药等毒物成分。故尤某某供述的恐吓、威逼韩某新自杀，韩某新逃进深山前曾喝了农药等情节均无相应证据予以印证，达不到确实、充分的证明标准。因此，检察机关指控尤某某恐吓、威逼韩某新自杀的意见不能成立。（2）有机磷等常见农药容易挥发，且其与重金属中毒情况不同，其毒物成分不易沉淀于人体骨骼，本案中韩某新的尸体很晚才被发现，没有检出农药成分符合客观事实，故韩某新死因不

明的疑点虽然存在，但没有排除其系喝农药自杀身亡的可能性，与尤某某的有罪供述及被害人被杀环节的证据并不矛盾，不影响韩某新系杀死被害人的直接凶手及尤某某参与谋杀被害人等基本事实认定，且韩某新的尸体在深山被发现等情节与尤某某的有罪供述能够相互印证，能够印证尤某某有罪供述的客观性与真实性。

第二，关于被害人死亡的时间。辩方提出，证明被害人死于案发当日早晨的证据不足，并因此质疑被告人尤某某的有罪供述的真实性。对此，法官审查认为：（1）被害人之子的证言及通话记录证明，案发当日早晨7时15分、23分被害人之子与被害人通话2次，8时14分后被害人之子再与被害人打电话联系时，被害人的手机均处于无人接听状态。（2）通话记录及技侦资料证明，案发当日凌晨，凶手韩某新与被害现场的手机基站位置有过重合；案发当日早晨7时许，韩某新与被害人有过通话。（3）鉴定意见证明，被害人被杀时胃内食物已排空。（4）被告人尤某某的供述及通话记录证明，案发当日早晨8时41分，尤某某打开手机发现有韩某新的未接来电，尤某某即打电话过去，韩某新说"行了"（指已杀人）。上述证据相互印证，足以证实被害人的死亡时间为案发当日7时许至8时许。

第三，关于证人孙某某的证言。证人孙某某曾证明案发次日在公路上遇见凶手韩某新，但在案的其他证据证明案发当日韩某新已逃进深山，二者相互矛盾。对于该疑点，经查证：证人孙某某证明案发次日其骑车经过村委会路口不远处时，迎面见韩某新穿羽绒服戴帽子骑摩托车相向而来。但事实上，韩某新此时已逃进山林，其摩托车也留在家里。再次询问孙某某时，其称可能看错了人。因此，法官审查认为，孙某某看错人的可能性较大，一是双方都是骑摩托车相向高速行驶，孙某某与对方相遇只是短短一瞬间；二是对方戴着帽子遮住了部分面容，影响了孙某某的判断。

又如，本书第三章案例六被告人严某某故意杀人疑案。该案中，被告人严某某曾供称其将被害人杀死后，使用浓硫酸销毁了被害人的尸体，但警方根据严某某的供述挖开"化尸池"，没有发现被害人的尸体、残肢或从中检出被害人的 DNA 成分。对于被害人是否死亡的重大疑点，经审查在案证据：（1）同案被告人李某某等人的供述等证据证明，案发当天，李某某等人根据严某某的授意，将被害人拘禁于某市场 86 号店面，后严某某以单独与被害人谈话为由将他们支走。（2）86 号店面的若干邻居证人证明，案发当晚，听到 86 号店面内传来巨大的撞击声、打人声、惨叫声以及细小的骂人声。（3）两名装修民工证明，其于案发次日受雇于严某某为 86 号店面填坑、刷漆、粉墙，看到了大量喷溅状、滴状血迹。（4）现场勘验检查笔录、鉴定意见等证据证明，从 86 号店面坑池中提取到硫酸根和氢离子以及皮带扣、类似碎骨、毛发、牙齿、衣服纤维等物质，并在现场发现空置的硫酸桶。（5）辨认笔录及照片证明，被害人亲属经辨认，从坑池中提取的皮带扣与被害人失踪前所系的腰带扣为相同品牌、同一类型的物品。（6）提取笔录及照片等证据证明，根据严某某的指认从现场外某池塘里起获了作案工具铁管以及被害人的身份证件等异物。（7）侦查实验证明，警方将 6.5 公斤猪头和 0.5 公斤猪肉用 10 公斤浓硫酸浸泡后，发现肉和骨头均被腐蚀、炭化并溶解成糊状，淡绿色的硫酸变成黑色溶液，并散发出浓烈的芳香气味等。据此，法官审查认为，邻居店面的租户听到的打人声、惨叫声是在案发当晚 9 时以后发生的，足以证明严某某是在李某某等人离开后开始对被害人实施加害行为；邻居店面的租户听到的巨大撞击声、惨叫声以及为 86 号店面装修的民工在现场看到的大量喷溅状、滴状血迹，足以证明严某某对被害人实施的加害行为强度很大；根据严某某的指认从池塘中提取铁管的事实，足以证实该铁管用于作案，严某某丢弃铁管的意图是为了隐藏罪证；被害人失踪后严某某匆忙雇人装修房屋、填埋坑池的事实，足以反映严某某意图掩盖犯罪痕迹；从坑池中提取到硫酸根和氢离子以及现场发现空置的硫酸桶等事实，足以证明严某某于案发前购买的浓硫酸已被使用于坑池之中；从坑池中提取的皮带扣和类似碎骨、毛发、牙齿、衣服纤维等物质，结合硫酸已被使用于坑池的情节，足以证明严某某用浓硫酸销毁了某些物品，结合在案其他证据，可以认定该被销毁的物品就是被害人的尸体。法官同时认为，浓硫酸具有强氧化性、强腐蚀性、脱水性等特性，可以将人体腐蚀炭化，溶解人体皮肤、骨骼、毛发及所穿衣物，且这些物质与硫酸化合后，形成了另外的物质，而失去了原有的物质成分。本案中，严某某设计的坑池放入浓硫酸后足以覆盖被害人万某某的尸体，可以将被害人的尸体彻底溶解。侦查实验也验证了被害人尸体可以被浓硫酸全部溶解的事实。因此，从化尸坑池中没有检出被害人的DNA成分，符合客观情况，不应作为事实不清、证据不足的疑点。

第三章 刑事疑案实证分析

近年来，我国十分注重案例的作用，最高人民法院逐步建立指导性案例制度，以发挥典型案例的指引作用。2016年9月30日，最高人民法院司法案例研究院揭牌。同日，中国司法案例网[①]正式开通，通过对各级法院案例的收集、筛选，陆续发布了大量典型性的指导案例。为了彻底解决"类案不同判"的问题，2023年7月26日，最高人民法院党组研究部署案例统筹管理和人民法院案例库建设工作。2024年2月27日，人民法院案例库正式上线并向社会开放。同年3月8日，在第十四届全国人民代表大会第二次会议上，最高人民法院院长张军报告："创建'人民法院案例库'，经最高人民法院审核入库案例，法官办案必须参考。"截至2024年8月，人民法院案例库[②]入库案例4132件。其中，刑事案例1548件，占比37.46%。但遗憾的是，最高人民法院发布的指导案例目前主要集中于法律适用方面，鲜有证据运用方面的指导案例。本书精心挑选了10件在事实证据上具有典型意义的案例，尽可能完整呈现法官在办理复杂刑事案件过程中如何依据证据规则，运用逻辑推理和经验法则，合理使用推定和司法认知等具体司法技能和方法，对证据进行判断、分析以及对事实进行认定。

---

① 参见中国司法案例网（Judicial Case Academy of the Supreme People's Court）：https://anli.court.gov.cn/static/web/index.html#/index。
② 参见人民法院案例库：http://rmfyalk.court.gov.cn。

案例一：有罪供述存疑　盗粮证据链破解杀人事实
——被告人周某某故意杀人疑案解析

案件疑情提示： 作案人事先进行了谋划，杀死被害人后隐藏其尸体，致使10余天后才案发；现场未提取到作案人留下的蛛丝马迹，也没有任何人目击作案人行凶；本案发生的当晚，现场周边还发生多起盗窃案，扰乱了警方的侦查视线；被告人认罪后翻供，警方取得被告人有罪供述的合法性存疑，"毒树之果"如何运用……

一、发案、破案情况

2008年1月19日16时许，某省某市某镇甲村四组村民苏某梅拨打"110"电话报警称，其叔叔周某贞死于家中，怀疑被人所害，要求查处。接"110"指令，警方迅速派员赶赴现场展开调查，初步确定周某贞死于10天前的2008年1月9日晚，因其家中物品亦被盗，分析为熟人侵财作案。经摸排发现，"两劳"回归人员某镇乙村五组村民邢某辉和某镇甲村五组村民周某某行为反常，邢某辉在案发当晚对外联系频繁，周某某在案发后下落不明，均有重大作案嫌疑。犯罪嫌疑人邢某辉、刘某全被抓获后，均交代了2008年1月9日晚伙同李某生、张某付在某镇甲村多家盗窃作案的事实，但否认到过被害人周某贞家。审讯期间，邢某辉、刘某全向警方反映，他们在甲村盗窃当晚，张某付在转运赃物途中遇到一名拖板车拉东西的男子，张某付还开启电警棍吓唬过此人。现场走访中，多名村民反映，2008年1月10日早，庄西台渠东土路上沿路散落有黄豆。结合上述情况分析，案发后已潜逃的周某某作案嫌疑进一步上升。2008年2月27日，警方通过技侦手段，在广东省深圳市福田区某村将犯罪嫌疑人周某某抓获。周某某归案后，对杀害周某贞并盗取其家粮食的事实作了供述，并带领侦查人员指认了杀人盗粮现场以及卖粮的场所。根据周某某的指认，侦查人员找到了粮食收购店的店主袁某某，袁某某通过辨认，印证了1月10日早晨周某某卖粮食于其的事实，并提供了当日的收粮凭证；侦查人员还找到了周某某之兄周某明，周某明印证了周某某于1月10日早晨将拖运粮食的板车归还于其的事实。

二、在案证据

围绕被害人周某贞被杀、家中粮食被盗等事实，警方和检方收集了若干证据，并经庭审举证、质证，归纳如下。

（一）证明案发情况的证据——2008年1月9日（农历2007年腊月初二）晚被害人周某贞被杀于家中

1. 证人苏某梅（周某贞的侄媳妇）的证言：周某贞系单身汉，她有周某贞家的钥匙。2008年1月10日晚，村民周某山告诉她，说周某贞一整天未回家。因为天黑，她当天未去周某贞家查看，便打电话将情况告诉了丈夫周秀某。次日上午，她和周秀某来到周某贞家，见院门锁着。随后几天仍不见周某贞回家。19日上午，周秀某通知姑姑周银某、姑父张某某过来商量寻找周某贞。下午，他们再次来到周某贞家，见厨房内灶前柴火堆得很高，扒开柴火发现周某贞尸体，随即报警。周某贞失踪期间，家中的二三百斤黄豆、百余斤花生及1盏黄色手提灯也不见了。她将周某贞家的猪、狗、鸡及半袋黄豆等拉回家照看，将其家豆腐（1整板加3块）拿回家吃掉了。

证人周秀某（周某贞的侄儿）、周银某（周某贞的堂妹）的证言印证了上述相关情节。

2. 证人周某山（周某贞的同村村民）的证言：农历2007年腊月下大雪的前一天他见过周某贞，次日晚他两次到周某贞家串门，见院门都锁着，遂将有关情况告诉了周某贞的侄媳妇苏某梅。周某贞有1盏黄色手提灯，秋收的3袋半黄豆、2袋花生放在卧室里。

3. 证人周某东、陈某梅的证言，均证明最后一次见到周某贞是在2008年1月9日下午。

4. 证人王某凤的证言：2008年1月9日晚十一二点，周某贞家的狗狂叫10多分钟。

（二）证明现场情况及被害人周某贞死因的证据——周某贞系被人掐压颈部致死，其尸体被隐藏在自家厨房柴仓内

1. 现场勘验检查笔录、照片及示意图证明（勘查时间2008年1月19日和2月3日）：2008年1月19日，警方接群众报案对现场进行勘查。现场位于某镇甲村4组，该组西侧有1条南北向的水渠，水渠东有1条与水渠平行的土路，路东是居民区。水渠上架有南北2座简易小桥，通过2座小桥各有1条东西向的土路，土路向西均与某公路相连。通过北桥的土路贯穿甲村4组，路两侧是民宅，周某贞家位于路南侧。中心现场位于周某贞家中。周家为封闭小院，院大门东开，为双扇内开木门，内外各有1根铁串条；门西南有1口水井；院东南角及东北角各有1处菜园；院南侧菜园内有1口红薯窖，窖井内有红薯；靠南墙菜园西侧建有猪圈和厕所；院内西侧及西北角有2处共6间土坯砖墙瓦房。院西南角有2间土坯瓦房，北间是厨房，南间是豆腐房。厨房门东开，为单扇内开木门；门南侧东墙上开有窗洞，窗子为木窗。门窗均为完好，无明显撬压痕迹。厨房内东北角放有1个土制桶形空粮仓；粮仓西侧靠北墙东西向放有1个木案板，摆放有日常用各种炊具；东南墙角有1灶台，灶台有大小2口铁锅，大锅内有少量冰，小锅内有大量冰。厨房西部堆放有大量成捆的玉米秸秆，玉米秸秆覆盖厨房西部。将8捆玉米秸秆移开后可见靠西北墙角东西向另放有1块木案板，木案板南侧靠西墙放有2口缸，缸内无物品，缸东侧放有1个煤炉和1把小靠背椅；厨房西南角是土坯矮墙砌成的柴仓。柴仓矮墙东北角上放有1盒襄阳烟，内有17支香烟；柴仓北墙内壁距西墙66cm、距地面27cm处在25cm×15cm范围内有喷溅状血迹；南墙上距西墙110cm、距地面71cm处有两处接触状

血迹，大小分别为 2cm×1cm、1.5cm×1.5cm。柴仓内有 1 具男尸，尸体头东脚西，呈俯卧位，双腿屈曲、双臂屈于胸前，死者身上沾有大量玉米秸秆屑。死者上身着黑色羽绒袄，羽绒袄拉链拉开，双臂戴有袖套；内着黄色带白条纹的毛衣、灰白色秋衣；下身着黑色裤子，系黑色皮腰带，内着蓝色绒裤；脚穿棕色袜子，黑色旅游鞋，鞋带系住。死者脖子缠绕有 1 根白色电线，电线一端是电源插头，另一端是螺旋状电加热器（俗称"热得快"），电线在尸体颈前右侧打有 1 死结。死者左手呈半握拳状，掌心侧及手指背侧有大量喷溅血迹。尸体头肩部下方压有 2 块土坯砖块，大小分别为 10cm×20cm×30cm、5cm×13cm×25cm。大砖坯北侧面上在 10cm×23cm 范围内有大量血迹附着；小砖块上侧面有 2.5cm×2cm 的血迹。大砖坯下压有 1 顶黑色带檐棉帽，帽上沾有大量血迹；棉帽对应的地面上有 1 处大小为 25cm×18cm 的血泊，血液渗透柴火并部分渗入地面。尸体臀部西南侧柴杆内有 1 只红色塑料壳液体打火机。尸体附近地面上散落有大量土坯砖块碎片。厨房南侧是豆腐房，东墙开有门洞，无门扇；房内东南墙角放有 1 张小靠背椅，椅上放有 1 个塑料编织袋，袋内装有 2 只棉手套；靠西南墙角建有灶台，靠东北、西北墙角各建有 1 个水槽。院西北角有 2 间坐北朝南瓦房，东间是卧室，西间放有杂物。卧室南墙开有双扇内开木门，门从外侧用挂锁锁住。卧室内靠东北墙角南北向放有 1 张木床，床上铺有草席，席上有 1 个枕头；床南侧支有 1 块木板，板上堆放杂物；床西侧靠北墙放有 1 张方桌，桌上放有杂物；靠西北墙角放有 1 个铁质粮仓，粮仓内无物品。卧室西墙南侧开有门洞通往西间，西间靠北墙放有 3 口缸，缸内无物品；靠西南墙角放有 1 个木柜，柜内放有衣物；柜北侧放有 1 个木箱，箱内放有衣物；门洞北侧靠东墙放有 1 个土制圆形粮仓，仓内无物品；粮仓北侧放有 1 个木箱，箱内放有衣物。院西北墙角呈南北向建有 2 间柴屋，南间柴屋南墙东端开有门洞，无门扇，室内靠西墙堆放有大量成捆的玉米秸秆。余未见其他异常痕迹。

2008 年 2 月 3 日，地面积雪融化后，对现场进行了复勘。在甲村 4 组

居民区西侧南北向的土路上发现散落有成行的黄豆，黄豆自北桥东头开始向南延伸130m至路东侧的1棵枣树下止。在枣树下散落有1小片相对集中的黄豆。

2.刑事科学技术鉴定意见（2008年1月22日作出）及尸检照片证明：

死者尸长163cm，发长2cm。右侧眼球缺失，左眼睑结膜淤血，角膜轻度混浊，瞳孔直径5.0mm。双手十指发绀，胸腹部尸绿出现，尸僵缓解。右前额及右面颊部在12cm×7cm范围内挫伤，右额部至鼻右侧分别可见7.9cm×2cm、3cm×1.8cm挫裂创，创腔内可见土屑附着。右耳郭前下方至右口角外侧可见8cm×3cm表皮剥脱、皮下出血，并可见1.7cm×1.2cm浅表裂创。鼻尖部、口唇及下颌部在9cm×5cm范围内表皮剥脱、皮下出血。颈前喉结上可见白色"热得快"电线1根环绕颈部于右侧颈部打1死结，剪开结套，见环形索沟1道，宽0.6cm，生活反应不明显，颈部左侧可见3cm×1.4cm表皮剥脱、皮下出血，颈前下颌下可见2.2cm×2.5cm表皮剥脱、皮下出血，颈部右侧可见2.3cm×2cm表皮剥脱、皮下出血，喉结右下方可见3cm×2cm皮下出血斑。

解剖见：头皮未见裂伤及血肿，颅骨完整，打开颅腔见广泛蛛网膜下腔出血，未见脑挫裂伤及血肿，右侧颅前窝骨折。颈部颈前颌下相应部位皮下肌肉出血，左侧胸锁乳突肌下端出血，舌骨右侧舌骨大角处骨折，骨折断端出血。打开胸腹腔见肺脏淤血，心脏软化，胃内容物饱满，可见成形的面条、豆腐、白菜，未闻及异味。以上损伤生活反应明显。

分析说明：（1）死亡原因。据尸检所见，周某贞头面部外伤致蛛网膜下腔出血，颅底骨折，颈部可见掐压痕及索沟，舌骨骨折，眼睑结膜淤血，双手十指发绀，内脏淤血，窒息征象典型，生活反应明显，说明周某贞系生前因机械性窒息而死亡。（2）案件性质。据尸检所见，周某贞头面部可见钝器伤，颈部可见掐压痕及索沟，死后有掩尸经过，自力不能形成，说明周某贞死系他杀。（3）死亡时间。据尸检所见，死者角膜混浊，尸僵缓解，胸腹部尸绿出现，胃内容物饱满，形态可辨，结合当时气候条件，推断周某贞死亡时间在10天左右，死于最后一餐饭后2小时以内。（4）致伤工具推断。据尸检所见，周某贞右侧头面部广泛软组织损伤并不规则挫裂创，创周及创腔内可见土屑附着，并致广泛的蛛网膜下腔出血，颅底骨折，分析系具有一定接触面的钝器打击所致，现场提取的土坯可以形成此伤。颈部可见多处表皮剥脱及皮下出血，舌骨可见骨折，分析系掐压所致。

意见：周某贞系生前被他人掐压颈部致机械性窒息死亡。

3.公安司法鉴定中心生物物证鉴定意见（2016年2月29日作出）证明：现场土砖墙上可疑血迹、现场"热得快"电线上可疑血迹系死者周某贞所留。

（三）证明周某某实施杀人盗粮行为的证据——案发次日周某某归还板车、卖粮、会女友，后离家潜逃，归案后指认杀人卖粮等现场

1.证人周付某（周某贞的同村村民）的证言：2008年1月10日早晨，他顺着村水渠边的土路去上班，行至村民周利某屋后时发现路上断断续续洒落有许多黄豆，遂喊村民王某林出来捡黄豆。

证人王某林的证言印证了上述相关情节。

2.证人袁某某的证言：他租赁邢某典的房屋收购粮食。2007年腊月下雪前的一天天刚亮，有名穿着考究的男子敲门卖粮，他问对方怎么这么早，该男子说准备外出打工，搭便车把粮食带过来卖掉。他收购该男子2袋半黄豆、重240多斤，2袋花生、重64斤，共付款689元。

辨认笔录及照片证明：袁某某经混杂辨认，确认周某某系卖粮男子。庭审期间，袁某某当庭再次确认周某某系卖粮男子。

袁某某提交的交易记录单印证了上述相关情节。

3.证人周某明（周某某的三哥）的证言：2008年1月10日早晨，周某某打来电话，称将借用的板车已放在他家门口。之后就再没见过周某某。

周某明、周某某的手机通话记录印证了上述相关情节。

4.证人陈某清的证言：她经人介绍与周某某谈朋友，后感觉不合适未

再联系。2008年1月10日下午，周某某请她吃饭后，将她带到其下榻的旅店，拿出10多斤花生米和五六斤青枣送给她，她未接受。

5. 证人黄某华的证言：2008年1月12日，他家为爷爷立墓碑，周某某前来送200元礼金。

6. 证人孟某荣（周某某的母亲）的证言：2007年腊月初，她让周某某从老房拉砖到新房砌院墙，周某某便借他三哥周某明的板车拉了几车砖，之后周某某说有个朋友家里立墓碑就走了。周某某在拉砖前后那几天晚饭后就出门，很晚才回家。拉砖之前，她让周某某把外孙女周某悦的2把伞送给"老黑"（周某贞）修理过。

证人邢某茂、张某勤的证言，印证了农历2007年11月底周某某送雨伞给周某贞修理的情节。

7. 证人周某悦（周某某的外甥女）的证言：她父母在外打工，遂与外婆孟某荣共同生活，四舅周某某坐牢回来后与她们一起共同生活。下雪前几天，周某某用她三舅的板车从旧房拉砖到她家砌花坛。有天凌晨周某某才回来，过会儿鸡叫了，她听到周某某向外婆要身份证，说过几天回来。

8. 证人张某付的证言：2007年腊月的一天晚上，他与李某生、邢某辉、刘某全在邢庄附近的村子盗窃。当晚11时许，他在村外沟里等同伙时，有名男子拉着板车过来，他以为是同伙就迎上去，该男子停下来，好像要打他，他即开启电警棍发出啪啪的响声吓唬对方，该男子问他是干什么的，后拉着板车朝大路方向走了。

证人李某生、邢某辉、刘某全的证言印证了他们在实施盗窃时，张某付遇到拉板车男子的情节。

证人叶某合、叶某学、毛某强、李某荣的证言印证了2008年1月9日晚各自家中财物被盗的情节。

9. 辨认笔录及照片证明：警方根据周某某指认丢弃手提灯的地点，在当地捡破烂的宋某才家提取到黄色手提灯1盏。证人周某山、周秀某经混杂辨认，均确认该手提灯与周某贞丢失的手提灯类似。

证人陈某忠、宋某吉（宋某才的哥哥）的证言，证明宋某才是精神病人，以捡破烂为生。宋某吉还证明，警方从宋某才家提取的黄色手提灯，其原来未见宋某才使用过。

10. 被告人周某某的有罪供述：

第一次供述（时间：2008年3月11日0时57分至3时30分；地点：市公安局刑警大队审讯室）的主要内容：2007年腊月初的一天晚上七八点钟，我去老黑家玩，准备把修雨伞的钱给他，还想找他借500元钱。到后老黑说他吃过饭了。待老黑收完苞谷秆后，我帮他烧火熬豆浆。闲聊时，老黑让我给5元修伞费，我说太贵，他说"你不给我就自己掏"，说着就把我上衣口袋里的200多元钱掏走，我追他夺钱，他往外跑时摔倒在厨房门口，我抓住他裤腿，他拿起半截砖头砸在我左肩上，我夺下砖头，他挣扎起来往厨房跑，我追上前将他推倒在挨着灶台的矮土坯墙上，按住他屁股，他拿起土坯左侧身砸我，我夺过土坯照他头面部砸了一下，将他砸晕。我在旁边拿起一根白绳子（记不清是什么绳子），缠住老黑脖子（记不清缠的是活结还是死结），又用右手掐老黑脖子，他挣扎几下就不动了。我从老黑身上取回我的200元钱，抓住老黑的腿把他靠在灶台里面堆柴火的地方，用苞谷秆盖住。尔后，我将之前向三哥借来拖砖的板车拉来，把老黑家的黄豆、花生装到车上，拿起老黑家的门锁、钥匙，从外面把门锁住（回家路上将钥匙扔了）。运粮途中听到黄豆落地的声音，我停下来把蛇皮袋口扎紧。在后桥处，看见一个人蹲在那（估计是偷东西的），我用手提灯（老黑家的，黄色）照过去，那人起身就走，一会儿和另外一个人一起过来，还把警棍弄得啪啪响吓唬我，我说要喊人，对方才走。我把黄豆、花生拉到邢某典家门口放着，把板车放到我三哥新房附近。第二天早上我把花生、黄豆卖给租用邢某典房屋收粮食的男老板，他问我怎么这么早，我说到襄阳有事。两蛇皮袋半黄豆有200多斤，两蛇皮袋花生有60多斤，共卖600多元钱。然后打电话告诉三哥板车已归还。作案当晚我上穿灰色休闲服，下穿黑裤子，脚穿黄运动鞋，手戴白棉线手套，上衣就是我被抓时穿的那件，裤子、运动鞋留在家里，手套沾有血当晚扔到渠沟里，手提灯作案次日早扔在邢某典房屋旁边桥下。

第二次供述（时间 2008 年 3 月 11 日 13 时 43 分至 18 时 30 分；地点刑警大队审讯室）的主要内容：老黑名叫周某贞，是我杀的。农历 2007 年腊月初二晚饭后约 7 点钟，我去老黑家付修伞费。到后，我帮老黑（穿黑色中长棉袄，能盖住屁股）将在外面晒着的苞谷秆转到屋里，还帮他烧火做饭，他吃的是面条、青菜。饭后，老黑到豆腐房里熬豆浆，我帮他烧火，豆腐浆包好后铲豆渣时，老黑要我给 5 元修伞费，我说只给 2 元，老黑说"你不给我就掏"，说着就将我口袋里的 219 元或 220 元掏走，我追上前踩住他脚后跟，他摔倒在地，顺手摸起半截青砖砸在我左肩上，我夺下青砖扔了，老黑爬起来跑进厨房，我撵到厨房，扳住老黑的腿将他摔倒，上前按住他屁股，老黑趴在灶门前挡柴火的半截土坯墙上，双手拿起大半截土坯砖（约十几斤重）向左翻身砸我，我夺下砖头砸向老黑头部，老黑便没挣扎了，只出长气。我从他口袋里将我的 200 多元钱拿了回来。当时，厨房里没有灯，但从他睡房台灯上发出的光能看见模糊的影子。我怕老黑叫唤惊动邻居，在附近摸到一根白色的感觉像电线的东西（一头有疙瘩），在老黑的颈部缠了两圈并打了结。之后，我抓住老黑的双腿往装柴火的矮墙内掀，老黑仰面躺着，头部对着厨房门，我从柴屋里抱来几捆苞谷秆，盖在老黑身上，将打斗时弄垮的矮墙原样码好。我到老黑睡房关灯时他家的狗娃叫唤了几分钟。我回家拉来板车，从老黑的睡房搬了两袋半黄豆、两布袋花生（后改称蛇皮袋）放到板车上，还拿了他家的一盏粉红色手提灯（塑料矿灯）和门锁、钥匙，将大门锁好后拉板车出庄，快到南头桥处，我听到车子哗哗响，想是黄豆漏了，便将车子停到路边，将袋口重新扎好，这时发觉老黑家的钥匙不知什么时候掉了。到了南边的桥头，见一家柴火垛下蹲着一个人，我问对方是谁，那人没吭声。当我准备上桥时，一个人拿着一个很亮的东西弄得啪啪响朝我走来，我说要喊人，那两人便回头走了。因手套有血，我将它扔进渠沟。到邢某典出租房屋的粮食收购点，我将花生、黄豆放在墙边，将板车拉到我三哥家附近，约12点钟回我妈家睡了。早上五六点钟，我将板车拉到三哥家大门口放着，然后到粮食收购点，将手提灯扔到旁边的小桥涵管里，便喊收粮的老板起来，他问我怎么这么早，我说："天阴让别人的车带过来的，准备出去打工。"花生60多斤，每斤2.6元左右；黄豆每斤2.3元，两样共卖六百二三十元钱。到某市玩了一天后，我到牢友黄某华家送礼。此后，有时到牢友家玩，有时回家，到了腊月十几，担心有人找老黑买豆腐被发现，再没敢回家，年初五去了广东。我用绳子勒老黑时戴着手套。

第三次供述（时间：2008年3月11日20时52分至22时18分；地点：刑警大队审讯室）的主要内容：我按住老黑屁股，他左侧身双手拿起大半截土坯砖（重约十几斤）砸我，我顺势夺过土坯砖照他头部砸了两下（砸在额头附近，左边砸得重些），之后老黑趴在地上，出长气。我将周某贞掀入装柴火的矮墙内，他的脚搭在苞谷秆上面，头朝下紧贴着矮墙，仰面躺着，我怕他叫唤，从旁边摸到一根白色类似电线的绳子（戴手套感觉到是塑料的，一头有疙瘩，开始以为是塑料针管，勒人时感觉没弹性，便想是电线）缠住他颈部，然后打了一个结（像是活结，在颈前部），再将他腿下的苞谷秆挪开，用苞谷秆将老黑盖好，将打斗时弄倒的土坯码好。那天晚上有风，比较大。

第四次至第八次（2008年9月17日至11月17日）：市公安局提讯了周某某5次（2次在看守所、3次在所外），周某某均供认周某贞系其所杀，但没有交代杀害周某贞的具体经过。其中第四次的讯问地点在市检察院讯问室，侦查人员还向周某某出示了现场提取的电线、手提灯，周某某确认：作案用的电线是这样的，从周某贞家拿走的手提灯差不多是这样的。

说明：警方根据周某某的有罪供述查实销赃地点、运赃板车、豆腐去向等隐蔽事实。

11. 指认现场录音录像证明：在检察人员的监督及有关群众的见证下，周某某引领侦查人员指认了杀人、藏尸、盗粮、运粮、卖粮现场及丢弃手提灯等物证的地点，并讲述、演示了作案过程。

12. 证人李某涛、张某锋、黄某辉、李某（均系警方侦查人员）均在一审中出庭作证，证明未对周某某实施刑讯逼供、指供、诱供行为。

13. 某省某县看守所《健康检查笔录》证明：2008年3月12日，周某某送该所羁押时，其体表未发现明显外伤。该笔录有周某某的签名。

某省公安厅刑事科学技术鉴定意见：上述周某某的签名确系其本人的笔迹。

（四）证明周某某犯罪前科、归案情况的证据——周某某两次因犯盗窃等罪被判刑，系在外地被抓获等

1. 刑事判决书及刑满释放证明书证明：周某某于1993年11月27日因犯盗窃罪被判处有期徒刑二年，服刑期间脱逃并实施多次盗窃行为，被抓获后于2000年2月28日因犯盗窃罪被判处有期徒刑四年，并处罚金人民币3000元；犯脱逃罪被判处有期徒刑三年，与原判未执行完毕的刑罚并罚，决定执行有期徒刑八年，并处罚金人民币3000元，2007年10月2日刑满释放。

2. 抓获经过材料证明：2008年2月27日晚8时许，警方在深圳市福田区某村将周某某抓获归案。

三、证据特点

本案是一起杀人凶手有意伪造现场、现场未提取到嫌疑人痕迹、警方侦查方向曾出现错误的刑事疑案。其证据特点如下。

（一）现场被伪造导致被害人周某贞被杀多天之后才被发现

周某贞失踪时，其家门窗完好且大门紧锁，周某贞的侄媳妇苏某梅进入周某贞家后发现家中较为整洁，未发现打斗痕迹等任何异常情况，以为周某贞出了远门而未在意，接连几天不见周某贞踪迹后，苏某梅夫妇就联系了周某贞的堂妹、堂妹夫等亲属，再次对周某贞家进行清理，在厨房里找到

了被隐藏的周某贞的尸体，并发现周某贞家中的数百斤黄豆、花生等粮食被盗。从如下几方面可以判断作案人的作案动机：（1）从被害人穿戴整齐、死于厨房内等情节分析，说明被害人死亡前正在厨房活动，并非深夜被害；（2）从被害人家中门窗完好、尸体被掩藏等情节分析，作案人能够轻松进入被害人家，说明其与被害人熟识；（3）作案人杀人、盗粮后掩藏被害人尸体、锁好大门离开，说明其不愿让杀人行为轻易暴露；（4）从被害人系小商贩，但其家中、身上已无现金分文，且家中数百斤粮食被盗等情节分析，作案人的作案动机是侵财。故熟人侵财作案的可能性较大。

（二）现场未提取到指证他人涉嫌犯罪的有价值的痕迹物证

本案中，作案人故意清理了现场，没有留下任何痕迹物证。苏某梅等人多次进出现场，还将周某贞家的猪、狗、鸡等物转移至自家照看，将周某贞家的豆腐拿回家食用等，现场遭到一定程度的破坏，故警方对现场原始状态的掌握情况有限。

（三）被害人周某贞的社会关系较为复杂

周某贞是一名孤寡老头，曾与某县女子陈某梅关系暧昧，还与他人介绍的哑巴女同居过一段时间。周某贞平时主要做些卖豆腐、修伞等小生意，也因此与他人有交集。

（四）案发当晚现场周边发生的系列盗窃案使警方判断错误，而致案件存在诸多疑点

被害人周某贞被杀当晚，该村还发生了一系列的盗窃案，故警方破案的注意力主要集中在邢某辉等小偷身上，认为周某贞被杀案也是邢某辉等人所为，而忽视了对周某某的抓捕及对相关物证的提取。待周某某归案后，已距案发近2个月，警方再回过头来围绕周某某收集相关证据，已时过境迁，一些重要的工作无法补救。如周某某归案后曾供称，作案时所穿裤子和运动

鞋均放在家里,但此时警方若再去提取相关衣物并送检,显然已失去意义;又如周某某供称用沾血的手套拖板车转运粮食,但该板车早已丧失勘验检查的客观条件。

(五)被告人周某某有罪供述取得的合法性存在问题,但部分有罪供述的客观真实性经查证属实

周某某于2008年3月4日从广东省深圳市被警方带回某省某市审查,直至12日才被送至看守所羁押。被关押期间,周某某一共作出8次有罪供述和1次指认现场的录音录像。该8次有罪供述中的6次是在警方及检察机关的办案场所形成,前几次供述笔录周某某讲述作案的过程很具体,但警方没有提供有效的同步讯问录音录像予以佐证;还有2次虽然是在合法的羁押场所看守所形成,但供述笔录中周某某只是承认周某贞系其所杀,没有讲述具体的杀人盗粮作案过程。因此,周某某的有罪供述的取得,其合法性存在严重缺陷。但是,周某某有罪供述中的卖粮、归还板车、修伞等情节属于"先供后证",即先是周某某供述具体线索,再由警方调查取证确认,故其部分有罪供述具有客观真实性,但涉及"毒树之果"能否利用的问题。

周某某指认现场的录音录像反映,周某某对作案现场、用板车拉粮食的线路、丢弃手提灯的地点及卖粮食的位置均进行了指认,并讲述、演示了其杀害周某贞的经过,指认、供述的过程自然、连贯,无警察提示现象;指认过程呈开放状态,有见证人在场和群众围观,客观上不可能发生警察逼供现象。因此,周某某指认现场的录音录像可以作为定案依据。

(六)周某某具有较强的反侦查能力

周某某自23岁即犯盗窃罪被判刑,其后在服刑期间脱逃,脱逃期间又犯盗窃罪,直至2007年10月才刑满释放,3个月后又发生了本案。周某某所作的有罪供述,有些细节与现场勘查情况、尸检意见、证人证言不完全相符;有些细节前后不一致,如周某某供称其砸被害人左侧面部重些,尸检反

映被害人右侧面部损伤严重；周某某供称电线缠绕被害人颈部两圈，尸体照片显示电线缠绕颈部一圈；周某某供称被害人当时在柴仓内呈仰卧位，现场勘查记载被害人尸体呈俯卧位；周某某第一次供称其去被害人家时被害人吃过饭，第二次供称其去被害人家后帮被害人做饭等，法官在审查周某某的有罪供述时，既要看到这些矛盾之处，同时还要考虑到周某某系多次实施犯罪的累犯，具有一定反侦查能力，可能会故意说谎混淆一些细节，人为地制造矛盾之处，以达到搅乱侦查方向之目的。

四、证据分析

依据在案证据，能够认定被告人周某某实施了杀害被害人周某贞并盗取周某贞家中粮食的行为。现针对本案的证据特点，作如下分析。

（一）审查案件的侦破情况

本案的侦破过程可谓一波三折，由于被害人周某贞被杀当晚同时发生了多起村民家被盗案，警方将这些案件串联在一起侦办，认为系同一团伙所为。相继抓获邢某辉等多名小偷后，经相互隔离审讯，几名作案人均否认杀害周某贞，并提供了"案发当晚行窃时路遇一名拉板车男子"的线索，随后警方对现场进行复勘，在"板车男子"的行走路线上发现了散落成行的黄豆。该新线索的发现使警方意识到凶手另有其人，从而重新调整侦查方向，将周某贞被杀案的侦破围绕已经潜逃的被告人周某某展开，通过技侦手段抓获周某某，破获本案。整个破案过程自然、清晰，合乎逻辑。

（二）梳理核心证据

根据本案的证据特点，不可能在现场查找到被告人周某某作案时留下的蛛丝马迹，也找不到目击证人直接指证周某某实施了杀人行为，应当从被害人家中粮食被盗这一情节着手，梳理出一条周某某盗粮、卖粮、归还板车

的核心证据链条,再通过分析研判,确认周某某既是盗粮者,也是杀人者。据此,本案的核心证据是:

1. 苏某梅等证人的证言证明:周某贞被害时其秋季收获的二三百斤黄豆、百十斤花生同时被盗。

2. 张某付等证人的证言证明:案发当晚,在甲村一带行窃时遇到1名拉板车男子。

3. 证人周某明的证言及通话记录证明:案发次日早晨,周某某向周某明归还板车。

4. 证人袁某某的证言及辨认笔录、收粮凭证证明:案发次日早晨,周某某卖给袁某某黄豆240余斤、花生64斤。

5. 指认现场录音录像证明:周某某引领侦查人员找到销赃地点即袁某某的收粮店铺。

上述证据相互印证,形成了一个严密的证据体系,足以证实周某某于案发当晚盗取了周某贞家中粮食。后经逻辑推理、情理分析,足以证实周某贞系被周某某杀害。

(三)找寻先供后证的证据

本案中,被告人周某某供述了许多隐蔽细节且有些细节属于先供后证,具体如下:

1. 卖粮的地点。周某某归案前,警方没有掌握被害人家中粮食的去向。周某某归案后,其第一次有罪供述称将被害人家中的200多斤黄豆、60多斤花生,以600多元的价格卖给了"租用邢某典房屋的粮食收购点",并引领侦查人员指认了该收购点。随后,警方找到了该收购点店主袁某某,袁某某证明周某某于案发次日早晨卖给其粮食,并向警方提供了当天的收粮凭证,证明其案发当天收购周某某的黄豆240余斤、花生64斤,交易金额为689元,与周某某所供的粮食品种、数量和交易金额相符,也与被害人家被盗粮食的品种、数量相符。

2. 板车的来源。周某某归案前，警方没有掌握周某某借用其三哥周某明板车运粮的情况。周某某归案后，其第一次有罪供述称案发前曾借用周某明的板车拖砖，作案当晚用该板车运走被害人家中粮食，次日早晨将板车归还。随后，警方找到了周某明等证人查证，并调取了周某某与周某明的通话记录，周某明等人的证言和通话记录均印证了周某某所供情节。

3. 豆腐的去向。周某某归案前，警方勘查现场时没有发现被害人家中有豆腐，当时苏某梅等证人作证时也没有提到有关豆腐的情况；周某某归案后，其供称作案时被害人家中的豆腐浆已经包好。随后，警方找苏某梅等人查证，苏某梅等人证明被害人家的水缸里漂着两三块豆腐，豆腐房里还有1整板豆腐，因担心豆腐腐坏变质，就拿回家吃掉了。

4. 修伞的情节。周某某归案前，警方没有掌握被害人为其修伞的情况；周某某归案后，其供称杀害被害人的原因是两人因修伞费起争执。随后，警方找周某某的母亲孟某荣、村民邢某茂、张某琴等人查证，孟某荣等人均印证了周某某找被害人修伞的情节。

5. 手提灯的情况。周某某归案后，引领侦查人员指认了其丢弃被害人手提灯的地点。随后，侦查人员顺藤摸瓜，从1名在附近捡破烂的精神病人家中提取到1盏手提灯，经周秀某等证人辨认，确认该灯与被害人被盗的手提灯类似。

上述隐蔽细节，都是在警方未掌握的情况下，由周某某自供后再查证确认的。周某某如果不亲身经历，是没有办法编造出来的，警方侦查人员也无从通过个人的主观想象而对周某某进行诱供。

（四）审查被告人的辩解与翻供理由

《最高人民法院关于适用〈中华人民共和国刑事诉讼法〉的解释》第83条第1款、第2款[①]规定："审查被告人供述和辩解，应当结合控辩双方提

---

① 该解释已于2021年修正，修正后条序为第96条第1款、第2款。

供的所有证据以及被告人的全部供述和辩解进行。被告人庭审中翻供,但不能合理说明翻供原因或者其辩解与全案证据矛盾,而其庭前供述与其他证据相互印证的,可以采信其庭前供述。"本案中,被告人周某某的翻供理由不能成立且对自己涉嫌犯罪的行为无法作出合理解释,具体如下:

1. 针对其到广东打工和使用假身份证的情况,周某某先辩称不在家过春节:一是因为想见女朋友;二是担心钱不够给母亲治病。后辩称当时谈有女朋友,并准备结婚,女朋友让他出钱装修房屋,并说不行就分手,他感觉没面子,后来与母亲谈及此事,母亲让他外出打工,因年前买不到票,只好正月初去广东;自己的身份证一直没有办下来,因记不得自己的身份证件号码而记得周某坤的身份证件号码,就以周某坤之名办个假证。经查,周某某的母亲称周某某未与其谈及交女友、结婚、装修房屋的事情;证人陈某清称其仅与周某某见过两次面,感觉不合适就不再联系,周某某的辩解与证人所证情况不符。到南方打工年前车票好买,年后车票不好买,这是一个众所周知的客观事实,而周某某关于因年前不好买票所以年后去广东的辩解与客观事实相悖。周某某关于忘记自己的身份证件号码而记得他人的身份证件号码及办假证而使用他人真实的身份证件号码的辩解显得逻辑混乱,有悖于生活常理。

2. 针对其原有罪供述,周某某称系警察诱供而形成,他是听堂姐夫李某甫说过周某贞被害的情况,听不知名的邻居说过路上洒落黄豆的情况,运粮途中遇小偷的情况系警察逼供形成。经查,周某某堂姐周某英、堂姐夫李某甫证明,他们只是听说周某贞被害,根本不知道具体情况,更不可能向周某某讲述周某贞如何被害、现场怎样等具体细节;周某某所称的邻居竟不知姓名,不符合常理;关于运粮途中遇小偷的情况,周某某所供细节与张某付等证人所证情节不尽一致,警方的讯问笔录均作了如实记载,不符合警察逼供、指供的情形。

因此,周某某的无罪辩解或与已查明的事实相悖,或完全经不起推敲。

（五）论证盗粮者与杀人者的关系

前述通过分析确认了周某某系盗粮者，但周某某是否为杀人者呢？可以通过如下方面进行论证：

1.周某某与被害人系同村村民，两家相距百十来米，平时两人交往较多，周某某对被害人的家况非常了解，对其行踪易于掌握。

2.盗窃现场发生在被害人家中，周某某不可能避开被害人将放置在其卧室里的数百斤粮食用板车拉走，除非其明知被害人不在家或明知被害人已经死亡，而当天被害人就在家中，且已用过晚餐，在此情况下，周某某胆敢拖板车去被害人家中盗粮，说明其知道被害人已经死亡。

3.被害人尸体是被隐藏起来的，除非周某某目睹被害人被杀、被藏尸，或者其亲自参与杀人、藏尸，否则不可能发现被害人已经死亡。

4.鉴定意见确认被害人死于晚饭后2小时以内，苏某梅等证人证明被害人家的豆腐已制成成品，根据农村吃晚饭的生活习惯等客观情况分析，被害人死于晚上七八点钟；张某付等证人证明其遇到拖板车的人是在当晚11时许，故从被害人死亡到其家粮食被盗仅相隔三四个小时。而实施杀人作案、隐藏尸体、寻找财物、清理现场、拖来板车、搬运粮食、运粮出村等行为均需耗费较多时间，故不存在杀人者、盗粮者系不同人员的客观可能性。

5.案发后，周某某行为反常。具体表现为：（1）2008年1月9日晚，周某贞被人杀害、家中粮食被盗，次日早晨周某某卖粮、还板车；（2）案发时已是腊月初，很快就要过春节了，但周某某一直在外逗留，基本不归家，甚至不回家过春节，正月初即前往广东；（3）周某某受母亲吩咐拖砖砌墙，但在案发次日，周某某将板车归还，砖也不拖了，墙也不砌了；（4）周某某在外逗留时间较长，其间需住店、用餐，还到朋友家走访送礼，而其平时没有任何经济来源；（5）周某某在广东期间使用假身份证件，隐姓埋名；（6）如前所述，周某某的无罪辩解或与已查明的事实相悖，或完全经不起推敲。

（六）排除案件重大疑点

由于本案的特殊情况，疑点问题显得较为突出，必须一一进行释疑解惑之后，才能让法官达到内心真正的确信。主要疑点问题如下：

1. 关于系列盗窃案行为人与本案的关联性。在案证据证明，案发当晚，现场周边发生多起盗窃案，经警方查证、法院判决确认，系张某付、李某生、邢某辉、刘某全等人所为。但周某贞被杀案与上述盗窃案不具有关联性，理由是：（1）作案手段不同。系列盗窃案作案人是采取翻墙、拨门闩的方式进入他人住宅，而本案作案人是自然、和平地进入被害人家。（2）针对目标不同。系列盗窃案作案人针对的是家禽、炊具、食用油等便于携带的物品，而本案作案人针对的是数百斤重的农作物。（3）作案时间不同。系列盗窃案作案人是选择深夜居民入睡后行窃，而本案被害人是晚饭后2小时内在厨房被杀。（4）作案工具不同。系列盗窃案作案人使用运载赃物的工具是便捷机动的摩托车，而本案作案人使用的是人力板车。（5）作案性质不同。系列盗窃案作案人是秘密行窃，在行窃过程中不与失主发生冲突，而本案作案人明知被害人在厨房作业仍进入其住宅，并将其杀死，事后还隐藏尸体、锁好院门离开。（6）警方系根据系列盗窃案作案人提供的"案发当晚行窃时路遇1名拉板车男子"线索而破获本案。因此，系列盗窃案作案人不是本案的杀人凶手。

2. 关于一聋哑女性与本案的关联性。在案证据证明，案发前，被害人曾将一名智力障碍聋哑女性带回家中同居，该聋哑女性是否与本案有关联？警方为此进行了调查，证人陈某梅证明：腊月初二（被害人遇害当天）下午，她去被害人家看聋哑女性，只看到被害人，未见到聋哑女性；周某山证明：案发两个月前，被害人将聋哑女性送到太平双河的赵某友那儿去了；赵某友证明：案发前，被害人带着一名聋哑女性找他，让他给聋哑女性找个家，聋哑女性在他家住了一段时间，后被周某山带走；苏某梅证明：案发前，聋哑女性被被害人以300元的价格卖到太平双河。上述证人均能证明案发前被害人已将该聋哑女性送与或卖与他人，足以认定案发时聋哑女性不在现场。

3. 关于被害人身份的确认。尽管本案没有辨认被害人方面的证据，但被害人尸体系在周某贞家中被发现，尸体的面容较为清晰、穿着特征明显，具备辨认条件，周某贞的多名亲属均确定死者就是周某贞，从未提出任何异议，足以认定死者系户主周某贞本人。

4. 关于被害人的死亡时间。证人陈某梅、周某山、苏某梅等的证言，均证明周某贞于2008年1月9日下午之后失踪；同月19日，警方作出的尸检鉴定意见证明，周某贞的死亡时间距尸体被发现10天左右，死于最后一餐饭后2小时以内。上述证据相互印证，足以证实周某贞的死亡时间为2008年1月9日晚。

5. 关于周某某的杀人动机。周某某供述，其因5元修理费与被害人发生争执后而起杀心。经审查认为，从周某某多次盗窃的犯罪前科、刑满释放后没有经济来源的生活处境以及被害人系做小生意的孤寡老人、其被害后卖豆腐的收入不知去向、家中粮食被盗、尸体被隐藏等情况分析，本案极有可能是一起有预谋的侵财杀人犯罪。但由于作案动机方面的证据欠缺，定性为故意杀人较为适当。

6. 关于被害人家中豆腐的去向。证人苏某梅、周秀某的证言有些变化，第一次报案没有提到被害人家中有豆腐，后来逐步证实，进入被害人家后，发现有3块豆腐浸在水中，豆腐池中还有一整板用纱布包着的豆腐，因担心时间长了豆腐会坏，就拿回家吃掉了。经审查认为，苏某梅不存在刻意隐瞒事实的问题，其后来关于发现豆腐以及豆腐的去向的证言是真实的，与周某某的有罪供述相符，证言前后之所以有差异是因为侦查人员询问的遗漏等客观情况所造成。

7. 关于法医鉴定问题。法医尸检鉴定意见记载被害人右眼球缺失，但现场勘查并未发现缺失的眼球，周某某未供述将被害人的眼球打掉并进行过清理。对此，法医查看了相关材料后，认为被害人的右眼球缺失系眼球破裂、内容物溢出所致。

综上所述，足以认定被告人周某某实施了杀害被害人周某贞并盗取周某贞家中粮食的行为。

案例二：鉴定意见分歧　现场残缺足印甄别作案人
——被告人喻某某故意杀人疑案解析

案件疑情提示：本案发生在光天化日之下，作案人在开放的场所杀害2名儿童，但无人目击凶手作案；现场提取的足印是否系被告人所留，鉴定机构的意见发生分歧；现场提取的足印是否系被告人作案时所留；被告人有智力障碍，且认罪后翻供，其有罪供述能否采信……

一、发案、破案情况

2008年12月14日11时许，某省某市某区甲村村民喻某清向警方报案，称其女儿喻某甲（殁年8岁）、儿子喻某乙（殁年6岁）于当月12日下午在放学回家途中失踪，现在甲村大泊塘内发现了两人的尸体。警方当即派员赶赴现场展开勘查、调查。经尸检确认，两名死者均系生前入水死亡，且女童尸体下身赤裸，裤子被脱至膝盖处，身上有多处外伤，其中阴道前庭左上方见挫伤性出血，警方判断案件性质系他杀，动机以性侵为主，不排除仇杀的可能性。现场勘查人员在水塘边发现一立体穿袜足迹，于是用石膏制模方式提取了该足迹，还在男童羽绒服上提取到水草叶和植物籽，予以封存送检。鉴于该案发生在甲村村民出入的路边水塘内，警方判断作案人可能为当地村民。警方分三组同时调查走访：一是对该村有前科劣迹的人员重点排查；二是围绕死者家庭的矛盾关系展开调查；三是围绕中心现场调查走访。调查走访中，村民喻某坤、李某等证实，12日16时左右，在案发现场附近见过二被害人，结合案发现场与被害人家的距离、被害人日常放学回家时间等情况，警方判断作案时间为12月12日16时至17时。喻某坤还证实，其见到两名被害人时，同村的喻某某推着自行车在两名被害人附近。村民喻某祥反映，喻某某曾因盗窃罪被判刑，喻某某怀疑其盗窃行为系被害人家人告发，两家为此有矛盾。侦查人员与喻某某正面接触，发现喻某某闪烁其词，表现反常。警方怀疑喻某某有作案嫌疑，于15日凌晨对其留置盘问，同时对其家进行搜查，提取、扣押了喻某某清洗过的衣物，在其袜内提取到水草叶及植物籽，另制作喻某某足迹样本一并送检。当日，喻某某母亲证明，喻某某12日15时离家，17时回家更换了部分衣物。喻某某在15日的盘问中不承认犯罪，但不能清楚陈述其于12日15时至17时的行踪。在16日凌晨的盘问中，喻某某供述：案发当日下午，其见放学回家的同村两名儿童在大泊塘边玩耍，即生猥亵女童之念，上前先将男童按入水中溺死，而后将欲逃跑的女童拖拽至塘边猥亵，再按入水中溺死，并将两人的尸体隐匿于大泊塘水草下等犯罪事实。此后的物证、足迹鉴定意见证明，喻某某袜内的水草叶、植物籽，与现场水塘、死者喻某乙羽绒服上的水草叶及植物籽形态特征相同，现场穿袜足迹系喻某某右脚足迹所留，喻某某供述得到进一步印证。至此，本案告破。

二、在案证据

围绕被害人喻某甲、喻某乙姐弟俩被杀及喻某甲被性侵等事实，警方和检方收集了若干证据，并经庭审举证、质证，归纳如下。

（一）证明报案、破案经过的证据

1.接处警工作登记表、接受刑事案件登记表、立案决定书、破案经过证明：2008年12月13日7时26分，某市某区甲村村民喻某桂报警，称喻某甲、喻某乙前一日下午放学后失踪。次日11时06分，喻某清报警，称在甲村大泊塘内发现了喻某甲、喻某乙的尸体。警方于同日立案。经侦查，警方发现喻某某有作案嫌疑。同月17日本案告破。

2.证人魏某某（被害人之母）的证言：2008年12月12日晚上9点，喻某甲、喻某乙还没有回家。我到学校去找，老师说孩子都放学回家了。第

二天，孩子的小姑喻某桂打了110电话报警。

证人喻某桂、栾某某的证言印证了魏某某所证情节。

3.证人喻某清（被害人之父）的证言：2008年12月13日，我在某市接到妹夫电话，说两个孩子失踪了。我赶回家到处寻找并张贴寻人启事。14日10时许，我堂哥喻某元建议我找个耙子到大泊塘里捞一捞，看小孩是不是玩水出事了。喻某元、刘某胜和我来到大泊塘边，果然在水草下发现了两个小孩的尸体。

证人刘某胜、喻某元的证言印证了喻某清等3人在大泊塘发现两名被害人尸体的情节。

（二）证明被告人喻某某有作案时间、作案动机的证据

1.证人周某艳、钱某某、栾某某的证言：2008年12月12日15时10分，某小学放学，喻某甲、喻某乙离校回家。

2.证人喻某坤（初三学生，15岁）的证言：2008年12月12日15时10分，我放学骑车回家，过某小学约150 m处，喻某某穿一件黑色皮夹克，骑一辆自行车停在路边右侧，他看着我。喻某甲、喻某乙姐弟二人在路右侧走，弟弟右手挽着书包，距喻某某20多米。我骑车到某村村口时，碰到了我们湾刘某成家的二媳妇（李某），她骑一辆助动车从我对面过来。我回家时估计不到16时。

证人喻某坤还绘制了上述相关地点的平面示意图。

3.证人何某莲的证言：2008年12月12日下午，我骑电动车从喻某湾出来，快到甲村村委会附近时，看到我们湾"华华"的小儿子（喻某坤）骑自行车往湾里走。当我走到大泊塘附近时，喻某清的两个小孩在路上走，其中姐姐手上挽着一件外套。到家时我看了钟，是下午4点左右。

4.证人李某的证言：2008年12月12日15时30分左右，我从家里出发，骑电动车到某街交电话费，电话费收据上显示的时间是16时10分。途中在陈某湾小桥不远处，碰到了我们湾失踪的那两个小孩，当时他们正要

过桥往村委会这条路上来。

5. 证人刘某东的证言：2008年12月12日下午，我骑三轮麻木车到某副食批发市场进副食，回来是16时左右。我在陈某湾的丁字路口遇到了喻某甲和喻某乙，他们往回家的方向走。快进村子时，我遇到李某骑着电动车出喻某湾。从陈某湾的丁字路口到自己家，我开车不超过5分钟。

6. 证人李某荣（喻某某母亲）的证言：2008年12月12日中午，我夹米回来做中饭，喻某某嫌我夹少了，又拿了一袋米去刘某胜家，回来快下午3点了。然后他出去玩，下午5点左右喻某某回家要我做饭。喻某某两年前到同村何某梅家窗户偷看，被带到派出所。

7. 被告人喻某某曾供述：2008年12月12日，我吃完午饭，骑自行车到刘集玩。回家路过甲村小学还没左拐过桥时，先后碰见骑车的何某莲和刘某成的二媳妇（李某）。骑车到过桥的丁字路口，我们湾里喻某清的女儿和儿子（喻某甲和喻某乙）在前面走，我想猥亵女孩，就跟在他们后面。当时我上穿黑皮夹克，下穿白色休闲裤，脚穿黑色棉袜和黑色皮鞋。

（三）证明被告人喻某某杀害喻某甲、喻某乙的证据

1. 现场勘验检查笔录，平面示意图，照片，提取痕迹，物证登记表，关于勘查现场及勘查足迹情况的说明，警方侦查人员张某胜、吴某奎、王某国的当庭证言等证明：（1）某公路距前往新洲2公里处的南侧有一岔路，前行1公里是陈某湾至刘某湾的村级公路岔路口，在距路口120 m处水稻田中，有一名叫大泊塘的水塘。南侧距水塘1公里处是喻某湾。大泊塘周围是田埂，东侧田埂有一排水涵管。在距排水涵管14 m、距陈某湾至刘某湾的村级公路南侧12 m处的水塘北岸边沿有一残缺的穿袜足迹。距离足迹0.8 m的水草下有一具头南脚北俯卧的小男孩（喻某乙）尸体。尸体双手握拳，手中握有水草，上穿红色外套，下着黑色裤子，右脚着袜子，左脚着黑色布棉鞋。距离足迹2.9 m水草下有一紫红色书包，书包下是一具头南脚北俯卧在水中的小女孩（喻某甲）尸体。尸体上穿蓝色羽绒服，下身赤裸，红色裤子

被脱至膝盖处，脚穿红色棉鞋。经检查书包，内装有三年级的数学、英语等教科书和一些作业本，书和作业本上写有喻某甲的名字。水塘东侧田埂有一排水涵管，长3.2 m、内径0.25 m，在排水涵管内的东端塞有一深红色书包和一件小孩的蓝色羽绒服，西端塞有蓝色校服。经检查，蓝色羽绒服、蓝色校服内外均潮湿，深红色书包内的学习用品均潮湿，书本上写着喻某乙的名字。（2）警方侦查人员在现场提取了蓝色羽绒服、蓝色校服、紫红色书包、深红色书包、右脚黑色布棉鞋，用石膏制模提取了残缺穿袜足迹。（3）警方侦查人员勘查现场时，现场外围有较多群众围观，但中心现场没有群众靠近，没有群众到水边。（4）经检验，现场穿袜足迹可见滑动、移位边缘泥土较为新鲜，五趾形态边缘界限清晰，袜印中的纵向细线条均清晰连贯，遗留时间相对较短。（5）在现场袜印相邻水中，经抽水后距塘北岸喻某乙尸体相应部位发现成趟足迹印痕的泥坑，警方照相进行固定。抽完水后，塘底成趟足迹因被淤泥填充而无法提取。照片显示，成趟足迹与岸边提取的残缺袜印呈连续状态。

2. 法医学尸体检验报告、照片、情况说明等证明：（1）喻某甲尸检情况。女性儿童尸体，上穿蓝色运动外套，橘黄色横条毛衣，下穿红色长裤，灰色秋裤，双足穿深灰色袜子，红色棉鞋；右眉弓下见一大小为$1.5cm \times 0.8cm$皮下出血，双侧鼻翼见两处大小为$0.5cm \times 0.3cm$、$0.7cm \times 0.3cm$的表皮剥脱伴皮下出血，下颌牙龈片状出血，右膝上缘可见一大小为$13cm \times 1.5cm$环状表皮剥脱，双脚踝关节上方见$10cm \times 1.5cm$环状表皮剥脱；阴道前庭左上方见挫伤性出血，处女膜完整。头皮未见外伤，颅骨未见骨折，颈部分层解剖未见皮下及深层组织出血，气管内见蕈型泡沫并有少量泥沙，双侧肺脏膨隆，肺表面散在出血点，胸腹腔脏器未见破裂出血。（2）喻某乙尸检情况。男性儿童尸体，上穿橘红色毛衣，橘黄色运动衫，下穿黑色灯芯绒长裤、深褐色棉裤，双足穿黑色袜子，左足穿黑色棉鞋。头皮未见外伤，颅骨未见骨折，颈部分层解剖未见皮下及深层组织出血，气管内见蕈型泡沫并有少量泥沙、水草，双侧肺脏膨隆，肺表面散在出血点，胸腹腔脏器未见破裂出血。（3）喻某甲、喻某乙均系生前入水致窒息死亡。（4）喻某甲面部损伤的形成系面部与相关物品蹭擦作用所致，面部与地面、杂草、衣服等物体蹭擦或用手掐压作用可以形成。

3. 某省公安厅物证鉴定中心足迹鉴定书、照片证明：2008年12月14日，某市警方将现场穿袜立体足迹和根据现场条件制成的喻某某右脚穿袜制成的足迹样本送检。检验发现，现场穿袜足迹与喻某某右脚穿袜制成的足迹样本在掌压力面的形态、部位、特定特征出现的部位、数量、形状等方面均相吻合。这些特征的存在，形成了特定特征的总和，反映了特殊的本质，是其他人所不能重复出现的，构成了同一认定的科学依据。鉴定现场穿袜足迹是喻某某右脚穿袜所遗留。

某省公安司法鉴定中心足迹鉴定书、照片、鉴定人史某某的当庭证言等证明：2013年9月5日，某市警方将现场提取的立体足迹石膏模型和喻某某右脚穿袜制成的足迹石膏模型两枚（分别为静止状态和行走状态）重新送检。某省公安司法鉴定中心委托鉴定人中国刑警学院痕迹系主任、教授史某某，天津市公安局刑侦局高级工程师王某某，某省甲市公安局高级工程师姚某某，某省乙市公安局高级工程师陈某某进行鉴定。4名鉴定人各自鉴定，独立判断。检验认为，现场穿袜足迹与喻某某右脚穿袜制成的足迹样本在掌压力面的形态、部位、特定特征出现的部位、数量、形状等方面均相吻合。4名鉴定人作出一致鉴定意见：现场穿袜足迹是喻某某右脚穿袜所遗留。

4. 搜查笔录、照片、扣押物品清单、侦查人员朱某某的当庭证言证明：2008年12月15日凌晨，在村民陈某南的见证下，在喻某某母亲李某荣在场的情况下，警方搜查喻某某家住宅，在堂屋右侧靠墙的绳子上提取灰色西服、灰色休闲裤各一件及灰色袜子一双，袜子内有碎植物若干，李某荣向侦查员指认扣押的袜子是喻某某的。

5. 某市公安局物证检验报告证明：（1）喻某某袜子中绿色叶片与大泊塘内水草叶片形态、叶脉等基本相同。（2）喻某某袜子中植物籽与（死者喻某乙）蓝色羽绒服上植物籽形态特征相同。

6. 某市精神病医院副主任医师、司法鉴定人员曹某的工作笔记证明：曹某等人于2009年1月5日对喻某某进行精神检查，喻某某简单陈述了案情经过，称为了猥亵那个女孩，先将男孩淹死，追上女孩拖回，实施了猥亵行为，将女孩淹死，将两人的衣服、书包塞进管子，称自己做错了事，不该将两个小孩淹死，淹死孩子是怕别人知道。

7. 被告人喻某某的供述：喻某甲、喻某乙蹲在大泊塘边玩泥巴。我把自行车停在塘边马路右侧，观察周围没人，悄悄上去，将喻某乙推入水塘，用手按住他的头将他淹死。大泊塘水深到我膝盖下面一点。喻某甲边哭边往塘岸边马路上跑。我去追她，皮鞋上面有泥巴，被泥巴粘住掉到水里，我捡起皮鞋放在塘边，穿着袜子追，在马路边追到她，双手抓住她的双脚，把她拖到塘边，将她裤子脱至膝盖处，实施了猥亵行为，然后将她拖进水塘里淹死。因为怕被人发现，我将喻某乙尸体推进旁边水草下，再将喻某甲推到离岸稍远的位置，把他们的书包和衣服塞到塘边水泥管中。之后我穿了鞋子骑自行车回家，整个过程用了约6分钟。案发前后，我都没有下过大泊塘，只在作案时下去过。

（四）证明被告人喻某某作案后行为反常的证据

1. 证人李某荣的证言：喻某某平常不大看电视。2008年12月12日下午，喻某某回家后换了灰长裤、黑西服、蓝色秋裤、黑色的袜子，没有换秋衣。13日早上，我把他换下的衣物洗了，衣服没怎么脏。我把洗好的衣服晒在院墙上。13日晚，喻某某要看电视，还要我调台，说那个台会放寻找两个小孩的启事。我没有调到那个台，结果没看成。

2. 被告人喻某某的供述：我回去后把打湿的裤子、袜子、鞋子都换了。鞋子上有泥巴，我把它洗了，把裤子和袜子放在房门后挂着。然后，我到湾里逛了一下，找我妈妈做饭吃。溺死两个小孩的事，我没有跟任何人说。13日早上，我把裤子、秋裤、袜子用水泡着，我妈妈拿去洗了。14日早晨，看见湾里人都往大泊塘方向走，我也跟着去。还没到大泊塘，被警察拦住了，然后我回家了。

（五）证明被害人及被告人喻某某的身份情况、前科情况、刑事责任能力、供述合法性的证据

1. 被害人、被告人喻某某的户籍证明，证明被害人喻某甲、喻某乙及喻某某的身份情况。

2. 某市某区人民法院已生效的刑事判决，证明2005年喻某某因犯盗窃罪被某区人民法院判处拘役四个月。

3. 某市精神病院出具的司法精神医学鉴定书证明：（1）综合调查材料摘要。据村干部及村民反映，被鉴定人喻某某读书不行，但在外打工还能赚钱，有小偷小摸的毛病，因此被判刑。几年前就有在村里偷看别人洗澡的毛病，在其妹妹洗澡时拍门并曾趁妹妹睡觉时脱她的衣服，吓得妹妹不敢回家。（2）精神状态分析。喻某某体态较胖，接触不合作，初多问少答，在反复做其思想工作后简单陈述案情经过，且避重就轻。有现实的作案动机并在作案后有自我保护。智能略差，未发现精神病性症状。喻某某的表现符合CCMD-3中"精神发育迟滞（轻度）"的标准，虽受智力低下的影响，其思维简单，法律意识淡薄，但本次作案动机明辨能力及行为控制能力存在。（3）诊断。精神发育迟滞（轻度），完全刑事责任能力。

某省人民医院法医精神病司法鉴定所鉴定意见书、某市精神病医院司法精神医学鉴定书对喻某某精神状态及刑事责任能力的鉴定意见与上述鉴定意见相同。两次鉴定时都对喻某某进行了智商测定，喻某某智商（IQ）得分依次为52、51。

4. 讯问同步录音录像、侦查人员杨某的当庭证言、看守所体检表等证明：警方从喻某某当日不合理地只换掉裤子和袜子，第二日其母帮助洗衣入手，利用喻某某急于撇清母亲与此事关系的心理突破了喻某某的心理防线；警方没有采用刑讯逼供、诱骗等非法方法收集喻某某的供述。

三、证据特点

本案是一起光天化日之下发生在公共场所的杀死两名儿童并猥亵女童,但无人目击凶手作案的刑事疑案。其证据特点如下。

(一)作案人具有与普通人不一般的作案动机

本案发生的时间是下午四五点,此时天尚未黑;发生的场所是甲村村民出入的路上,属于公共场所;被害的对象是两名无辜的儿童,且女童被性侵。这些表象折射出作案人与普通人不一般的特点。

(二)没有证人目击作案人实施犯罪行为

本案虽然发生在光天化日之下和公共场所,但由于冬季出行人较少、很多村民外出打工等情况,现场路上虽有少量行人出入,但均未目击作案人实施杀人、猥亵等犯罪行为。

(三)现场提取的穿袜足迹存在疑问

警方现场勘查时在距被害人男童尸体 0.8 m 处的水塘北岸边沿发现一残缺的穿袜足迹,警方技术人员用石膏制模提取了残缺穿袜足迹,经某省公安厅进行鉴定,确认现场足迹是喻某某右脚穿袜所遗留。但案件复核期间公安部重新作足迹鉴定时,认为鉴于现场袜印残缺并伴有滑动性位移,现场袜印与样本袜印二者形成的条件不一致,仅有现有检材不能作出肯定性意见。因此,这一能够证实两名被害人被害时喻某某到过案发现场的核心证据存在疑问,需要进一步确认。

(四)被告人喻某某智力低下且供述不稳定

经多次精神病鉴定,确认喻某某精神发育迟滞,智商(IQ)得分为 52 或 51。2008 年 12 月 15 日,警方对喻某某留置盘问,喻某某作无罪辩解。

16日凌晨1时到4时，喻某某第一次认罪。此后至某市中院第一次开庭，喻某某作有罪供述7次，其中检察机关审查批捕时供述1次。案件移送审查起诉后，喻某某翻供，辩称案发时其在家睡觉，没有到现场杀害二被害人，有罪供述系警方刑讯逼供、诱供形成。因此，对于喻某某的供述尚需甄别。

四、证据分析

依据在案证据，能够认定被告人喻某某实施了杀害被害人喻某甲、喻某乙的行为。现针对本案的证据特点，作如下分析。

（一）核心证据——现场提取的穿袜足迹是否为被告人喻某某作案时所遗留

1. 关于大泊塘岸边提取的穿袜足迹是否系被告人喻某某所遗留的问题。

（1）喻某元等证人的证言证明，2008年12月14日上午，喻某元通过耙子钩捞发现了隐藏在大泊塘水草下的二被害人尸体后，随即吩咐同行的被害人之父喻某清、证人刘某胜不要动尸体，保护好现场，直接报警。警方到达后迅速封锁了中心现场并进行勘查。从而发现了这枚弥足珍贵并保存完好的嫌疑人穿袜足迹。

（2）现场勘验检查笔录、现场照片、警方侦查人员吴某奎的证言及警方出具的情况说明证明，警方在距被害人喻某乙尸体0.8 m处的水塘北岸边沿，发现并提取一枚脚尖指向岸上的残缺穿袜足迹。从该足迹脚尖指向岸上判断，土质松软的塘底也应留有足迹，但现场勘验检查笔录未见相关记载，足迹是否全面收集存在疑问。为此，警方补充了现场照片并出具了情况说明，证明警方在大泊塘抽水作业时，在尸体所在位置的塘底发现了与现场穿袜足迹相连的成趟足迹泥坑，抽完水后，塘底足迹因被淤泥填充而无法提取。该疑问予以排除。

（3）鉴定意见证明，警方用石膏制模方法提取了现场穿袜足迹，连同

喻某某的足迹样本送某省公安司法鉴定中心进行鉴定。5 名鉴定人的鉴定意见一致认为，现场穿袜足迹是喻某某右脚穿袜所遗留。但在案件审理期间，受有关机关委托，公安部重新作出的足迹鉴定意见却为，鉴于现场袜印残缺并伴有滑动性位移，现场袜印与样本袜印二者形成的条件不一致，仅有现有检材不能得出肯定性意见。为此，警方重新制作了喻某某静止和行走两种状态下的右脚石膏模型，连同现场穿袜足迹模型送某省公安司法鉴定中心重新鉴定。中国刑警学院痕迹系主任、教授史某某等 4 名鉴定人受邀参加鉴定，一致意见认为，现场穿袜足迹是喻某某右脚穿袜所遗留。鉴定人史某某还出席法庭对足迹鉴定意见进行说明并接受了控辩双方的交叉质询。

经审查认为：第一，公安部所作的鉴定是在没有检验立体足迹实物的情况下，单凭卷宗内的足迹照片，而对原鉴定意见质疑，继而得出自己的意见，该鉴定工作显然过于草率。第二，公安部委托的鉴定人认为之所以不能得出肯定性意见，是因为现有检材不够。在侦破命案的实践中，作案人出于逃避侦查的动机，往往销毁痕迹物证不留现场，侦查机关提取到作案人留下的痕迹物证可谓困难重重，在现场提取到残缺的指纹、足印或细小的血痕或许成为破案的关键性、决定性因素，而公安部委托的鉴定人认为检材不够就无法得出肯定性意见的观点，否定了司法实践中现场只提取残缺的指纹、足印或细小血痕的破案价值，缺乏科学依据。第三，针对公安部鉴定意见所称现场足迹有滑动性位移，现场袜印与样本袜印二者形成的条件不一致的问题，警方重新制作了喻某某静止和行走两种状态下的右脚石膏模型，再次委托专家进行鉴定，参加鉴定的全部 4 名鉴定人一致作出现场穿袜足迹是喻某某右脚穿袜所遗留的意见，故上述疑点已经得到解决。第四，本案中，警方提取的现场足迹所制作的立体样本，充分体现人体足印的个性特征，具备检验的条件，且通过某省公安厅委托，专家各自鉴定，独立判断，现场穿袜足迹与喻某某右脚穿袜制成的足迹样本在掌压力面的形态、部位、特定特征出现的部位、数量、形状等方面均相吻合，能够得出现场穿袜足迹是喻某某右脚穿袜所遗留的意见。因此，某省公安司法鉴定中心的足迹鉴定意见应当作为定案依据。

2. 关于被告人喻某某遗留在大泊塘岸边的穿袜足迹是何时遗留的问题。

（1）现场勘验笔录、警方出具的情况说明、警方侦查人员吴某奎的当庭证言等证明，现场穿袜足迹滑动、移位边缘泥土较为新鲜，五趾形态边缘界限清晰，袜印中的纵向细线条均清晰连贯，反映出足迹遗留时间相对较短，可以确定足迹系案发前不久遗留。考虑到大泊塘是灌溉水塘，不是鱼塘、藕塘，正常情况下村民不可能在严冬穿袜下水的情况，现场穿袜足迹极有可能系犯罪人作案时所遗留。

（2）村民出入的公路距大泊塘只有12 m，白天时有路人经过，犯罪人不可能准确预测路人的往来情况，故本案属突发性犯罪的概率很高。现场勘验检查笔录、照片证明，两名被害人尸体被犯罪人隐藏在密集的水草下，分别距离岸边0.8 m、2.9 m。在突发犯罪、没有事先准备适当工具的情况下，犯罪人必须走到水塘中才能将尸体搬运、隐藏到相应位置，必然会在尸体附近塘底淤泥中留下成趟足迹。警方在大泊塘底只发现了尸体附近的成趟足迹，该成趟足迹只可能是犯罪人作案时所遗留。现场照片显示，岸边提取的现场穿袜足迹与尸体附近发现的塘底成趟足迹，从行走方向、足迹位置看具有明显的连贯性。

综合分析现场周边环境、现场穿袜足迹、塘底足迹、尸体隐藏位置等情况，结合足迹鉴定意见，可以确定现场穿袜足迹是喻某某作案时所遗留。

3. 关于物证袜子、袜内残留植物及相关鉴定意见的证明力问题。

（1）喻某某供述其作案回家后将打湿的裤子、黑色袜子及皮鞋换下，其母李某荣印证了其次日将喻某某换下的黑袜子等衣物清洗的情节。

（2）搜查笔录、照片、扣押物品清单证明，警方搜查喻某某家住宅，在堂屋右侧靠墙的绳子上提取灰色西服、灰色休闲裤各1件及灰色袜子1双，袜子内有碎植物若干。警方侦查人员朱某红当庭证明，其和同事于2008年12月15日凌晨搜查喻某某家，李某荣指认其家堂屋右侧靠墙绳子上的袜子等衣物是喻某某的，警方遂将袜子等衣物扣押，并在袜内发现了绿

色叶片和植物籽。李某荣及见证人陈某南均在扣押清单上签名认可。虽然警方未将扣押的袜子交喻某某进一步辨认,但该袜子更换、清洗、扣押过程清晰,喻某某在警方向其告知袜内植物鉴定意见时也签字确认,并未提出异议,据此可以确定警方扣押的是喻某某更换的袜子。

(3)某市公安局物证检验报告证明:喻某某袜子中绿色叶片与大泊塘内水草叶片形态、叶脉等基本相同;喻某某袜子中植物籽与(死者喻某乙)蓝色羽绒服上植物籽形态特征相同。

经审查认为:第一,虽然喻某某母子称喻某某换下的袜子是黑色的,与警方提取的灰色袜子颜色有异,但深灰色与黑色的界线并不明显,人们将二者混同的现象较为常见。考虑到两种颜色易混淆的特点,上述差异属于可合理解释的矛盾,不应以此否定灰色袜子是喻某某所有的事实。第二,上述喻某某的袜子、袜内残留的绿色植物叶片、种子及相关鉴定意见,虽没有得出从喻某某的袜子、袜内提取的绿色植物叶片、种子系大泊塘水植物的确定性意见,但与在案的其他证据并不矛盾,且与在大泊塘岸边提取到喻某某的足印、证人喻某坤证明喻某某在案发时间段出现在大泊塘、证人李某荣证明案发当日下午喻某某衣袜打湿并换洗等证据能够相互印证,并印证了喻某某有罪供述的可靠性,补强了有罪供述的证明力,与本案具有关联性。

(二)关键证据——被告人喻某某的供述是否可以作为定案依据

1.关于被告人喻某某庭前有罪供述的合法性问题。

(1)3份司法精神医学鉴定意见都证明喻某某虽然轻度智力低下,但其意识清楚,有辨认和控制自己行为的能力,为完全刑事责任能力人。到案后喻某某先不交代作案时间段的行踪细节,否认犯罪,心理防线被突破后才交代犯罪事实,后又翻供,有较强的自我保护意识。喻某某的对答符合逻辑,有作证能力,其供述可以作为证据使用。

(2)喻某某作有罪供述共7次,其中在检察机关审查批捕时供述1次。

后喻某某翻供,称没有杀害二被害人,案发时其在家睡觉,有罪供述系办案机关刑讯逼供、诱供形成,但其不能提供涉嫌非法取证的相关线索或材料。法院启动了非法证据排除程序,公诉机关出示了喻某某关押至某市某区看守所和第二看守所的体检表、两次讯问的全程同步录音录像等证据。上述证据证明警方没有非法取证。警方侦查人员杨某出庭作证,详细说明了喻某某从不承认作案到供述作案的经过及警方采取的审讯策略。经审查讯问笔录、讯问录像,杨某的当庭证言合理可信。

(3)检察机关在审查逮捕时讯问喻某某,喻某某交代了其杀害二被害人的经过,并明确称警方没有对其刑讯逼供;精神病鉴定人员曹某的工作笔记证明,2009年1月5日在接受精神病鉴定人的询问时,喻某某也交代了其杀害二被害人的经过。这表明喻某某供认犯罪事实确系其真实意思表示。

由此可见,警方、检察机关没有强迫、引诱喻某某自证其罪,其有罪供述具有合法性。

2. 关于被告人喻某某有罪供述的客观真实性、关联性问题。

(1)喻某某有关案发时其在家睡觉,从来没有下过大泊塘的无罪辩解与其他证据相矛盾,内容虚假。①喻某某母亲李某荣证明,案发当日喻某某到刘某胜家夹米,回来时是下午3点,此后喻某某外出,到下午5点才回家。李某荣的证言得到刘某胜证言的部分印证。②刘某胜证明,案发当日下午两三点,喻某某到其夹米场夹米,5分钟后就夹好离开。③证人喻某坤证明,案发当日下午3时许,其在大泊塘附近看到了喻某某。④现场勘验检查笔录、足迹鉴定意见等证明大泊塘北岸足迹系喻某某于案发当日所遗留。上述证据足以证明喻某某在案发时段外出过并到过大泊塘,其有关案发时段在家睡觉、从没有下过大泊塘的辩解虚假。

(2)喻某某的有罪供述与其他证据能相互印证。喻某某供述的作案时间、地点有证人何某莲、李某、喻某坤的证言相互印证。喻某某供述,2008年12月12日下午,其身穿黑色皮夹克在陈某湾丁字路口附近尾随二被害人,看见何某莲、李某骑车经过。证人何某莲、李某证明,二人确实在

当日下午三四点钟骑车经过该路段并遇见二被害人。证人喻某坤证明,案发当日下午3时许,其经过该路段时看到喻某某身穿黑色皮夹克在二被害人身后20 m处。

喻某某供述的作案动机有现场照片、尸体检验报告、证人证言相印证。喻某某供述其为猥亵喻某甲并掩饰该事实而杀害二被害人。现场照片显示,喻某甲下身裸露,裤子被翻卷至膝盖处;尸检报告证明,喻某甲阴道前庭左上方见挫伤性出血。喻某甲的衣着情况及伤情符合被猥亵的特征,印证了喻某某供述的作案动机。喻某某有性劣迹。喻某某母亲李某荣证明,喻某某两年前曾因扒窗偷窥妇女被带到派出所接受处理。

喻某某供述的作案过程有现场勘验检查笔录、尸体检验报告、足迹鉴定意见等证据印证。例如,喻某某所供其将二被害人溺死在大泊塘的情节,与尸体检验报告证明二被害人均系生前入水致窒息死亡相符;所供其穿袜进入大泊塘的情节,与搜查笔录、物证检验报告证明在喻某某袜内发现与大泊塘及被害人衣物上相同的植物碎片、种子相符;所供直接将男童溺死,追上逃跑的女童并强制拖拽回来猥亵的情节,与尸体检验报告证明男童体表无伤、女童体表有挣扎伤痕相符;所供脱下女童裤子至膝盖处并实施猥亵的情节,与现场照片、尸体检验报告相符;所供将二被害人尸体隐藏在大泊塘水草下并将被害人衣物、书包藏在大泊塘旁边涵管内的情节,与现场勘验检查笔录、照片、足迹鉴定意见相符。特别需要指出的是,上述印证情节中的男童体表无伤、女童阴道有伤、岸边足迹系穿袜足迹等细节,是现场外围观民众不可能知晓的。喻某某如果没有作案,其编造不出与上述隐藏细节完全相符的作案过程。

喻某某供述的案后行为有其母李某荣的证言及扣押清单等证据印证。喻某某供述,其回家后将打湿的裤子、袜子、鞋子换掉,其母第二天把换下的衣服清洗了。其母李某荣证明,案发当日下午5时许,喻某某回家更换了裤子、袜子和鞋,但未同时更换上身内衣,第二天她把喻某某脱下的裤子、袜子清洗了。搜查笔录、扣押清单亦证明警方扣押了喻某某换下的裤子和袜子。喻某某案后更换打湿衣物的情节，供证相符。尸体附近的大泊塘水深只有三四十厘米，正常情况下，犯罪人在水中作案一般只会打湿下身衣物。喻某某关于其案后未同时更换上身秋衣的供述具有合理性。

（3）喻某某有罪供述不存在无法排除的疑问。虽然犯罪人亲身经历犯罪，但受各种主客观条件的影响，其有罪供述的细节可能存在前后不一或与其他证据不符的情形，这是审判实践中被告人供述的常态，不能因此就不采信有罪供述。故对被告人的有罪供述，应结合在案其他证据，综合审查处理。供述细节前后不一，但有其他证据证明的，应认定与其他证据相印证的供述细节。例如，喻某某对杀人动机有"好玩"和猥亵灭口两种供述，对女童下身有"看""摸""抠"等三种表述，结合女童裤子被脱至膝盖处及阴道前庭有挫伤性出血的事实，应认定与上述事实相印证的"抠"女孩阴部及猥亵灭口的供述。

（三）佐证证据——证人喻某坤的证言是否应予采信

1. 证人喻某坤的证言与相关证人和喻某某供述能相互印证，内容客观真实。（1）喻某坤证明，2008年12月12日下午3时许，其在骑自行车放学回家途中，在甲村小学至大泊塘的路上看见二被害人。证人李某、何某莲、刘某东也证明当时三人分别在甲村小学至大泊塘的路上看见二被害人，此情节与喻某坤的证言一致。（2）喻某坤证明，其看见二被害人时，喻某某身穿黑色皮夹克距二被害人20余米。证人刘某胜亦证明喻某某当日下午身穿黑色皮夹克。虽然喻某某未供认看到喻某坤，但也供述其当时身穿黑色皮夹克跟在二被害人后面，供证相符。（3）喻某坤证明，其骑车到某村村口时碰到村民李某骑助动车出湾，回家时估计不到下午4点，该情节与李某的证言一致。村民何某莲亦证明其下午三四点出村时碰到喻某坤骑车回家。喻某坤、李某、何某莲的证言能相互印证。

2. 喻某坤的证言内容与其他证据没有矛盾。按照日常生活经验，人们彼此可见，但并不意味着相互之间一定会注意并记住对方。本案中，各证人及喻某某供述案发前所见人员如表1所示。

表1 证人证言所证互见示意表

人员	看见喻某坤	看见李某	看见何某莲	看见刘某东	看见喻某某	看见被害人
喻某坤		√			√	√
李某						√
何某莲	√					√
刘某东		√				√
喻某某		√	√			√

由上表，喻某坤等5人都看见了二被害人，但看见的其他村民却不一致。例如，进村的喻某坤没有记住出村的何某莲，但何某莲却记住了喻某坤；出村的李某没有记住进村的刘某东和喻某坤，但喻某坤和刘某东却记住了李某。这并不代表喻某坤等人陈述的事实不可信。受证人注意力、记忆力等影响，证人只注意、记住周边环境的部分细节属于正常现象，证人证言中出现内容不冲突、相互包容的细节差异并不违反常理。逻辑上，相互不矛盾的命题不能相互否定，不能因其他证人没有注意到喻某某而否定喻某坤注意到喻某某的事实。综观全案，没有发现与喻某坤证言相矛盾的其他证据。

3. 喻某坤的证言内容系喻某坤直接感知，其证言内容稳定。2008年12月14日下午、15日下午，喻某坤在学校两次接受警方询问，警方均依法通知教师祝某飞在场见证。第一次询问笔录记载："好像在我刚碰到他们姐弟俩时，在他们后面还有喻某某骑着自行车跟在他们后面，当时喻某某停在原地望着他们，就他一人。"第二次询问笔录仍称同时看到喻某某和被害人，但表述时没有"好像"一词。原审法院由此认为喻某坤对其是否看到喻某某这一关键情节是从不确定到肯定。审查喻某坤的第一次询问笔录，喻某坤虽然说了"好像"一词，但结合笔录全文和其当时对被害人和喻某某等相关位置手绘的示意图，其对同时看到喻某某和二被害人的情节并无不确定之意。喻某坤的证言不存在不稳定的问题。

4.喻某坤、李某、何某莲、刘某东的证言系间接证据，虽不能直接证明喻某某杀害二被害人的事实，但能证明二被害人最后出现的时间地点以及案发前喻某某尾随二被害人等案件关键情节。综上，喻某坤的证言内容真实，取证合法，与待证事实紧密关联，应予采信。

（四）疑点排除

由于本案的特殊情况，疑点问题显得较为突出，必须一一进行释疑解惑之后，才能让法官达到内心真正的确信。主要的疑点问题如下：

1.关于作案动机。证人霍某梅向警方反映，喻某某报复心重，2005年向霍家水缸内投毒被当场抓住。证人喻某祥反映，喻某某曾被人举报盗窃而被处罚，喻某某怀疑是被害人家人举报。警方在看守所内安排特勤（服刑人员）贴近喻某某，喻某某对其称作案目的是报复杀人。故警方对作案动机的判断是性侵或者报复杀人。经审查认为，性侵动机有喻某某供述与尸检报告证实，以此认定更为妥当。

2.关于作案时间、地点。二被害人当日12时45分在家吃完中饭，但尸检时两人胃内均见成形的米饭，这是否说明被害人是在进餐后不久死亡？被害人的死亡时间存疑。经审查：（1）甲村小学的多名老师证实学校当日15时10分放学，二被害人此后离校回家。证人喻某坤、何某莲、李某、刘某东均陈述当日16时左右在某小学至大泊塘的路上看到二被害人行走。（2）在喻某坤等人16时左右碰到被害人后，再无其他村民见到被害人。考虑到被害人平常在17时许回家，案发日临近白昼最短的冬至（12月21日），17时许就日落的情况，被害人应在当日16时左右被害。（3）被害人生前最后出现在大泊塘附近，被人淹死，尸体在大泊塘水中发现，勘查未发现周边有其他可疑现象，警方判断作案地点为大泊塘没有疑问。

3.关于喻某甲体表伤痕供证是否一致的问题。有意见认为，尸体鉴定意见和尸检照片显示，被害人喻某甲左、右眉弓下方均有浅淡的表皮剥脱痕迹，双侧鼻翼有表皮剥脱伴皮下出血，下颌牙龈片状出血，右眼睑出血严重，说明喻某甲被害前，有被捂压头面部的情况，但被告人喻某某的供述始终没有提及喻某甲面部伤痕形成的情况；关于喻某甲脚踝处环状伤的成因，经咨询专家意见，主要系喻某甲所穿袜子的袜边勒成，用手勒的痕迹并不明显，与喻某某的供述不能相互印证。经审查：（1）警方技术人员就此进行了情况说明，称喻某甲面部损伤的形成系面部与相关物品蹭擦作用或者用手捂压作用形成，即与地面蹭擦或者用手捂压均可形成面部伤痕。从喻某甲下颌牙龈有片状出血、位置更突出的鼻尖部未见损伤等情况分析，犯罪人为制止喻某甲哭叫而捂压形成伤痕的可能性更高。（2）喻某某供述，作案时喻某甲边哭边跑，其就抓住喻某甲脚踝，将被害人拖到塘边并猥亵。作案时喻某某是否捂压被害人面部，警方侦查人员、检察员没有问，喻某某也没有说。因此，喻某某的供述与判断喻某甲面部伤痕系被捂压形成不是矛盾关系，供证不能印证是喻某某供述缺少更多作案细节造成，不影响有罪供述的证明力。（3）喻某甲脚踝处环状伤，明显是过紧的袜边勒成。喻某某供述拉住喻某甲脚踝处与喻某甲的脚踝处伤情并无矛盾。

综上所述，足以认定被告人喻某某猥亵喻某甲，并杀害喻某甲、喻某乙的事实。

案例三：被告人"零口供""一对一"证据分析推定幕后指挥者——被告人刘某故意杀人疑案解析

案件疑情提示：本案系黑社会性质组织犯罪，身为黑社会性质组织组织者、领导者和首要分子的被告人深藏于幕后，单独对该组织中另一名组织者、领导者发号施令；被告人归案后拒不认罪，零口供；如何采信"一对一"的证据；如何认定"零口供"的案件事实……

一、发案、破案情况

1999年2月13日23时许，某省某市某酒廊门口发生持枪杀人案，一名男子被几名持枪的男青年数枪打死，作案人乘一辆桑塔纳轿车逃跑。接到报案后，警方迅速派员赶赴现场。经调查确认，死者名王某成，系当地混社会的"大哥"，江湖绰号"大叫花"。经展开调查走访等侦查工作，警方掌握了如下线索：(1)证人洪某武反映，案发前黄某让其帮忙找"大叫花"，案发时黄某在现场某酒廊找人，其还看到黄某与3名男青年上了一辆桑塔纳轿车。(2)某酒廊经营者多某某反映，案发后2名嫌疑人乘坐一辆车牌号为川AD-×××0或川AG-×××0深色的桑塔纳轿车逃离现场。(3)案发前，死者王某成的一个兄弟被某集团的人打伤，王某成带人到某集团索要医药费，声称如果不满足条件就要砸掉某集团的保龄球馆。于是，警方将黄某列为重大嫌疑人，紧紧围绕桑塔纳轿车和黄某展开工作。2月14日，警方找到了川AD-×××0轿车的车主某汽车租赁公司，该公司业务员刘某峰反映，该车被一名叫李某1的人骗走后用于抵偿了债务。警方顺藤摸瓜找到李某1，李某1称该车被李某开走，不知去向。警方经调查，查明李某系当地混社会大哥孙某君的手下，在孙某君开办的典当行工作，而孙某君系某集团总经理孙某某的哥哥。3月下旬，警方将黄某以及另一名犯罪嫌疑人杨

某伟抓获,两人均供认系受某集团孙某君、缪某之委托打探"大叫花"行踪,并到现场为缪某等人指认了"大叫花"。据此,案情有了重大突破,种种迹象表明该案与某集团有关,孙某君、缪某、李某有重大作案嫌疑。但孙某君、缪某、李某均已潜逃,长期消失在警方的视野内,为此,警方发布了通缉令。

2000年,某集团有关人员进行幕后"运作"后,让孙某君回某市投案。孙某君回某市后,按照有关人员事先与其商量的方案,向警方谎称嫌疑车辆是他人抵押到典当行,后被张某(已死亡)开走,车子是怎么到缪某手里的其不清楚。因张某死无对证,警方给孙某君办理了取保候审手续。案发10年之后,2009年6月,缪某在云南旅游时被当地警方抓获。某市警方将缪某带回审讯,缪某谎称其是受李某2之委托,让黄某帮忙打探"大叫花"行踪。因李某2已死亡,缪某坚持自己的供述,案情又陷入困局,某集团有关人员趁机又进行一番"运作",缪某亦被警方取保候审。至此,王某成被杀案被当地警方长期搁置,不了了之。

直到2012年12月某集团刘氏兄弟涉黑案案发后,公安部将王某成被杀案指定给异地警方侦办,才逐步揭开本案扑朔迷离的谜底。2013年3月,警方将犯罪嫌疑人孙某君抓获,孙某君交代是孙某某指使其找人杀死王某成,后其在成都给缪某小口径手枪、五连发猎枪各1支,由缪某另找2人将王某成杀死。随后,缪某、唐某某、刘某1、李某、车某某等犯罪嫌疑人相继落网,均供认了犯罪事实。至此,该案得以真相大白。据警方调查确认,该案是一起黑道仇杀案,为了打击竞争对手,维护组织利益,由黑社会性质组织的组织者、领导者刘某、孙某某亲自发动,骨干成员孙某君、缪某等人组织、策划,骨干成员唐某某、成员刘某1等人持枪实施,杀害了对某集团产生威胁的当地黑道大哥王某成。具体案情是:1999年初,某集团员工何某等人因故与被害人王某成的朋友李某东发生冲突,并将李某东砍伤。王某成得知后,扬言要炸毁某集团办公场所、保龄球馆及某集团总经理孙某某乘坐的车辆。孙某某得知该消息后,认为事态严重,即向某集团董事长被告人刘某作了汇报，刘某指使孙某某找人将王某成"做掉"。孙某某向孙某君、缪某传达了刘某要教训王某成的指示。尔后，孙某君安排黄某、杨某伟打探王某成行踪，提供桑塔纳轿车一辆用于作案。刘某2应孙某某的要求，安排其司机罗某刚将2支手枪、1支滑膛枪送交缪某。缪某将枪支分发给唐某某、刘某1、李某，并组织车某某驾车载3人到某市某村河堤处试枪，安排唐某某等人在某集团职工宿舍集中住宿等候指令。1999年2月13日晚，黄某、杨某伟发现王某成在某市某酒廊，打电话告诉了缪某。缪某当即安排车某某驾驶桑塔纳轿车载唐某某、刘某1、李某前往，自己随后赶到。在某酒廊，黄某向缪某等人指认了王某成，缪某先行离开。唐某某、刘某1各持手枪在某酒廊门口守候，李某持滑膛枪在附近警戒。当王某成走出某酒廊时，唐某某上前连开2枪，将其击杀；刘某1亦开枪，但因枪支故障未能击发。随后，车某某驾车接应唐某某等人逃离现场。案发后，孙某某将王某成已被杀死以及警方正在抓捕孙某君、缪某等情况向刘某作了汇报，刘某当即安排孙某君等人到深圳躲藏。缪某、车某某将桑塔纳轿车销毁。孙某君、缪某逃匿期间，孙某某经请示刘某同意，先后从某集团的资产中给予孙某君、缪某100余万元；为唐某某、刘某1、缪某长期发放工资直至案发；并提供一辆凯迪拉克轿车和一辆奥迪A8轿车给孙某君使用。

二、在案证据

围绕被害人王某成被杀及刘氏兄弟、孙某某组织领导黑社会性质组织实施犯罪活动等事实，警方和检方收集了若干证据，并经庭审举证、质证，归纳如下。

（一）证明案件起因的证据

1. 证人何某的证言：我得知女友在某酒廊被人欺负后，与龚某某赶了过去，遭对方殴打。我们随即邀人报复，持刀将对方砍伤，被砍伤的人可能是李某东。

证人龚某某的证言印证了何某所证情节。

2.证人李某东的证言：1999年1月31日晚，我从某酒廊出来被人砍伤。王某成到医院看望我，说砍伤我的人是某集团的，要找他们赔医药费。

3.证人王某福的证言：某集团的人砍伤李某东后，我哥哥王某成要报仇。对方说出钱赔偿，但王某成不同意，说怎么砍的就怎么砍回去，"姜豆"（阚某某）说要炸某集团的保龄球馆。这事不知怎么传了出去，王某成就和某集团结了仇。

4.证人那某（某市公安局民警）的证言：我得知有人要炸某集团保龄球馆的消息后，遂找孙某某进行了核实。

5.孙某某供述：何某与"艾娃子"（爱某）的手下王某成等人发生冲突后，"艾娃子"以此为由想从我公司揽工程，被我拒绝，王某成扬言要炸某集团、保龄球馆和我乘坐的车辆。警察那某也专程来公司告诉我此消息。

6.肖某某供述："艾娃子"的手下跟何某发生矛盾后扬言报复，当时这个事闹得很大，我们公司的人都知道。孙某某有一次在他办公室跟我说过，"艾娃子"派人到广元买炸药了，准备来炸某集团和保龄球馆，我们这边也要准备跟"艾娃子"打架。

（二）证明被告人刘某指使孙某某杀害王某成的证据

1.孙某某供述：我在成都市某酒店向刘某汇报了某集团员工何某与"艾娃子"的手下王某成发生冲突，"艾娃子"以此为由想从公司揽工程，被我拒绝，王某成扬言要炸某集团、保龄球馆和我的车的情况。刘某听后非常生气，让我不要怕，找几个人把王某成"做掉"，叫他以后不要再找公司的麻烦。此后，我安排缪某、孙某君组织实施，并告诉他们已向刘某汇报了，刘某很生气，让我找人教训教训王某成，让他以后不要找公司的麻烦。

2.孙某君供述：孙某某把我和缪某叫到某市某宾馆，口气很硬地说王某成要找公司的麻烦，要炸某集团、保龄球馆，要我们教训一下王某成。孙某某当时非常气愤，说跟刘某汇报过，教训王某成是刘某的意思，我和缪某这样"操社会"的人都明白是要杀掉王某成。

3. 缪某供述：孙某某打电话叫我到他某宾馆的办公室，说王某成扬言要炸某集团的保龄球馆和他的车，要我去找下王某成，并给孙某君打电话问王某成的一些情况。之后孙某某找刘某2借了枪支。第二天下午，我在孙某某办公室和他闲聊，期间孙某君赶到，孙某某用很气愤的口气对我和孙某君说，王某成在外面扬言要炸某集团的保龄球馆和他的车，他已经向孙某作了汇报，孙某很生气，要找人教训王某成。

（三）证明孙某君、缪某组织唐某某等人欲杀害王某成的证据

1. 证人杨某伟的证言：1999年2月，孙某君问我和黄某是否认识王某成，并让我们去找王某成，找到后打电话告诉缪某。几天后，我们在某酒廊发现王某成，就打电话通知了缪某。10多分钟后，缪某等人开了一辆桑塔纳轿车过来，黄某把他们带去指认了王某成。

黄某的供述印证了杨某伟所证情节。

2. 证人刘某峰的证言及某汽车租赁分公司出具的材料证明：该公司一辆车牌为川AD×××0的蓝色桑塔纳轿车被李某1租用后一直未还。

3. 证人李某1的证言：我于1998年3月16日在汽车租赁公司租用一辆桑塔纳轿车，同年5月后由李某使用。

4. 李某供述：作案用桑塔纳轿车是他人（李某1）赌博输钱抵押在孙某君当铺里的，后孙某君让我将车开到某市。

孙某君的供述印证了李某所供情节。

5. 证人罗某刚的证言：刘某2让我将1个蛇皮袋送给孙某某。我用手摸了蛇皮袋，感觉是1支长枪和2支短枪。我驾车到某市小岛后给孙某某打电话，他让缪某过来将蛇皮袋拿去。

6. 孙某某供述：缪某说王某成有枪，他们也要枪自保。我便打电话给刘某2，说借几个"东西"用一下，他问"什么东西"，我说"就是那个东

西", 他就明白了。刘某2让他的司机"平娃"(罗某刚)将枪送到小岛, 我安排缪某拿回。

7. 缪某供述: 我陪孙某某散步时听见他打电话向刘某2借"东西"。次日晚, 孙某某接到刘某2的司机"平娃"的电话后, 让我开车带他去小岛。"平娃"将1个灰色的蛇皮袋子交给我, 后来知道里面装有1支滑膛枪、1支手枪和1支比滑膛枪要短一些的枪。

8. 缪某、唐某某、李某、车某某、刘某1的供述, 均证明孙某君、缪某指使唐某某等人枪杀王某成, 缪某组织唐某某等人到小岛河堤处试枪, 安排唐某某等人集中住宿等候指令等事实。

(四) 证明唐某某等人枪杀王某成的证据

1. 受理刑事案件登记表、立案报告表证明: 1999年2月13日23时30分, 警方接到报警, 某市某酒廊发生一起枪击案, 1名男子死亡。

2. 现场勘验、检查笔录、方位图、平面示意图及照片, 证明现场位于某市某酒廊的东侧人行道及非机动车道, 发现血迹数处, 提取小口径枪弹壳2枚、弹头1枚等情况。

3. 尸体勘验笔录、法医学死亡原因鉴定意见、尸检照片证明: 死者王某成右侧背部第四肋骨间距正中线8 cm处见直径0.4 cm类圆形裂创, 创周见挫伤轮; 左大腿上段外侧距膝关节24 cm处见0.5 cm×0.8 cm椭圆形裂创, 创口周围见挫伤轮, 左大腿上段内侧距下关节22 cm处见0.4 cm×0.9 cm椭圆形裂创, 右大腿中段内侧距膝关节19 cm处见1.5 cm×0.5 cm椭圆形裂创, 创口周围见挫伤轮, 右大腿中段外侧距膝关节16 cm处见0.9 cm×0.3 cm椭圆形裂创, 以上4创贯穿, 方向由左上至右下。王某成符合外伤性心脏破裂、双肺裂创死亡。推测致伤工具为枪弹。

4. 警方出具材料证明: 在对王某成尸体进行检验时, 从其左侧胸部第五肋间肌处取出弹头1枚。

5. 证人高某的证言: 1999年2月13日晚, 我和王某成等人到某酒廊玩。我出门买水时，听见周某喊"出事了"，连忙跑了过去，发现王某成躺在酒廊门边的台阶上，有2名青年往先锋路跑。

6. 证人多某某的证言：案发当晚11时25分，我在某酒廊门口听见外面传来"叭""叭"两声类似气球破裂的声音，接着听到外面有骚动，出去看见2名男青年跑步上了一辆深色桑塔纳轿车离去。有人告诉我车牌号为川AD×××0或川AG×××0。

7. 证人赵某的证言：案发当晚我在酒廊值班，听到2声脆响，看到一男青年倒在酒廊台阶上，2名持枪者跑到路口交汇处，钻入一辆深色桑塔纳轿车离去，听说车牌是川AD×××0。

8. 证人唐某进、王某福的证言印证了案发当晚听到2声响以及王某成被枪杀等情节，王某福还证实：王某成遭枪击后躺在地上已经昏迷，我和张某当即坐出租车将其送到某市中心医院，王某成经抢救无效死亡。

9. 刘某1供述：唐某某在王某成身后持小口径手枪朝其连开2枪，我持五四手枪朝王某成射击，但未能击发。

10. 唐某某供述：作案时由车某某负责驾车，我持小口径手枪，刘某1持仿五四手枪，李某持单管滑膛猎枪，我朝王某成背部开了1枪或2枪。

11. 李某供述：车某某将车停在离酒廊约20 m远处，我持五连发枪支望风、警戒，唐某某、刘某1各持手枪往酒廊去，两三声枪响后，唐某某、刘某1返回，称开枪打了人。

12. 车某某供述：案发当晚，缪某打电话让我接唐某某、刘某1、李某到某酒廊。停车后，唐某某、刘某1、李某持枪下车前往某酒廊，约10分钟后3人慌张返回，让我开车快走。作案后，缪某和我将作案用桑塔纳轿车推下山谷销毁。

13. 缪某供述：孙某君接黄某电话后说王某成在某酒廊，让我通知车某某他们，还吩咐我过去看看。我在某酒廊门口看见黄某，他向我和刘某1指认了王某成，我就回某宾馆了。大约三四十分钟后，车某某打来电话说事已办好。几天后，按照孙某某的吩咐，我和车某某将作案用的桑塔纳轿车开到四川省某县境内，将车推下山谷。

14.孙某某供述：作案后，缪某向我汇报说王某成的事做得比较干净，是车某某开的车，唐某某开的枪，刘某1和李某也到了现场，但刘某1的枪没打响。随后我将有关情况向刘某作了汇报。

（五）证明案发后被告人刘某为孙某君等人提供隐藏处所和财物的证据

1.工资表证明：王某成被杀后某集团给缪某、唐某某、刘某1发放工资直至案发。

2.证人黄某1（缪某的妻子）的证言：缪某于1999年离家外出，数年未归。其间，某集团的人拿我的身份证办了1张工资卡，每月10号往卡里打款1700多元。后来我打算买房，孙某某安排肖某某送来15万元。

房产登记资料印证了黄某1购买房屋的情节。

3.证人姚某金、赵某波、徐某（均系某集团某公司员工）的证言，证明缪某离开公司后工资照发的情况，赵某波、徐某还证实：工资表中的"高某"即为缪某。

4.孙某某供述：孙某君打电话说作案用的车子暴露了，他想出去躲一下。我向刘某汇报后，刘某说让孙某君等人躲到范某彰那里，他会跟范某彰打招呼，让我具体跟范某彰联系。后来，孙某君去了深圳市，范某彰安排他住在某广场小区。2000年，孙某君回来投案，在刘某2的"运作"下被取保候审。公司给孙某君约30万元和凯迪拉克轿车、奥迪A8轿车各1辆。缪某躲藏期间工资照发，我还给他约30万元。2000年左右，缪某说想买房，我给了他10万元，后来又给了30万元。唐某某去深圳市躲藏时我给了他两三万元路费，工资照发，他回来后被升职为某石材公司领导，年薪12万元左右。刘某1不久就给刘某当了保镖。车某某依然在公司上班，公司给了他近10万元买了1辆货车跑运输。这些花费我都向刘某汇报过，并在公司报销。

5.范某彰供述：深圳市罗湖区某广场小区的房子是刘某的，有人来住需要刘某本人打电话给我才行,孙某某不可能越过刘某安排人来居住。2000年左右,刘某和孙某某要我安排唐某某在酒楼里做事,我每月发给他2000多元的工资。

6. 陈某铭供述:案发后,刘某2准备安排我顶替孙某君向警方假投案,后孙某君自己接受警察问话,不久孙某君的通缉令被取消。

7. 刘某1供述:作案后,缪某带我和车某某到深圳市范先生(范某彰)处躲藏2个月。之后,不管我是否上班,工资一直照发,后来我还给刘某当了保镖。

8. 孙某君供述:作案后,孙某某安排我到深圳市范先生处躲藏,以公司的名义给我几十万元。2000年,我从深圳回来后,孙某某给我12万元,说是刘某赔我的车钱,还先后给我一辆凯迪拉克轿车和一辆奥迪A8轿车使用。

9. 缪某供述:我在逃的10年间与刘某见过3次面。第一次是在成都市某夜总会;第二次是2002年,孙某某接我到成都市另一夜总会娱乐,我给刘某敬酒时,他一把抱住我,并用手拍着我背部说"你在外面注意安全"。我听后心里很不是滋味,他的意思是要我在外面躲好不要被抓,如果我被抓,刘某、孙某某指使我们杀王某成的事就会暴露。第三次是2009年我被取保候审以后,我和刘某在某市某宾馆大厅坐了半个小时,刘某对我说:"现在好了,你可以好好享受生活,'勇哥'(刘某2)也被通缉了。"我被取保候审后没有事情做,找孙某某帮忙,想在某集团找点事做,孙某某说要请示刘某。孙某某请示刘某后让我到某集团做运输。

证人伍某的证言、孙某某的供述印证了刘某拥抱缪某的情节。

10. 唐某某供述:作案后,我躲到李某3在巴中开的海鲜酒楼工作,公司一直给我发工资。2000年,我找肖某某借了5万元炒股,后他又安排我到深圳市范某彰处做事。

11. 车某某供述:作案后,缪某带我和刘某1到深圳市躲了个把月。2000年我买车做工程时,肖某某借给我2万元,我一直没还。

三、证据特点

本案是一起黑道之间相互争夺势力范围，一方枪杀另一方主要成员以确立己方强势地位，但授意、发动作案的组织者、领导者隐藏在幕后的刑事疑案。其证据特点如下。

（一）查证侦破工作障碍重重

本案中，警方通过现场走访调查，很快就查实了作案嫌疑车辆、为凶手指认被害人的犯罪嫌疑人、案件与某集团有关等事实，前期侦破工作进程顺利，按理说全案破获指日可待。但后来的现实证明，该案却成了一桩十几年悬而未决的疑案。究其原因，主要有三：一是作案的黑社会性质组织强大，通过安排凶手躲藏、销毁作案工具、幕后运作捞人、策划虚假投案、嫁祸于死无对证之人等各种手段干扰警方办案；二是当地警方个别侦查人员充当黑社会性质组织的保护伞，让案件长期束之高阁；三是作案的组织成员反侦查能力较强，既能长期消失于警方视野，也能编造谎言应对警方的讯问。因此，一起看似很容易侦破的案件，通过人为的破坏、取证的懈怠、长期的消耗之后，致使许多证据相继灭失，逐步形成了疑案。

（二）发动者被告人刘某深藏于幕后

该案是一起黑社会性质组织者、领导者、首要分子亲自发动、成员层层分工落实、实施过程组织严密的犯罪案件，发动者即该组织的首要分子刘某只对另一名组织者、领导者孙某某进行授意，孙某某随后只对骨干成员孙某君、缪某发号施令，孙某君、缪某再组织多名组织成员具体实施，体现出发动者与发号施令者分离、发号施令者与组织者分离、组织者与实施者分离、实施者与打探情况者分离，既协同合作，又层层分工、各司其职等特点。其中，具体实施杀人行为的组织成员的涉案事实有较多的证据予以印证，比较容易查清，但幕后发动、指使杀人的组织者、领导者的涉案证据链条较为单薄。如刘某与孙某某之间形成一对一的情形，只要一人不交代，就难以相互印证刘某指使孙某某杀人的涉案事实；孙某某与孙某君、缪某之间也只形成一对二的情形，并且都是当面亲自言语相授，未留下文字记载、电话记录的痕迹。由于刘某自始至终否认其对手下杀害王某成一事知晓，证明其涉案的原始直接证据只有孙某某的供述，故需要通过传来证据和若干间接证据来印证孙某某供述的客观真实性，从而形成一条证实刘某系该案幕后发动者的证据锁链。

四、证据分析

涉案参与人中，同案人孙某某、孙某君、缪某、唐某某、刘某1等人均供认犯罪事实，且其供述与在案其他证据之间能够相互印证，足以认定上述人员的具体涉案事实。但被告人刘某拒不认罪。针对本案的证据特点，现围绕刘某是否参与杀害被害人王某成作如下分析。

（一）案件因危及被告人刘某的重大利益而起

经审查：证人何某、龚某某、李某东、王某福、那某的证言和组织成员肖某某的供述证明，某集团员工何某等人因故持刀砍伤王某成的朋友李某东后，王某成与某集团交涉，并扬言欲炸某集团办公场所、保龄球馆及孙某某乘坐的车辆；肖某某还供述，这件事闹得很大，公司的人都知道，他们还准备跟对方打架。孙某某供述，其从警察那某处得知上述消息后将有关情况向刘某进行了汇报，后根据刘某的指示安排孙某君、缪某教训王某成。二审庭审中，那某出庭作证，进一步证明了案件的起因。上述证据相互印证，足以证实王某成扬言报复某集团是引发本案的真实起因。

通过上述证据可以看出，王某成扬言报复某集团之事在社会上影响很大，某集团多名员工亦知晓；王某成的言行危及某集团的重大利益，而刘某是某集团的实际控制者和所有者，因此，王某成的言行危及的是刘某的利益。对此,孙某某不可能对刘某隐瞒不报。

(二)孙某某证实被告人刘某授意其杀害王某成的证言依法应当作为定案依据

有人可能会提出,孙某某所作刘某指示杀害王某成的供述属于孤证;孙某君、缪某指证刘某参与本案,其信息来源于孙某某,属传来证据,不具有证明力。

经审查:孙某某不仅在侦查阶段多次供称杀害王某成系受刘某指使,其还在一审期间到庭接受调查,并作出相同供述。庭审中,孙某某接受了控辩双方的讯问、发问,并与刘某等人进行了对质,随后控辩双方对孙某某的供述采信与否充分发表了质证意见,故孙某某供述的来源与收集程序合法。孙某某的供述与其他证据能相互印证,其所供王某成因其朋友被某集团员工砍伤而扬言报复某集团的情节与李某东、何某、那某等人的证言相印证;所供其向缪某等人传达刘某教训王某成指示的情节与缪某、孙某君的供述相印证;所供其安排有关人员杀害王某成并向刘某2借用作案枪支的情节分别与罗某刚等人的证言和缪某、孙某君、唐某某等人的供述相印证;所供作案后有关人员向其汇报唐某某朝王某成开了2枪、刘某1开枪未能击发的情节与唐某某、刘某1的供述相印证;所供事后窝藏、资助作案人员的情节与工资表的记载及黄某1、姚某金等人的证言、范某彰、孙某君、缪某等人的供述相印证;所供缪某逃匿期间与刘某相遇、受刘某拥抱的情节与伍某的证言、缪某的供述相印证,故孙某某的供述所证内容客观、真实。综上,孙某某的供述同时具备证据的合法性、客观性、关联性,应当作为定案依据。

孙某君、缪某均供称孙某某向其二人传达了刘某教训王某成的指示。虽然孙某君、缪某对刘某的指证均来自孙某某的转述,属于传来证据,但均经过庭审控辩双方的讯问、发问和质证,并与孙某某所供情节相互印证,其供述取得程序合法,所证内容客观、真实,均应予采信,进一步补强了孙某某所供刘某授意杀害王某成的事实。

从黑社会性质组织的组织结构、管理模式及刘某的行事风格来看，刘某系黑社会性质组织的组织者、领导者及首要分子，其行事较为隐蔽，一般是通过该组织的另两名组织者、领导者孙某某、刘某2向手下传达、贯彻自己意图，而不直接对其他组织成员发号施令。从某集团的运营模式来看，无论刘某是否担任某集团法定代表人，或退居幕后，其始终能对某集团进行有效掌控，而孙某某则是落实刘某指示的执行者。因此，刘某只对孙某某发出杀害王某成指令的情节与刘某的行事风格及其在黑社会性质组织、某集团的地位相符。

（三）事后被告人刘某大力资助作案人员

经审查：（1）孙某某、孙某君、缪某、刘某1等人供述，案发后，孙某君、缪某、刘某1等人被安排到深圳市某广场小区刘某所购房屋藏匿；房屋管理人范某彰证实所有到某广场小区居住的人都经过了刘某同意。（2）孙某某、孙某君、缪某、车某某等人供述，某集团给予孙某君数10万元并提供2辆豪车给其使用，给予缪某70余万元，资助车某某购买运输车辆。上述对作案人员资助的数额巨大，孙某某供称均向刘某汇报过，符合客观事实。（3）工资表和姚某金、赵某波、徐某的证言及孙某某、唐某某、缪某、刘某1的供述证明，孙某某于2010年离开了某集团，但缪某、刘某1的工资持续到2013年6月仍在发放；唐某某多次因犯罪而逃匿，某集团为其发放工资从未间断，事情平息后继续回某集团上班，并得到提拔重用；刘某1逃匿一段时间回到某集团后，还担任了刘某的保镖，之后的10多年，无论刘某1是否上班，均由某集团照发工资。（4）伍某的证言及孙某某、缪某的供述证明，缪某逃匿期间遇见刘某，刘某拥抱了缪某并叮嘱其在外面注意安全。上述证据相互印证，足以证实某集团对作案人员的资助并非孙某某擅自决定，系刘某授意而为。

（四）被告人刘某的辩解不能成立

1.刘某提出：刘某得知孙某君、缪某杀害王某成后进行了检举，警方据此掌握破获本案的线索；刘某与孙某某长期存在矛盾。

经审查：（1）关于检举。刘某在侦查阶段和一审庭审中均供称其检举过孙某某，当公诉机关出示相关证据推翻其供述后，刘某当庭改称其从未检举孙某某，检举的对象是孙某君和缪某，其所作供述前后矛盾；刘某所称知晓其检举行为的证人陈某、杨某国、吴某等均予否认，所称接收检举信的机关和人员均证实未收到其相关举报材料；缪某在逃匿期间曾与刘某见过面，刘某不但没有作出任何报警、举报表示，反而拥抱缪某并叮嘱其注意安全，刘某的该行为与其所称曾举报过缪某的情节明显不符。（2）关于本案的破获。警方出具的材料等证据证明，王某成被枪杀后，警方一是根据证人提供的作案车辆车牌号的线索，发现该车与孙某君有关；二是根据案发前黄某等人曾打探王某成行踪并告知缪某的线索，发现缪某与本案有关，从而认定孙某君、缪某有重大作案嫌疑，证实警方并非根据刘某的举报而掌握破案线索。（3）关于刘某与孙某某的关系。杨某国、孙某等人的证言及孙某某的供述证明，1997年，刘某因遭枪击而怀疑过孙某某等人，但逐步消除了误会，在之后的10多年时间里，刘某一直重用孙某某，安排其在某集团担任要职，两人关系融洽，直到2010年才因经营理念产生分歧而分开，证实刘某所称其与孙某某长期存在矛盾不属实。

2.刘某提出：孙某某、孙某君、缪某在侦查阶段前期均未供述刘某与本案有关，后来相继指证刘某参与，上述三人供述的变化有人为操作的嫌疑。

经审查：（1）该黑社会性质组织成员之前实施多起违法犯罪活动，均未被法律追究，使孙某某、孙某君、缪某认为刘某有"能量"，能摆平事端，且孙某某还追随刘某打拼多年，某集团一直给予孙某君、缪某经济资助，三人或出于情感，或出于恐惧，或出于希望得到刘某继续关照，或对刘某能解救自己心存幻想等因素，不愿或者不敢立即揭发刘某。但随着真相逐步揭露，其心理防线被突破，出于认罪、悔罪而供出刘某，故三人所作供述发生变化，符合一般人从心存侥幸到彻底悔罪的心理规律。（2）随着侦查工作的深入，事实真相不断被发现、被揭露，侦查机关的侦查方向和审讯重点也不断发生变化，经历着案件初步破获、确认实施者、深挖幕后指使者的过程，故孙某某、孙某君、缪某三人所作供述逐步趋于真实，符合侦查工作由浅入深、去伪存真的客观规律。（3）孙某某、孙某君、缪某三人对前后供述变化的原因均作出了较为合理的解释，且后来所作供述稳定，并在一、二审庭审时作出相同的供述。故应当采信三人与庭审相符的供述。

综上所述，被告人刘某指使孙某某组织人员杀害王某成的事实清楚，证据确实、充分，足以认定。

案例四：直接凶手死亡　间接证据结合技侦资料锁定共谋人——被告人尤某某故意杀人疑案解析

案件疑情提示：直接实施杀人行为的凶手死亡；被告人深藏于幕后，故意制造其不在作案现场、没有参与杀人的假象；无人直接证实被告人参与杀人；被告人认罪后翻供，其有罪供述能否采信；如何运用技侦资料；如何排除案件疑点……

一、发案、破案情况

2013年12月23日17时许，XX省XX市某区某镇甲村治保主任张某琼电话向警方报警，称甲村二组村民韩某立死于村民周某某老屋场后的路上，死者后脑有伤。接到报案后，警方当即派员赶赴现场，经初步调查确认韩某立死于他杀。

在侦查过程中，技术人员在死者衣袋中找到一部手机，经对手机初步勘验，发现该手机最后的联系人系死者儿子韩甲和同组村民韩某新。但韩某新于案发后失踪。侦查人员将韩某立和韩某新的电话上报XX市公安局技侦支队进行技术侦控。23日晚，技侦支队向侦查人员反馈，韩某新和一个叫尤某某的人可能有作案嫌疑，务必重点排查。侦查人员遂安排民警围绕韩某新、尤某某进行调查取证，发现以下疑点：（1）案发前韩某新曾邀约死者一起到死者岳父家帮忙打铁，但死者岳父称不知此事；（2）韩某新平时与尤某某关系密切，案发前后两人通话频繁，但侦查人员就此对尤某某进行询问时，尤某某予以否认，表现反常；（3）韩某新在案发后下落不明，手机关机；（4）尤某某与死者之妻黄某某有不正当男女关系；（5）12月24日，技侦人员到现场协助侦破，通过手机基站位置显示，查明案发当日凌晨韩某新和死者遇害现场的手机基站位置有过重合，下午韩某新和尤某某两人手机基站位置有过重合，而且韩某新手机关机的基站位置和尤某某家的位置重合。

侦查人员几次传唤尤某某进行询问，尤某某均否认对被害人韩某立被杀之事知情，并否认案发前后与嫌疑人韩某新有过联系，明显与侦查掌握的情况不符。12月25日下午，侦查人员依法对尤某某传唤审查。当晚8时许，尤某某交代了犯罪事实：案发前，尤某某与被害人之妻黄某某长期保持不正当男女关系，韩某新也喜欢黄某某，想和黄某某结婚成家，尤某某便利用韩某新想和黄某某结婚成家的心理，伙同韩某新多次预谋杀害被害人。2013年12月22日早晨，两人经过预谋后，韩某新于当日趁黄某某外出走亲戚之机，准备动手杀死被害人，因没有机会而未得逞。当晚，尤某某和韩某新再次电话商量，由次日韩某新邀约被害人外出打铁，然后在路上将其杀死。12月23日7时许，韩某新以打铁为由，电话将被害人骗出，当两人行至本村一偏僻处时，韩某新趁被害人不备持木棒将其打死。案发后，尤某某为了掩盖其参与合谋杀人的犯罪事实，采用威胁、恐吓等手段逼迫韩某新喝农药自杀，唆使韩某新喝农药后逃往深山老林。

12月25日下午，侦查人员组织警民在中心现场周边搜索，找到疑似作案的工具：1根木棒和1把螺丝刀，通过技术实验室检测化验，木棒和螺丝刀上有死者的DNA分型，螺丝刀上还检出韩某新的DNA分型，木棒与死者头部致命伤情相吻合，螺丝刀与死者面部伤情相吻合，证实木棒和螺丝刀系作案工具。12月27日警方组织民警、民兵及村民百余人，根据尤某某的指认，在韩某新喝药逃离的山林中搜索，历时3天，由于山高林密等原因，未搜索到韩某新或尸体。2014年1月，案发地开始降雪，侦查人员虽先后几次组织百余警民搜山，但仍无所获，后通过张贴通告、广播悬赏、上网追逃等方式发动群众协助搜索韩某新。直到5月11日，某镇乙村一村民在甲村与乙村交界处的某山林中发现一具高度腐败的尸体而报警。经查对手机、身份证等遗物并经DNA鉴定，确定死者就是韩某新。至此，本案告破。

二、在案证据

围绕被害人韩某立被杀、杀死韩某立的嫌疑人韩某新已死亡等事实，警方和检方收集了若干证据，并经庭审举证、质证，归纳如下。

（一）证明嫌疑人韩某新持械杀死被害人韩某立及案发后韩某新死于山林的证据

1. 证人黄某某（韩某立的妻子）、周某林的证言证明：2013年12月23日下午4时许，黄某某等人在周某林家闲玩，聋哑人周柏某过来朝黄某某比画，告知韩某立被害。众人随即赶到现场，发现韩某立已死亡。

证人张某琼（甲村治保主任）的证言证明：其得知韩某立死亡后当即报警。

警方接处警登记表、立案决定书等材料，印证了上述案发情况。

2. 现场勘验检查笔录及照片、提取物证登记表等材料证明：现场位于XX省XX市某区甲村二组一山林小路的空地处，该处有1具侧卧状的男尸，尸体头部处地上有血泊，尸体附近地上和落叶中有1个某品牌烟蒂和1把平口螺丝刀，附近枯树叶上有喷溅状血迹，距尸体31m处坎边有一根黏附有大量血迹的木棒。从现场提取了血迹、木棒、螺丝刀、烟蒂。

刑事科学技术鉴定意见及补充说明材料证明：（1）死者韩某立头部有多处挫裂创和多处挫伤痕，左耳郭有1处方孔缺损，左面部和双眼睑有青紫和肿胀及骨折，左颞面部有10cm×8cm面积皮下出血，双眼和两鼻腔及左外耳道、口唇黏膜大面积挫伤出血，下颌骨粉碎性骨折，头部颅骨有大面积粉碎性骨折、硬脑膜破裂，广泛性蛛网膜下腔出血，左颞叶脑挫伤。韩某立系被他人用钝器致伤头部，因严重颅脑损伤死亡。（2）死者韩某立左耳郭上方孔状损伤为相对锐利工具形成，左耳前及左眼外凹陷性类圆形挫伤系接触面呈类圆形钝器所致，现场提取的平口螺丝刀可以形成；其左耳根、右后枕颈部及右眼眶外侧损伤均为挫裂创，创缘不整齐，创内有组织间桥，其右后枕顶部条状挫裂伤，创缘见挫伤带，左侧颞肌大面积出血，左侧颞骨呈凹陷性粉碎性骨折，颅底广泛性粉碎性骨折，其致伤工具为有一定长度，易于挥动的条状钝器，现场提取的木棒可以形成。（3）死者韩某立胃内食物已排空。

司法鉴定中心（DNA个体识别）鉴定意见：现场提取的某品牌烟头、现场地面及螺丝刀接合部、木棒上的血迹等均检出男性成分，经15个STR分型未排除韩某立，支持为韩某立所留，不支持其他随机个体所留；从螺丝刀刀柄上检出男性成分，其DNA分型与韩某新家提取的内裤上的DNA分型一致；在排除双胞胎和近亲的前提下，螺丝刀刀柄上检出的DNA分型与韩某新母亲黄某香血样的DNA分型符合单亲亲缘关系，从遗传学角度已经得到科学合理的确信。

辨认笔录及照片证明：韩某新侄儿韩某福经混杂辨认，确认现场提取的螺丝刀系韩某新平时修理摩托车的工具。

3.现场勘验检查笔录及照片证明：2014年5月11日，群众发现韩某新尸体而报警。现场位于XX省XX市某区某镇乙村与甲村交界处的某山林一斜山坡处。该处有1具仰卧状尸体。尸体上半身已白骨化，无头颅。从死者衣服内提取韩某新及其父亲韩某贵的身份证件、韩某贵社保卡一张、韩某新手机一部、钥匙一串。次日，在尸体附近发现一已白骨化的人体颅骨。

司法鉴定中心（DNA遗传关系）鉴定意见：警方提取该男尸指甲及韩某新母亲黄某香的血样进行DNA亲缘关系鉴定，在排除双胞胎和近亲的前提下，上述男尸指甲的DNA分型与黄某香血样的DNA分型符合单亲亲缘关系，从遗传学角度已经得到科学合理的确信。

4.通话记录及技侦说明证明：2013年12月22日20时34分许，韩某新的手机139××××××3主叫韩某立的手机通话118秒；23日7时许，韩某新的手机主叫韩某立的手机通话61秒；案发当日凌晨韩某新的手机基站位置与韩某立被害现场有过重合。

5.证人周某林、郝某某、周某成的证言证明：2013年12月22日晚，

韩某立在周某林家告诉周某成,原本打算次日帮周某成耕田的计划要推迟,因为韩某新约他一起到他岳父家打铁。

证人黄甲(韩某立的岳父)的证言证明:2013年12月16日之后韩某立、韩某新均没有与其联系过。

6.证人黄某某、韩甲(韩某立的儿子)的证言证明:2013年12月22日,其两人去走亲戚赶礼,韩某新原来说好一起去的,但临行时改变主意,称其母亲生病了,让黄某某带去100元礼金。韩甲的证言还证明:当晚其母黄某某称去检查身体,其留宿于亲戚家。23日7时15分,其父韩某立打电话让其转告黄某某,韩某新会到甲村大桥接她,其打黄电话未通,约7时23分回电话转告韩某立。从8时14分开始,其陆续跟韩某立打电话,均无人接听。

通话记录印证了韩甲所证相关情节。

7.证人程某红的证言证明:2013年12月23日6时许,韩某新起床外出,下午4时许接电话后又外出,后失联。

8.被告人尤某某供述:案发当天下午,我回村与韩某新见面后,他告诉我持木棒打死了韩某立,我告诉他杀人是要偿命的,韩某新有些害怕,表示要自杀,我问他怎么自杀,他说以前兑农药的酒还没有喝。后我们再次见面,我感觉韩某新喝了酒,随后他从我家旁边爬上山了。

(二)证明被告人尤某某参与作案的证据

1.关于杀人动机。

(1)证人黄某某的证言:我与尤某某长期有不正当男女关系。2013年春,尤某某安排我与韩某新发生性关系后,劝说我与韩某新结婚,遭我拒绝。同年12月22日下午,我借口离开亲戚家,当晚与尤某某同宿于某招待所,次日早起床前尤某某抱着我说"要是一直这样就好了"。韩某新智商不高,有点耳聋,特别听尤某某的话。

(2)证人杨某某(尤某某的情妇)的证言:我与尤某某自2012年冬起

断断续续同居。我有家庭，没有离婚，尤某某知道这个实际情况。尤某某、韩某新与黄某某都有不正当男女关系。韩某新没文化，有点耳聋、结巴，他跟着尤某某在矿上打工，两人交往密切。

（3）证人谭某奎、董某华等的证言证明：尤某某与黄某某有不正当男女关系；韩某新智商低，有点耳聋、结巴，平时与尤某某关系好，听尤某某的话。

（4）被告人尤某某在侦查阶段供述：我想长期和黄某某保持男女关系，韩某新想和黄某某结婚，我们因此谋划杀死韩某立。如事情成功，黄某某和韩某新在一起，我和黄某某发生性关系就方便一些，因韩某新比较大方且其杀人之事我知晓；如事情败露，坐牢的是韩某新，我仍然可以与黄某某在一起。

2. 关于杀人谋划与实施。

（1）证人黄某某的证言：2013年12月17日，尤某某、韩某新等人帮我家砍树，尤某某用电锯锯断的一棵大树突然朝韩某立所处位置倒下来，我急忙喊韩某立避让，才避免事故发生，案发后才知道尤某某是故意要杀死韩某立；韩某立本来说好与韩甲一起去走亲戚的，但在21日晚改变主意，称其要帮周某成家耕田，让我和韩甲去亲戚家，我回家后得知他和韩某新一起打铁去了；韩某新本来说好和我们一起去亲戚家赶情的（当地方言，为红白喜事送钱、送贺礼），但后来以其母亲生病为由让我带礼金过去；案发前尤某某对我行踪特别清楚，走亲戚那天，尤某某不停地打电话缠着要与我约会，我打电话让韩某新送我下山乘车时，发现他就在尤某某家附近；12月22日晚，我来到本区与尤某某同居于某招待所。

证人韩甲的证言印证了韩某新临时改变计划没有一起去走亲戚及案发前尤某某锯断的一棵大树差点压着韩某立等情节。

证人周某林、周某成等的证言印证了韩某立临时改变计划推迟帮周某成家耕田而与韩某新一起去打铁等情节。

证人杨某翠、李某珍的证言及辨认笔录，印证了2013年12月22日晚

尤某某和黄某某同宿于本区某招待所等情节。

（2）通话记录记载：案发前后，尤某某手机159××××××2与韩某新手机139××××××3联系频繁。具体通话清单如下：

2013年12月21日晚两人联系5次：18时57分40秒，尤某某主叫韩某新通话11秒；20时27分31秒，尤某某主叫韩某新通话30秒；21时1分26秒，韩某新主叫尤某某通话122秒；21时7分37秒，韩某新主叫尤某某通话62秒；21时20分5秒，尤某某主叫韩某新通话19秒。

22日两人联系12次：7时6分32秒，韩某新来电短信提示尤某某；7时8分6秒，尤某某主叫韩某新通话33秒；7时34分29秒，尤某某主叫韩某新通话76秒；8时29分49秒，尤某某主叫韩某新通话140秒；8时55分23秒，韩某新主叫尤某某通话15秒；9时50分33秒，尤某某主叫韩某新通话9秒；13时40分25秒，韩某新来电短信提示尤某某；14时21分49秒，韩某新主叫尤某某通话48秒；16时7分22秒，韩某新主叫尤某某通话22秒；20时5分17秒，韩某新主叫尤某某通话47秒；20时32分52秒，韩某新主叫尤某某通话74秒；20时45分52秒，尤某某主叫韩某新通话120秒。

23日两人联系12次：8时41分15秒，韩某新来电短信提示尤某某；8时45分30秒，尤某某主叫韩某新通话70秒；10时17分47秒，韩某新来电短信提示尤某某；14时58分47秒，韩某新来电短信提示尤某某；15时2分46秒，韩某新主叫尤某某通话47秒；15时3分53秒，尤某某主叫韩某新通话20秒；16时45分20秒，尤某某主叫韩某新通话32秒；16时56分29秒，韩某新主叫尤某某通话59秒；17时2分45秒，尤某某主叫韩某新通话32秒；17时11分44秒，尤某某主叫韩某新通话11秒；17时12分26秒，韩某新主叫尤某某通话6秒；17时19分57秒，尤某某主叫韩某新通话22秒。

技侦情况说明：23日16时45分和17时11分，通过基站位置侦测尤某某、韩某新位置均有重合；17时26分，韩某新手机关机基站位置与尤某某结束通话基站位置重合，现场侦测显示就在尤某某家附近；随后韩某新关机，再无任何通话记录。

（3）被告人尤某某在侦查阶段供述：2012年春，韩某新在我家与黄某某发生了性关系。同年7月初，韩某新说喜欢黄某某，我说她已有男人，你自己采取措施。韩某新说把黄某某的丈夫韩某立杀了，我说今年不能搞，因杨某某在我家，怕她知晓。2013年11月，杨某某知道我和黄某某的事后，对我变得冷淡，韩某立也发现了我和黄某某的关系，我的机会更少，于是我再次产生杀死韩某立的想法。12月6日，杨某某回利川，韩某新问我有没有与黄某某发生关系，我趁机说杨某某过两天要过来，反正我有女人，可惜他没有；又故意说黄某某很温柔，也很喜欢他，只要把韩某立杀了，黄某某就会嫁给他；还说"你还年轻，结婚后可以生个小孩，以后的日子会很快活"，韩某新说不知道怎么搞。我策划三种方案：一是往酒里兑农药毒死韩某立，但韩某新没有找到与韩某立单独喝酒的机会；二是利用帮韩某立家砍树的机会，在掀柴时将韩某立压死，因当时在场的人太多，担心暴露而未下手；三是约韩某立去打铁，路上将其杀死，我让他在某处用扳手砸死韩某立，然后把尸体丢到滩里。

12月17日上午，韩某立喊我和韩某新帮他到山上砍树，在场的还有韩某立的儿子和他的哑巴哥哥周柏某。掀柴时，韩某新给我使眼色，朝韩某立努嘴，意思要动手。我见在场的人太多，很容易暴露，所以赶紧眨眼睛、摇头，示意放弃。那天险些发生意外，我在坡上放倒的一棵大树朝坡下的韩某立倒去，我及时喊他避开了。

12月19日下午，我约韩某新到黄某某家锯木材，韩某新趁机与黄某某发生了性关系。20日下午，韩某新到我家问什么时候动手，我说："22日韩某立会去赶情，你跟着去，回来找机会动手。"他说："我车上有扳手，可以趁天黑没人时动手，打他头部。"我说："要搞就把他搞癌（搞死）。"我问他如果回来天气早怎么办，他说把韩某立带到某街拖延时间，天黑时拖到某河处搞死，然后把尸体丢到河里。我说："如果他不去赶情或者在某河那里搞不成，22号就把他骗到山上帮他拖树用树砸死，可以伪装成意外事件；如果不拖树，改天以打铁为由把他骗出去下手，不然就只有等到明年他跟着我们去挖矿时动手。"他说明年太迟了，问我到底赶情是谁去，我说是韩某立和他儿子去，他说如果是黄某某去就让她把自己的礼金带去（意思他可以在家找机会动手）。

22日早，韩某新来我家，我问他赶情是谁去，他说是黄某某和韩甲去，他的礼金让黄某某带过去。于是，我约黄某某当晚见面。下午，我让韩某新骑摩托车送我到二郎庙乘车，我在换洗衣服时，他说当晚去韩某立家将他喝醉，把哑巴支走后动手。我问要是晚上搞不好怎么办，他说那就约他明天去打铁，在回来路上动手。当晚，我和黄某某住某旅社318房。晚饭时，韩某新打我电话问我是不是和黄某某在一起。回旅社后我到公共卫生间跟韩某新打电话，他说"今天不行了，我明天约他去打铁"。5分钟后他打电话过来告知"约好去打铁了"。我说："要搞就搞好，如果明天搞好了你就打电话说行了，如果没成功就说没有。"

23日早，我开机时发现有3个韩某新打来电话的短信提示，我主动打电话过去，他说"行了"，我就知道他已经把人杀了。我回村大约是下午3点钟，打电话喊韩某新过来后，我问他怎么搞的，他说搞好了，在大老林那里搞的。我问有没有人看见，他说当时别人都没起床，没人看见。我问是如何搞死韩某立的，他说是用木棒打的，照着脑壳一下就搞死了，还说确认是搞好了，因为韩某立的鼻孔在流血。我问是不是把木棍丢在跟前，他说把木棍丢得很远。我说去黄某某家以拿腌菜的名义打探一下。我在周某林家找到黄某某后，哑巴发现韩某立尸体过来告知，遂案发。从现场回家5点钟左右，我打电话让韩某新过来，说已经报案了，肯定能够查出来，被抓住是要枪毙的，他被吓住了，主动说喝药自杀算了。我问他家里是不是有药，他说有，放在杂屋里，我说那你自己回去喝药。我想只要他喝药死了，就没有人说出我和他商量谋杀韩某立的事情，他杀人我又没有作案时间，这个事情就查不到我头上来。我又来到现场附近，当时事情已经闹大了，我内心害怕，又回去确认韩某新是不是喝农药了，我又跟他打电话，叫他马上来我家，我问他是不是真的喝农药了，他说喝了一大口，喝了农药后还喝了一口酒。我闻到他嘴里有酒味，心里才相对踏实些。韩某新问我他父母怎么办，我说："两个老人你两个姐姐一人养一个，这是原来分家就分清楚了的，我买农具还欠你500元，可以给老人买米。"他说那就托付给我了，我说把韩某立安葬后再找他的尸体也埋了。出门时我问他去哪里，他说去老林子那边，接着他从我家旁边平时我溜柴火的地方爬上山去了。

三、证据特点

本案是一起杀人作案凶手已死亡、被告人躲在幕后参与杀人预谋的刑事疑案。其证据特点如下。

（一）证明凶手韩某新持械杀害被害人韩某立的证据确实、充分

主要表现在：（1）现场勘验检查笔录、鉴定意见等证据证明，韩某立被害后，警方从现场提取黏附血迹的螺丝刀1把，经鉴定确认血迹系死者所留，证实该螺丝刀为作案工具。（2）鉴定意见还证明，从现场提取的螺丝刀刀柄上还检出另一男性成分，其DNA分型与韩某新家提取的内裤上的DNA分型一致，且与韩某新母亲黄某香血样的DNA分型具有单亲亲缘关系；韩某新的侄儿韩某福经混杂辨认，确认该螺丝刀系韩某新平时修理摩托车的工具，证实作案工具螺丝刀系韩某新持有之物品。（3）通话记录记载，在韩某立被杀的时间节点，韩某新与韩某立发生过通话，且韩某新的手机与韩某立被害现场的手机基站位置有过重合，证实韩某立被杀时是与韩某新在一起，且韩某新到过杀人现场。（4）多名证人的证言证明，韩某立于被杀前一天晚上，称其与韩某新已约好，两人将于次日外出打铁，亦印证了死者是与韩某新在一起时被杀等情节。（5）尤某某供称，案发后，韩某新告知其持木棒打死了韩某立并喝农药逃进深山，该供述与现场提取木棒1根，经鉴定确认是作案工具之一及韩某新的尸体也在山上被发现等情节相符。上述证据相互印证，足以证实韩某新系杀害韩某立的直接凶手。

（二）证明被告人尤某某参与作案的方式隐蔽、证据较为单薄

主要表现在：（1）在案证据证实韩某立被杀时尤某某与黄某某在村外约会，尤某某不可能到达犯罪现场直接参与杀人作案；（2）凶手韩某新死亡，其与尤某某之间预谋杀人的具体情况只有尤某某的供述，无法进行对证；（3）凶手韩某新死亡的死因无法鉴定，无法印证尤某某所供"恐吓凶手迫使其喝药自杀"等情节；（4）没有其他人能够证明尤某某参与了杀人共谋和策划，也没有提取到相关的物证、书证、视听资料等证据；（5）尤某某与韩某新之间的联系情况只有通话记录，没有短信留存、通话录音；（6）尤某某参与杀人的直接证据只有尤某某的有罪供述，但尤某某时供时翻。因此，需要将证明尤某某有作案动机并曾涉嫌针对被害人实施杀人行为未能得逞的证人证言、尤某某与凶手韩某新的通话记录、技侦资料等间接证据，与尤某某的有罪供述等直接证据相互对应、综合分析，从而作出尤某某是否参与杀人等事实的认定。

四、证据分析

依据在案证据，能够认定被告人尤某某参与了杀害被害人韩某立的预谋。现针对上述证据特点，作如下分析。

（一）审查案件的侦破情况

案件的侦破经过包括破案思路、线索来源、取证过程、破案依据、抓获犯罪嫌疑人并取得口供等情况，可以反映出警方破案是否自然、是否有作案嫌疑、是否有刑讯逼供等问题。因此，审查案件的侦破情况是审理疑案的重要步骤之一。本案中，案发当日，侦查人员在现场提取了被害人韩某立的手机，发现除韩某立在外赶礼的儿子韩甲外，其最后一个联系人是嫌疑人韩某新；相关证人证明韩某立称其当日要与韩某新一起外出打铁；案发后韩某新离奇失踪，故警方认定韩某新有重大作案嫌疑。警方对韩某立和韩某新的电话进行技术侦控时，发现韩某新与尤某某在案发前后联系频繁，案发当日下午韩某新和尤某某两人手机基站位置有过重合，韩某新手机关机的基站位置和尤某某家的位置重合，且尤某某与被害人之妻长期保持不正当男女关系，故认定尤某某亦有作案嫌疑。侦查人员对尤某某进行多次询问，尤某某对其与韩某新案发前后频繁联系及案发前一天与黄某某约会等情况予以否认，明显与警方掌握的事实不符。2013年12月25日下午，警方依法对尤某某进行传唤审查。当日20时许，尤某某作了有罪供述，称其和韩某新与黄某某均有不正当男女关系，其利用韩某新想和黄某某结婚成家的迫切心理，唆使韩某新杀人，之后又恐吓韩某新喝农药后逃进深山自杀。根据尤某某的供述，警方组织人员搜索韩某新，由于山高林密、天寒下雪等原因，未搜索到韩某新。数月后，当地村民在该山体的某山林处发现韩某新的尸体。整个破案过程自然、清晰，合乎逻辑。

（二）梳理核心证据

根据本案的证据特点，不可能在现场查找到被告人尤某某作案时留下的蛛丝马迹，也找不到证人指证尤某某参与杀人作案，只能从尤某某具有作案动机、曾涉嫌实施杀人未遂行为、案发前后与杀人凶手频繁联系等间接证据，梳理出一条与其有罪供述相互印证的核心证据链条，以证实尤某某参与杀害韩某立的事实。本案中，指证尤某某参与作案的证据主要有如下四方面：

1. 尤某某有除掉情妇丈夫的作案动机。黄某某等多名证人证明尤某某系单身大龄男子，与黄某某长期保持不正当男女关系，凶手韩某新也是单身男子，对尤某某言听计从。特别是，黄某某的证言还证明，尤某某安排其与韩某新发生关系并劝说其与韩某新结婚。

2. 尤某某曾涉嫌实施针对被害人韩某立的杀人行为。证人黄某某、韩甲的证言证明：2013年12月17日，尤某某、韩某新等人帮韩某立家砍树，

尤某某用电锯锯断的一棵大树突然朝韩某立所处位置倒下来，黄某某急忙喊韩某立避让，才避免事故发生，案发后才知道尤某某是故意要杀死韩某立。尤某某对险些发生事故的事实并不否认，只是辩称其并非有意而为。

3. 案发前后处于同村的尤某某与凶手韩某新电话联系频繁。通话记录及技侦资料记载，案发前尤某某与韩某新频繁进行电话联系，21日晚至22日晚，20多个小时之内两人电话联系多达17次，特别是案发前一天晚上，尤某某有意避开黄某某与韩某新通话3次；作案后韩某新与尤某某电话联系多达12次，并多次会面，特别是韩某新杀人后当即与尤某某进行了电话联系。

4. 被告人尤某某的8次有罪供述。其有罪供述非常具体，涵盖了作案动机、事前策划、着手实施、善后处理、凶手逃离等整个过程。其中，22日晚，两人的3次通话，包括韩某新告诉其将于第二天邀约韩某立外出打铁，路上伺机将韩某立杀死以及杀人得逞后及时向尤某某告知"行了"、未得逞则告知"没有"等内容；23日早晨，两人的通话系韩某新杀人后告知尤某某"行了"等内容；23日下午，两人的通话及技侦资料反映尤某某回到村里后多次与韩某新见面商量等情况。

上述证据中，第一方面的证据证明尤某某有为了方便与情妇黄某某通奸而除掉其情妇丈夫韩某立这个障碍的动机，为了除掉韩某立，尤某某费心安排杀人凶手韩某新与黄某某发生了两性关系，使之对黄某某产生感情而滋生杀人之念，再通过自己对韩某新的控制达到自己的目的，但尤某某这种主观的心理活动只有其本人的供述；第二方面的证据证明曾涉嫌利用帮助韩某立家伐木之机，意图制造树木倒塌砸人的事故杀害韩某立，但尤某某辩称虽有事故险些发生的情况，但并非其故意而为，该条证据只能证实尤某某有杀害韩某立的嫌疑，尚不能确实、充分地指证尤某某实施故意杀人犯罪；第三方面的证据通过案发前后不到2天时间，尤某某与杀人凶手之间频繁联系数十次，韩某立被杀后尤某某与杀人凶手多次会面等情况，足以证明尤某某对韩某新被杀案知情；第四个方面的证据直接证明尤某某不仅对韩某新被杀案知情，而且自己还参与了杀人共谋。四方面的证据相互印证，组合形成了一个严密的证据体系，经过逻辑推理、情理分析，足以证实尤某某参与了杀人预谋。其中最为关键、最为核心的是第三、第四方面的证据，两方面的证据相互照应，将尤某某涉案的事实充分还原、全貌展现。

（三）找寻先供后证及有关隐蔽细节的证据

本案中，尤某某供述了许多隐蔽细节且有些细节属于先供后证。例如，尤某某供述欲制造砍树时树木倒塌事故杀死韩某立、韩某新杀人后逃进本村山林等情节，系其先供述后警方再进行查证确认的；其供述韩某新的杀人工具为木棒、打击部位系头部、作案后将木棒丢得比较远、在外出打铁路上作案、作案时间为案发当日早晨、韩某新为杀人改变计划不去走亲戚等情节，均属于隐蔽细节，自己如果不亲身经历，是编造不出来的，也是侦查人员无法通过个人的主观臆测而对尤某某进行诱供而形成的。

（四）确认被告人的有罪供述能否作为定案依据

本案中，由于凶手死亡、痕迹物证缺乏等因素，被告人尤某某的有罪供述显得至关重要，成为制约本案成立与否的关键。只有在尤某某的有罪供述能够作为定案依据的情况下，才能将在案的其他间接证据串联起来，从而形成完整的指证尤某某参与杀人犯罪的证明体系。对于尤某某有罪供述能否作为定案依据，拟从证据的合法性、客观真实性、关联性等方面进行审查确认。

1. 关于被告人尤某某有罪供述的合法性。

（1）卷宗材料反映，尤某某在侦查期间作过多次有罪供述，且在检察机关、一审庭审中供认其参与部分杀人预谋，即提议制造树木倒塌事故杀人、商定韩某新杀人后打电话向其告知。（2）讯问录音录像、采取强制措施材料等证据反映，尤某某于25日下午被传讯后，当晚8时许即开始招供；送看守所羁押前，警方对尤某某有指示问供、诱导、斥责、训诫等言行,但没有对其实施殴打或者变相肉刑等暴力手段。(3)尤某某供称羁押前侦查人员连续两天两夜不让其睡觉,审讯时对其拍桌子,但没有对其实施殴打行为。(4)体检记录证明尤某某送看守所羁押时体表无外伤。综上,警方在审讯尤某某时没有严格依法,确有瑕疵,但尚不足以导致尤某某有罪供述的排除。理由是:第一,《严格排除非法证据规定》第2条、第3条规定,采取殴打、违法使用戒具等暴力方法或者变相肉刑的恶劣手段,或者采用以暴力或者严重损害本人及其近亲属合法权益等进行威胁的方法,使犯罪嫌疑人、被告人遭受难以忍受的痛苦而违背意愿作出的供述,应当予以排除。本案中,警方没有对尤某某采取暴力、变相肉刑或以此相威胁的手段逼取尤某某的供述;尤某某在被传讯数小时后即作出有罪供述,而不是在历经疲劳审讯之后被迫作出有罪供述,亦不属于"遭受难以忍受的痛苦而违背意愿作出的供述"。第二,尤某某在看守所羁押期间作过多次有罪供述,以及在检察机关、一审庭审中曾经供认部分罪行。供述的部分关键情节如伐木制造事故、凶手逃进山林等,都是在警方没有掌握的情况下由尤某某先供后证。尤某某供述的有些情节与其他证据不符或尤某某拒不供述,如螺丝刀系杀人工具之一,但尤某某只供述韩某新告知其持木棒杀人;证人杨某某证明案发后尤某某指使其作假证,但尤某某不承认等,侦查人员均如实记录。表明尤某某的有罪供述确系其真实意思表示,警方、检察机关没有强迫尤某某自证其罪,故尤某某有罪供述的取得是合法的。

2.关于被告人尤某某有罪供述的客观真实性、关联性。

(1)尤某某的庭前供述与其他证据相互印证,已形成证据锁链,足以证明尤某某参与杀人作案的事实。

尤某某供述其和韩某新为了与黄某某结婚或通奸方便而欲杀害黄某某的丈夫韩某立的作案动机,与多名证人证明黄某某与尤某某、韩某新有不正当男女关系及证人黄某某证明其与韩某新之间的不正当男女关系系尤某某特意安排并促成的证言相符。

尤某某供述其与韩某新曾策划制造树木倒塌砸人事故杀死韩某立的

情节，与证人黄某某、韩甲证明尤某某锯断的大树差点砸中韩某立的证言相符。

尤某某供述其在案发前与韩某新商议欲趁韩某立或其家人走亲戚之机杀死韩某立并为此调整杀人方案的情节，与通话记录记载2013年12月21日至22日尤某某与韩某新频繁发生电话联系和证人黄某某、韩甲证明案发当日韩某新临时改变计划不去走亲戚的证言相符。

尤某某供述其为证明自己没有作案时间而与黄某某外出约会的情节，与证人黄某某、李某珍等人的证言相符。

尤某某供述2013年12月22日晚其有意避开黄某某与韩某新电话联系，韩某新称当晚没有下手机会，欲于次日在打铁路上杀死韩某立等情节，与通话记录记载当晚8时5分至45分，尤某某与韩某新通话3次，通话时间均较长，分别为47秒、74秒、120秒的情况和证人周某成等人证明当晚韩某立临时改变计划不去帮人耕田而与韩某新相约去打铁及证人黄某某证明其对尤某某与韩某新当晚之间的电话联系毫不知情的证言相符。

尤某某供述案发当日早晨其开机发现有韩某新打来电话的短信提示后，即打电话给韩某新，韩某新告知"行了"，其即明白韩某新杀人成功等情节，与通话记录记载当日8时41分韩某新来电短信提示尤某某、8时45分30秒尤某某主叫韩某新通话70秒的情况相符。

尤某某供述案发当日下午其回村后，开机发现有韩某新打来电话的短信提示后，即打电话让韩某新过来询问作案情况等情节，与通话记录记载当日14时58分韩某新来电短信提示尤某某，15时2分46秒韩某新主叫尤某某通话47秒，15时3分53秒尤某某主叫韩某新通话20秒，电话基站显示两人均在樟村坪镇甲村等情况相符。

尤某某供述案发当日下午两人见面后，韩某新告知作案时间是当日早晨，周围人还没有起床，其用木棒打击韩某立头部致其死亡，事后将木棒丢弃较远等情节，与证人韩甲证明案发当日7时15分、23分其与韩某立两次通话，之后再打电话过去时韩某立手机处于无人接听状态的证言及通话记录

和现场勘验检查笔录记载在离韩某立尸体较远处的坎边提取作案木棒等情况相符。

尤某某供述案发当日下午,其与韩某新多次见面互通情况的情节,与通话记录记载当日16时45分20秒尤某某主叫韩某新通话32秒,16时56分29秒韩某新主叫尤某某通话59秒,17时2分45秒、17时11分44秒、17时12分26秒、17时19分57秒两人4次通话后再无联系和技侦资料证明通话时两人基站位置有过重合、韩某新手机关机的基站位置与尤某某家的位置重合等情况相符。

尤某某供述案发后韩某新逃进山林,与现场勘验检查笔录记载韩某新尸体在该山体的董家槽处被发现等证据相符。

附:尤某某159××××××2与韩某新139××××××3之间的通话及分析。

① 21日:18时57分40秒,尤某某主叫韩某新11秒;20时27分31秒,尤某某主叫韩某新30秒;21时1分26秒,韩某新主叫尤某某122秒;21时7分37秒,韩某新主叫尤某某62秒;21时20分5秒,尤某某主叫韩某新19秒。

尤某某供述:当晚除9时许收到韩某新的来电提醒短信外,两人没有电话联系。

分析:当晚两人通话5次,且晚9时许2次通话分别长达2分钟、1分钟,极有可能是两人商量如何作案,尤某某所供不实。

② 22日白天:7时6分32秒,韩某新短信提示尤某某;7时8分6秒,尤某某主叫韩某新33秒;7时34分29秒,尤某某主叫韩某新76秒;8时29分49秒,尤某某主叫韩某新140秒;8时55分23秒,韩某新主叫尤某某15秒;9时50分33秒,尤某某主叫韩某新9秒;13时40分25秒,韩某新短信提示尤某某;14时21分49秒,韩某新主叫尤某某48秒;16时7分22秒,韩某新主叫尤某某22秒。

尤某某供述:确认是谁去赶情而调整杀人计划及让韩某新送其下山乘车。

分析:当天白天两人通话或短信提示9次,从频繁的联系来看,印证了尤某某所供趁黄某某母子外出赶情之机,尤与黄在外约会,韩某新则留在家里对韩某立下手的情节。

③ 22日晚:20时5分17秒韩某新主叫尤某某47秒;20时32分52秒,韩某新主

叫尤某某74秒；20时45分52秒，尤某某主叫韩某新120秒。

尤某某供述：晚8时许与黄某某见面吃晚饭时，韩某新打电话问我是不是跟黄某某在一起，我说是在一起吃饭，他让我帮他带包复合肥。回旅社后，我到公共卫生间跟韩某新打电话，他说："今天不行了，我明天约他去打铁。"5分钟后他打电话过来告知约好明天去打铁，我说："要搞就搞好，要不就不搞，如果明天搞好了你就打电话说行了，如果没成功就说没有。"

分析：尤某某的供述与通话记录基本能相互印证。

④23日上午：8时41分15秒，韩某新短信提示尤某某；8时45分30秒，尤某某主叫韩某新70秒；10时17分47秒，韩某新短信提示尤某某。

尤某某供述：23日早开机时发现有3个韩某新打来电话的短信提示，我主动打电话过去，他说"行了"，我明白他已把人杀了，随后我电话自动关机。

分析：首先，尤某某的供述与通话记录基本能相互印证。其次，该供述、通话记录与韩甲的证言及其与韩某立联系的时间、尸检鉴定确认死者胃内食物已排空等情节能相互印证，证实韩某立被害时间为早7时至8时。

⑤23日下午：14时58分47秒韩某新短信提示尤某某；15时2分46秒，韩某新主叫尤某某47秒；15时3分53秒，尤某某主叫韩某新20秒。

尤某某供述：下午3时许我回到家，换电池跟韩某新打电话，随后他过来了，我问他怎么搞的？他说搞好了，在大老林那里搞的；我问有没有人看见？他说当时别人都没起床，没人看见。我问是如何搞死韩某立的？他说是用木棒照着脑壳打，一下就搞死了，他确认是搞好了，因为韩某立的鼻孔在流血。我问是不是把木棍丢在跟前？他说把木棍丢得很远。我就说去黄某某家以拿腌菜的名义打探一下，回来再告诉他。后我在周某林家找到黄某某，哑巴发现韩某立尸体赶过来告知，我们一起去了现场，遂案发。

分析：尤某某的供述与通话记录、证人证言基本能相互印证。

⑥23日下午：16时45分20秒，尤某某主叫韩某新32秒；16时56分29秒，韩某新主叫尤某某59秒；17时2分45秒，尤某某主叫韩某新32秒；17时11分44秒，尤某某主叫韩某新11秒；17时12分26秒，韩某新主叫尤某某6秒；17时19分57秒，

尤某某主叫韩某新22秒。

尤某某供述：5时许从现场回家，我打电话让韩某新过来，说已经报案了，肯定能够查出来，被抓住是要被枪毙的，他被吓住了，主动说喝药自杀算了，我说那你自己回去喝药。我又来到现场附近，当时事情已经闹大了，内心比较害怕，我又回去确认韩某新是不是喝农药了，我打电话叫他马上来我家，我问他是不是真的喝农药了，他说喝了一大口，喝了农药后还喝了一口酒，我当时闻着他嘴里有酒味，但没有闻着农药味，心里才相对踏实些。出门后，看见他往我家旁边平时我溜柴火下山的那个印子爬上山。

分析：首先，尤某某的供述与通话记录、证人证言基本能相互印证。其次，技侦说明：当日16时45分两人通话，通过基站位置侦测两人位置重合；17时11分两人通话，通过基站位置侦测两人位置重合；17时26分，韩某新手机关机基站位置与尤某某结束通话基站位置重合，现场侦测显示就在尤某某家附近，证明两人有通话，分析有见面商量的情况，随后韩某新关机，再无任何通话记录。

（2）尤某某在记者采访时对自己所犯罪行予以供认。案发后，记者对尤某某进行了采访。尤某某供认了自己与韩某新合谋并借用韩某新之手杀害韩某立的基本犯罪事实，对有些细节也作了客观供述，如其安排韩某新与黄某某发生关系、韩某新提出多种杀害韩某立的方案与其商议、其对韩某新的杀人计划均知晓且未阻止、作案前其与韩某新商定如果杀人成功就打电话告知"行了"等，尔后，央视《社会与法》栏目以《借刀杀人》对本案进行了播报。对于犯罪嫌疑人的媒体认罪行为，即案件未经审判媒体和记者就对案件定性，有大量反对的声音，因此此类被告人的有罪供述，依法不应作为证据使用。但在本案中，通过审查记者采访尤某某的相关视频，可以增强法官对尤某某在侦查阶段有罪供述真实性的内心确信。

（3）尤某某对村民承认其在警方所供属实。村支书姜某育证明，韩某新失踪后，警民联手动用大量人力搜寻未果，警方遂带尤某某到山上指引搜索行动，大家碰到被押解的尤某某时，责问其是否说假话，害得大家空折腾，尤某某称其在警方的交代是真实的，称韩某新杀人后喝农药从其家旁边的溜坡上了山。

（五）审查被告人的辩解与翻供理由

《最高人民法院关于适用〈中华人民共和国刑事诉讼法〉的解释》第83条第1款、第2款①规定："审查被告人供述和辩解，应当结合控辩双方提供的所有证据以及被告人的全部供述和辩解进行。被告人庭审中翻供，但不能合理说明翻供原因或者其辩解与全案证据矛盾，而其庭前供述与其他证据相互印证的，可以采信其庭前供述。"本案中，尤某某的翻供理由不能成立且对自己涉嫌犯罪的行为无法作出合理解释，具体如下：（1）尤某某翻供称侦查人员对其拍桌子、两天两夜不让其睡觉，逼其承认杀人行为，但事实上其被传讯数小时后在清醒的状态下就开始交代犯罪事实，且其无法解释侦查人员在没有掌握具体案情、无从诱导的情况下，其怎能对整个作案过程讲述得那么详细、具体。（2）尤某某翻供称每次韩某新提出要杀死韩某立时，其均予以劝阻，但事实上在案发之初，尤某某刻意回避其与韩某新之间的联系及其知道韩某新杀人的事实，且无法解释其既然反对韩某新杀人，韩某新为何还一次又一次告知其杀人计划。案发前，其对于韩某立、黄某某的行踪特别清楚，与韩某新频繁电话联系；作案后韩某新告诉其杀人情况及具体细节，其多次与韩某新见面并告知案情进展情况。上述事实表明，尤某某清楚韩某新欲杀死韩某立而未加阻止。（3）尤某某翻供称案发前一天晚上及作案当日早晨韩某新给其打电话是让其带肥料，但事实上其没有给韩某新带回肥料。且其无法解释双方有意避开黄某某通话的原因；韩某新在杀人作案的紧要关头为什么还有心思请其带肥料；带肥料只需三言两语即可交代清楚，两人为什么还要频繁进行电话联系；其又为什么未按韩某新的要求带回肥料等问题。（4）对于案发前其为什么在自己家安排黄某某与韩某新发生性关

---

① 该司法解释已于2021年修正，修正后条序为第96条第1款和第2款。

系；其锯断的大树为什么恰恰差点砸中韩某立；韩某新为什么在作案后第一时间打电话向其报告；案发后其为什么要向韩某新询问具体作案细节；其为什么让杨某某为其作假证等问题，尤某某均无法作出合理解释。

（六）排除案件重大疑点

所谓疑案，自然少不了疑点问题。由于本案的特殊情况，疑点问题显得较为突出，必须一一进行释疑解惑之后，才能让法官达到内心真正的确信。主要的疑点问题如下：

1. 关于凶手韩某新之死。

（1）尤某某曾供述，案发后，其担心罪行败露，两次约见韩某新，恐吓说"警方肯定会查出来""杀人是要偿命的"，后韩某新自称要喝农药自杀，并逃进深山。（2）现场勘验检查笔录及鉴定意见证明，数月后，韩某新的尸体在甲村与乙村交界处的某山林中被发现，韩某新尸体被发现距其失踪5个月有余，其头颅与尸身分离，尸体腰部以上均白骨化，几乎无皮肉，无法鉴定死因。（3）警方在韩某新家中提取的某品牌酒瓶、韩某新尸体腹部处的泥土上均未检出常用农药等毒物成分。故韩某新是否是在尤某某的恐吓、威逼下逃进深山？逃跑之前是否喝了农药？死亡原因是什么？是否系自杀？均只有尤某某一人的供述，没有其他证据予以印证。综合上述证据材料并咨询法医，这些疑惑也是可以解释的，因为，有机磷等常见农药容易挥发，韩某新的尸体被发现很晚，没有检出农药成分是客观的；有机磷等农药中毒与重金属中毒不同，其毒物成分不可能沉淀于人体骨骼；韩某新尸体白骨化极有可能系深山上的野兽侵食所致。需要说明的是，上述疑问与尤某某、韩某新共同杀害韩某立的事实并无矛盾，而是对凶手之死这一事实不能确认。正因为存在上述疑问，故没有认定尤某某"威逼、恐吓杀人凶手韩某新喝农药自杀"的事实，也没有认定尤某某在杀害韩某立的过程中起"组织、策划、教唆的主要作用"，而是留有余地认定其参与了杀害韩某立的通谋。

2. 关于被害人韩某立死亡的时间。

（1）证人韩甲的证言及通话记录证明，案发当日早晨 7 时 15 分、23 分韩甲与韩某立通话 2 次，8 时 14 分后韩甲再跟韩某立打电话，对方手机一直处于无人接听状态。（2）通话记录及技侦资料证明，案发当日凌晨，韩某新与韩某立被害现场的手机基站位置有过重合；案发当日早晨 7 时许，韩某新与韩某立有过通话。（3）鉴定意见证明，韩某立遇害时胃内食物已排空。（4）尤某某的供述及通话记录证明，案发当日早晨 8 时 41 分，尤某某打开手机发现有韩某新的未接来电，尤某某即打电话过去，韩某新告知"行了"（指已杀人）。上述证据相互印证，足以证实韩某立的死亡时间为案发当日七八点钟。

3. 关于被告人尤某某是否到现场实施杀害韩某立的行为。

前已分析，韩某立的死亡时间为案发当日 7 时至 8 时，而技侦资料显示尤某某的手机于当日 9 时后才离开 XX 市某塔基站，直到下午才回到其所在村的基站。经现场侦测，从 XX 市某塔坐车到尤某某所在村车站至少需要 3 小时左右，从村站上山进村又需要一两个小时，故尤某某回到村里已是下午。因此，尤某某没有直接实施杀人作案的时间。

4. 关于被害人韩某立之妻黄某某是否参与作案。

（1）没有证据证明黄某某对尤某某、韩某新谋划杀害韩某立之事知情，在案证据显示尤某某都是有意避开黄某某与韩某新单线联系。（2）除尤某某、韩某新外，黄某某还与多名男子有不正当两性关系，黄某某并非喜欢韩某新、尤某某而与两人发生关系，没有杀夫另嫁的动机。（3）案发后，黄某某积极并坚持指控尤某某的犯罪行为。综上分析，可以排除黄某某涉案。

5. 关于证人孙某良的证言。

证人孙某良证明案发次日其骑车经过村委会路口不远处时，迎面见韩某新穿羽绒服戴帽子骑摩托车相向而来。但事实上，韩某新此时已逃进山林，其摩托车也留在家里。再次询问孙某良时，其称可能看错了人。分析认为，孙某良看错人的可能性较大：一是双方都是骑摩托车相向高速行驶，孙

某良与对方相遇只是短短一瞬间；二是对方戴着帽子遮住了部分面容，影响了孙某良的判断。

综上所述，足以推断出被告人尤某某参与了已死亡嫌疑人韩某新针对杀害被害人韩某立的预谋。

案例五：物证关联存疑 "先供后证"隐蔽情节印证有罪供述真实性——被告人苏某某故意杀人疑案解析

案件疑情提示： 作案人杀人、纵火行为无人目睹；现场因群众救火遭到严重破坏，未提取到任何痕迹物证；警方经搜寻提取到斧头及衣服、毛巾等疑似作案物证，但未能检出人类DNA图谱，致使该物证与本案的关联性产生疑问；被告人的有罪供述不稳定，尚需甄别……

一、发案、破案情况

2005年10月14日8时10分，XX省BD县某镇甲村村民向某国等人来到该镇乙村，欲找该村村民苏某存拿汇款单。见苏某存家大门紧闭，且其家二楼卧室关闭的窗户有少许烟雾冒出，向某国等人大声呼喊苏某存，但无人应答。向某国等人遂在附近找到一根木棍，戳开房门进入，发现室内着火，苏某存及其妻谭某某已死于床上。向某国等人一边救火，一边打电话向警方报案。镇派出所迅速派员赶赴现场，同时将案情上报县公安局。当日下午1时许，警方技侦人员赶至。经勘查发现，死者头部有多处锐器伤，墙壁和床头有喷溅血迹，尸体部分被烧焦，系他杀无疑。由于群众救火而将尸体移位等，现场遭到严重破坏，警方未提取到有价值的痕迹物证。经调查走访，了解到死者苏某存担任村支书多年，与多人发生矛盾，加之其长期与各地商贩做生意，社会交往复杂，案件侦破困难重重。经研究，警方兵分两路，一路以现场为中心，向周边地区辐射，展开搜索，以期发现作案工具和其他可疑物品；另一路紧紧围绕仇杀这条主线，梳理被害人及其家庭成员的矛盾关系，重点排查与被害人有矛盾的谭某兴、苏某某、董某某等人。经搜索，同月17日10时41分，警方在距现场200米处苏某某家后山坡的天坑内发现1包衣物和1把斧头。当日12时30分，警方将斧头等物品从天坑

内打捞出来,发现有斧头1把、米灰色上衣1件、红色T恤衫1件、土黄色休闲长裤1条、39码网球鞋1双、白色棉线手套1双、袜子3只及撕开的半条毛巾等物品。苏某某的邻居李某芝也向警方反映,案发当日上午,苏某某曾向其借斧头劈柴,因苏某某家自己有斧头,故其以斧柄断了为由未借。综合各方情况分析,警方确定苏某某有重大作案嫌疑,遂于当日22时许对其传唤讯问。次日凌晨4时许,苏某某供述:他喜欢苏某存的女儿苏某燕,但苏某存一直瞧不起他,并认为他偷过苏某存家的东西。为达到与苏某燕结婚之目的,其起意杀死苏某存夫妇,以排除障碍。10月14日凌晨1时许,他撕下半条毛巾蒙面,携带事先准备好的斧头来到苏某存家,推门入室,持斧头将正在床上熟睡的苏某存夫妇杀死,然后点火焚烧现场。作案后将衣服、斧头弃于自家屋后的天坑内。为了验证苏某某供述的真实性,警方于18日8时30分询问了苏某某的母亲田某芝。田某芝证明其家中斧头在案发前就不见了,案发后苏某某曾对她讲,如有人问及斧头之事,就说被偷了。随后,警方将从天坑内提取的斧头、衣服等物品交于田某芝等知情人辨认,均确认斧头、衣服等物品系苏某某家或苏某某本人之物。根据苏某某的供述,警方于18日15时20分对苏某某卧室进行搜查,并提取半条毛巾。10月20日,警方将从天坑内提取的半条毛巾和在苏某某卧室提取的半条毛巾送至州警方进行同一鉴定,结论是同一的。至此,本案告破。

二、在案证据

围绕被害人苏某存夫妇被杀、尸体被焚烧等事实,警方和检方依法收集了若干证据,并经庭审举证、质证,归纳如下。

(一)证明被告人苏某某有作案动机的证据

1. 证人苏某燕的证言:2003年,苏某某给我写过2封信,称他喜欢我。苏某某还经常借买东西的名义到我家来玩。但我家的人都不喜欢他,怕他偷东西。

苏某某写给苏某燕的2封书信印证了上述情节。

2.证人苏某英（苏某某之妹）的证言：苏某某曾对我说过苏某燕喜欢他，双方互有通信。苏某燕还将自己的照片送给苏某某。另外，我打听到苏某燕家并不姓苏，是其祖父苏某明做上门女婿改姓苏的。我家也是父亲做上门女婿改姓苏的。

苏某某存放的苏某燕照片印证了上述情节。

3.证人董某友、苏某明、田某芝（苏某某之母）等证言证明，苏某某与苏某存家有矛盾。田某芝还证明：苏某某的父亲与苏某存的父亲曾发生过争吵；苏某某曾在苏某存家房顶平台被苏某存的家人发现，对方将其撵了出来。苏某明等人还证明：苏某某会爬墙，曾因偷窃被苏某存的祖父苏某新抓过。

4.电视剧《天国的阶梯》播放情况节目表及相关剧情介绍材料证明：（1）2005年8月，县星空卫视转播电视剧《天国的阶梯》。（2）《天国的阶梯》的主要剧情：男主人公叫韩诚俊，女主人公叫韩静书，两人从小青梅竹马，长大后互相依恋。而韩静书后妈带过来的与韩静书异父异母的妹妹也喜欢韩诚俊。为达到与韩诚俊共同生活之目的，韩静书的妹妹驾车将韩静书撞成植物人。

5.被告人苏某某供述：我喜欢苏某燕，但遭苏某存夫妇反对，加之我与苏某存家屡次发生纠纷而对苏某存心怀仇恨，受电视剧《天国的阶梯》启发，我起意杀害苏某存夫妇，以排除障碍，达到与苏某燕结婚的目的。

（二）证明案发前后被告人苏某某不正常行为表现的证据

1.证人田某芝的证言：案发前几天，我准备劈柴时未找到斧头，苏某某说可能被盗了。案发后，苏某某叮嘱我，要是有人问起我家斧头去向，就说被盗了。联想到案发当晚，苏某某先是催我早点睡觉，后开门外出，过了好长一段时间才回来等情况，我就断定是苏某某作的案。为此，我与苏某某

交谈过多次，问是不是他作的案，他沉默不答。我跟丈夫通电话时，说苏某存夫妇被杀之事可能是苏某某干的，苏某某在旁边没有作声。

2. 证人李某芝的证言：案发当天上午，苏某某向我借斧头劈柴，因苏某某自家有斧头，故我以斧柄断了为由推脱未借。

3. 被告人苏某某供述：多天前我就为作案进行了准备，将自家斧头磨快后藏了起来。作案前两天，母亲田某芝吩咐我劈柴，并问我看见斧头没有，后我从别人家借来斧头用了。案发后，我吩咐母亲，不管谁问起斧头之事，就说掉了。母亲好像发现了什么，不时问是不是我作的案，我很反感，保持沉默。我父亲也打电话过来追问，我没承认，我母亲接过电话对我父亲说，肯定是我干的。

（三）证明被告人苏某某实施杀人行为的证据

1. 立案材料证明：2005年10月14日8时04分，甲村1组村民向某国电话向该镇派出所报警，称乙村3组有夫妻两人死于自家卧室，同时现场已着火。8时30分，派出所民警谭某锋等人赶赴现场，对现场进行保护并将案情上报县公安局。

2. 现场勘验检查笔录及照片证明：凶杀现场位于乙村3组苏某存、谭某某夫妇的卧室，苏某存、谭某某两人均已死亡，尸体并排放置于东北墙角一简易席梦思床上，男尸头北脚南，女尸头南脚北。睡床床头墙壁上可见喷溅状血迹，室内有明显的烟熏痕迹和烟尘，并发现烧焦的手机残片。写字台放置有手提公文包、录放机、万能手机充电器等大量杂物，充电器上放有手机电池。1套衣服的口袋内有几十元现金。除苏某存卧室门锁被损坏（案发前即被损坏）外，其他门窗、抽屉完好，且屋内摆放物品（包括小卖部、柜内衣物等）均无明显翻动变化迹象。

3. 尸体检验意见：（1）死者苏某存。头、面、颈部及双肩大部烧焦炭化，右上臂表皮剥脱，胸腹及四肢有明显烟熏痕迹，双颞及顶部头皮烧焦炭化，左颞部、枕部分别见长6.3cm、4.8cm、5.5cm创口，深达骨质，枕骨5cm×0.6cm骨裂，枕骨可见3cm骨裂，深达颅内。左颞枕部见长7cm骨折，枕骨见2.6cm×4.5cm骨裂，左颅中窝、颅后窝分别见长3cm、5.5cm骨折线。左大脑颞叶见10cm×7cm血肿，小脑左侧见3cm×2cm挫裂伤。气管黏膜无出血，无烟灰沉着。（2）死者谭某某。右颧、颞部、耳后、面部、左右颈部分别见长10.9cm、4cm、8cm、6cm、4cm创口，右颞骨见7cm×4cm粉碎性骨折，鼻横断骨折。气管及甲状软骨破裂。右肩部见10cm×6cm烧焦炭化，左手大拇指末节缺失，右大脑见7cm×5cm挫裂伤，左右额顶叶分别见14cm×7cm、10cm×7cm蛛网膜下腔出血。气管黏膜无出血，无烟灰附着。会阴部无异常。分析说明：（1）直接死因均系严重的颅脑损伤及失血性休克；（2）属于死后被焚尸；（3）作案凶器应属于具有一定重量、易于挥动的锐器（如斧子）砍击所致；（4）损伤系他人所为；（5）死亡时间在2005年10月13日22时至次日3时之间。意见：死者苏某存、谭某某均系被他人用锐器砍击头、面、颈部致严重颅脑损伤、失血性休克死亡，死后被焚尸。

4.物证提取笔录、搜查笔录、指认笔录及照片证明：（1）警方侦查人员通过搜索，在苏某某家后山坡上的天坑内发现可疑物品：斧头1把，斧柄中部用电话线缠绕着1个黑色和1个黄色方便袋，黑色袋内装有米灰色上衣（印有"京澄"字样）、蓝领红色T恤衫各1件、土黄色休闲长裤1条，黄色袋内装有球鞋、手套各1双、尼龙袜3只以及两端打结的毛巾半条。（2）在苏某某的指认下，从其卧室纸箱内提取被竖向撕开后剩余的半条毛巾和相应的一块碎毛巾布条。

鉴定意见：从苏某某家提取的残缺毛巾与从天坑内提取的半条毛巾是同一条被分离的毛巾。

辨认笔录及照片证明：证人田某芝确认上述提取之物系其家的物品；证人饶某富确认提取的斧头系苏某某家之物，该斧柄系其所制；证人苏某明确认提取的T恤衫苏某某曾经穿过；证人向某清确认提取的上衣苏某某曾经穿过，该上衣印有"京澄"字样。

5.证人向某国的证言:案发当天早晨7点半左右,我驾车到苏某存家找其办事,喊人无应答,见其卧室有烟冒出,便用树干把门戳开,火、烟顿时往外蹿。我们进卧室灭火时,发现苏某存、谭某某已死于床上。

6.证人苏某明(被害人苏某存之父)的证言:我听到向某国车子的喇叭声来到现场,见向某国用木棍戳开苏某存卧室门,进去后发现苏某存的睡床着火,苏某存、谭某某同睡一头,两人均已死亡。于是就把苏某存、谭某某的尸体抱到另一张床上,同他人一起将火扑灭。

7.证人田某芝的证言:案发当晚,苏某某先是催我早点睡觉,后开门外出,且过了好长一段时间才回来。案发后,我断定是苏某某作的案,并为此与苏某某交谈过多次,问苏某存夫妇是不是他杀的,他沉默。我丈夫与苏某某通话时,我让苏某某把电话给我接听,我跟丈夫说苏某存夫妇被杀之事可能是苏某某干的,苏某某在旁边没有作声。后来,我又查了苏某某的衣服,发现他的1件红色T恤衫、1条土黄色裤子和小儿子苏某俊的1双白色运动鞋都不见了。

8.证人周某翠的证言:我家与苏某某家对门。案发当天凌晨1点半左右,我透过窗户看见苏某某家中有灯,通过灯光发现他家堂屋大门开敞。

9.证人苏某林的证言:我家后面就是苏某某家,在我家厕所可以看到苏某某家。案发当晚我11时许睡觉,凌晨2时许上厕所开灯约10分钟。

10.被告人苏某某供述:2005年10月14日凌晨1时许,我撕下毛巾蒙住面部,携带事先准备好的斧头出门,来到苏某存家。苏某存家一楼侧门未锁,我推门入室,再进入二楼苏某存的卧室,借助充电器发出的光亮,发现苏某存夫妇同睡在靠阳台边的床上,两人均头朝右边墙壁。我持斧朝苏某存夫妇脑壳砍击,直至两人不再动弹。我将斧头血迹在床单上擦了一下,将充电器取下,用苏某存家的打火机点燃睡床床单,然后沿原路返回家中,当时看见邻居苏某林家亮着灯。回到卧室后,我将衣服脱下,用电线将衣服、斧头等作案物品捆绑,于天色微亮之际站在自家平台扔进屋后的天坑内。

辨认、指认笔录及照片证明:苏某某对从天坑内提取的物品辨别后确

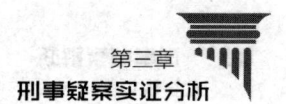

认系其作案时所使用之物，并对其在自家平台上抛丢物品、卧室内存放残缺毛巾等方位进行了指认。

（四）其他证据

浙江省东阳市人民法院刑事判决书、刑事案件执行通知书证明：苏某某曾因犯盗窃罪于2002年4月2日被判处有期徒刑七个月，同年6月21日刑满释放。

三、证据特点

本案是一起作案人实施杀人、纵火犯罪时无人目睹、现场因群众救火遭到严重破坏的重大刑事疑案。其证据特点如下。

（一）没有证人目击凶手实施杀人行为

本案发生在深夜，两名被害人均在熟睡中被杀害，凶手实施的杀人行为无人目击。

（二）杀人现场未提取到任何可疑痕迹

凶手作案后，纵火焚烧现场，意图焚尸灭迹，造成了现场的第一次破坏。群众救火心切，又无保护现场的意识，多人出入现场，并将两名被害人的尸体移位，致使现场遭受第二次人为破坏。因此，警方在现场勘查过程中，未提取到任何与凶手相关的痕迹物证。同时，现场的一些情况也被多名群众知晓。

（三）涉案物证有一定瑕疵

案发后，警方经仔细搜索，在苏某某家后山坡的天坑内提取到疑似凶手作案时所使用的斧头及衣服、毛巾等物证，但由于下雨天气、天坑潮湿等

原因，造成上述物证被污染，未能检出人类DNA图谱，致使该物证与本案的关联性产生疑问。

（四）被告人苏某某的供述不稳定

案发第四天即2005年10月17日晚，警方传唤苏某某对其进行讯问。次日4时至8时，苏某某作了有罪供述。此后至一审第一次开庭，苏某某共作有罪供述5次，其中检察机关审查批捕、审查起诉、一审庭审时各供述1次。宣判后，苏某某以其遭受警方刑讯逼供、之前所作有罪供述不真实等为由翻供。因此，对于苏某某的供述尚需甄别。

四、证据分析

依据在案证据，能够认定被告人苏某某杀害被害人苏某存夫妇并纵火焚尸的事实。现针对上述证据特点，作如下分析。

（一）审查案件的侦破情况

据警方出具的侦破报告及卷宗材料反映，案情发生后，由于群众救火导致现场严重破坏，警方没有提取到任何有价值的物证痕迹，加之被害人苏某存社会矛盾点较多、社会交往面较广等因素，侦破工作面临重重困难。警方根据被害人家中无翻动痕迹、未发现钱物失窃及苏某存、谭某某夫妻双双被杀、谭某某生前未遭性侵等情况，排除了劫财杀人、强奸杀人、奸情杀人等可能性，紧紧围绕仇杀这条主线展开工作。于是，警方兵分两路，一路以现场为中心，向周边辐射，搜索作案工具和其他可疑物品；另一路梳理被害人及其家庭成员的矛盾关系，重点排查与被害人家有矛盾的数名人员。通过摸排，发现苏某某与被害人苏某存矛盾较为突出，且案发后苏某某行为反常；通过搜索，在苏某某家附近的隐蔽处天坑内发现了疑似作案工具的斧头、半条毛巾等物品。苏某某由此进入警方的侦查视野，被警方确认为重大嫌疑人。警方传唤苏某某对其进行讯问，短短数小时内苏某某就开始招供。根据苏某某的供述，警方及时调查了包括苏某某母亲在内的多名证人，证人所证基本情节与苏某某所供基本情节能够相互印证。警方还根据苏某某的指认，在苏某某家找到半条残缺的毛巾及碎片，经鉴定确认，该残缺毛巾与从天坑内提取的半条毛巾系同一条毛巾分离所致。纵观整个破案过程，显得自然、清晰、明朗，合乎逻辑，没有人为变相操作的迹象。

（二）审查确认核心证据

根据本案的证据特点，不可能在犯罪现场查找到苏某某作案时留下的蛛丝马迹，也不能指望找到证人指证苏某某实施了杀人行为。但是，警方通过搜索，在一隐蔽处找到了疑似作案物品的斧头、衣物、残缺毛巾等物证。如果能够确认涉案物证是苏某某作案时所使用的工具、所穿的衣服，则该涉案物证就是指证苏某某实施杀人作案的核心证据，但该涉案物证有明显瑕疵，由于案发当天是下雨天气、物证隐藏地点积水潮湿、凶手作案后将血迹擦拭等因素，警方在涉案物证上未检出人类DNA图谱；况且，物证毕竟是一种间接证据，即便它经历整个作案过程并留下了现场痕迹，也不能直接证明它就是某人作案时所使用的物品。因此，对物证的确认过程，是一种客观见之于主观的法官认证过程。本案中，对上述涉案物证作如下分析：

1. 涉案物证系何人之物品。

经审查：（1）证人田某芝证明，案发前其家斧头不知所踪，案发后发现苏某某的1件红色T恤衫、1条土黄色裤子和小儿子苏某俊的1双白色运动鞋都不见了。田某芝还对警方从天坑内提取的斧头等物品进行了辨认，确认系其家中遗失的物品。（2）证人饶某富确认从天坑内提取的斧头系苏某某家之物，因该斧柄系其亲手所制。（3）证人苏某明确认从天坑内提取的T恤衫是苏某某之物，因苏某某曾经穿过。（4）证人向某清确认从天坑内提取的上衣苏某某曾经穿过，因该上衣印有"京澄"字样，特征明显。(5)鉴定意见证明,从苏某某家提取的残缺毛巾与从天坑内提取的半条毛巾是从同一条毛巾中分离出来的物品。(6)苏某某供认从天坑内提取斧头、毛巾等物品系其及其家人所有,并进行了辨认、指认。上述证据相互印证,足以证实警方从天坑内提取的涉案物证系苏某某所有或所使用的物品。

2. 涉案物证系何人放置于天坑。

如果上述涉案物证并非苏某某或其家人放入天坑,而是另有他人所为,这就说明有人意图栽赃陷害苏某某,凶手则可能另有他人。经审查:(1)从涉案物证提取的地点来看。涉案物证是从苏某某家后山坡上一个深达11.7米的天坑内被打捞出来的,藏放的位置比较隐蔽,难以被人发觉,显然是凶手作案后隐匿罪证的行为。如果是有人意图栽赃陷害苏某某,则此人应该将涉案物证置于让人容易发现的地方,而不是隐藏在让人难以发现的天坑内。(2)从涉案物证的种类来看。涉案物证包括斧头1把、上衣2件、裤子1条、鞋子1双、手套1双、袜子3只、毛巾半条,种类繁多,如果是有人意图栽赃陷害苏某某,则这些分别放置于不同地方的诸多物品,行为人得花费相当多的时间、相当大的精力将它们一一偷盗出来。行为人有没有足够的时间、充分的条件做到这些?苏某某家失窃了那么多东西怎么没有被发现?而且行为人是怎么将苏某某卧室内的毛巾撕下一半的?他为什么不将整条毛巾偷出来后再进行分离?这些疑问显然说明了苏某某家之外的人难以完成上述行为。(3)从隐藏涉案物证的特征表现来看。如果是有人意图栽赃陷害苏某某,则行为人也未免太过于做作了,不仅盗窃了苏某某家的斧头、上衣、裤子、袜子和鞋,还将其卧室的毛巾撕下半条,无疑给人一种"此地无银三百两"的感觉,似乎是在精心打造自己明显的破绽。而且,涉案物证有袜子3只,体现出行为人一方面精心准备、周密策划,而另一方面却出现如此低级失误之间的矛盾,此情形更符合苏某某作案后仓促处理作案物品所致。(4)对于涉案物证,苏某某始终无法找到合理的借口、充分的理由来解释、说明并非自己藏放于天坑内。上述推断相互印证,形成锁链,足以证实警方从天坑内提取的涉案物证系苏某某藏放。

3.涉案物证是否为作案物品。

经审查：（1）物证提取笔录及照片证明，警方经搜索，在苏某某家后山坡上的天坑内发现提取斧头1把和衣物多件、毛巾半条及其球鞋、手套等物品。（2）搜查笔录、指认笔录及照片证明，经苏某某指认，从其卧室纸箱内提取被竖向撕开后剩余的半条毛巾和相应的一块碎毛巾布条。（3）鉴定意见证明，从苏某某家提取的残缺毛巾与从天坑内提取的半条毛巾是同一条被分离的毛巾。（4）尸体检验意见证明，致死被害人苏某存夫妇的凶器应属于具有一定重量、易于挥动的锐器（如斧子）。（5）证人田某芝证明，案发前其家的斧头就不见了，案发后苏某某叮嘱要是有人问起斧头去向就说被盗了。随后，其查了苏某某的衣服，发现苏某某的1件红色T恤衫、1条土黄色裤子及其弟弟苏某俊的1双白色运动鞋都不见了。警方从天坑内提取的斧头及衣物系其家及苏某某之物品。（6）证人李某芝证明，案发当天上午苏某某向其借斧头劈柴。（7）苏某某供述，其作案前故意收藏斧头；作案时撕开毛巾蒙面出门，用斧头击打苏某存夫妇头部致两人死亡；作案后将作案所用斧头、所穿衣物、蒙面毛巾捆绑弃于天坑。上述证据中，从天坑内提取的斧头与致死被害人的工具相互印证；从天坑内提取的半条毛巾与在苏某某家提取的残缺毛巾相互印证；从天坑内提取的斧头、衣物等涉案物证与证人田某芝所证其家失窃物品的种类等情况相印证；证人田某芝所证案发前其家斧头失踪、案发后苏某某让其谎称斧头被盗等情节与苏某某意图说明其家没有斧头、故其没有杀人工具无从杀人的心理相印证；证人李某芝所证案发当天上午苏某某向其借斧头的反常行为与苏某某意图说明其家斧头案发前早已丢失的欲盖弥彰心理相印证，结合本案中其他证据，即使苏某某不认罪，也足以证实斧头系作案工具、毛巾等涉案物证系作案物品。

这里有一个疑点问题需要排除，在案证据证明，从天坑内提取的涉案物品中，在斧头中部、上衣右袖口及臂上、裤子靠近左口袋前侧，均肉眼可见少量褐色斑痕，但未能检出人类DNA图谱。经审查：据苏某某交代，其作案后将斧头上的血迹在床单上进行了擦拭;据现场勘查人员反映,案发当晚天下小雨,下雨时山水可以流入天坑,物品提取时天坑内有积水,湿度较大,被提取的物品处于潮湿状态;经咨询法医,物品上残留的血迹量小和血迹被雨水浸泡后对DNA鉴定有一定影响。综合上述情况可以看出,在斧头等物品上虽然未能检出人类DNA图谱,但符合涉案物证当时的客观情况,且与在案其他证据之间并无矛盾之处,涉案物证上存在的上述瑕疵不足以推翻斧头系作案工具等结论。

（三）审查被告人苏某某的有罪供述

本案中,鉴于涉案物证有瑕疵、间接证据较少、直接证据只有苏某某的有罪供述等情况,故苏某某的有罪供述对于定案亦很关键,必须重点审查。

1. 关于被告人苏某某有罪供述取得的合法性。

经审查:2005年10月17日,警方提取斧头等物证,确认苏某某有重大作案嫌疑后,于当晚10时传唤苏某某到办案场所进行讯问,18日凌晨4时许,苏某某作了较为详细的有罪供述;18日,苏某某亲笔书写了给其父母的悔过书,并带领警方侦查人员指认、辨认了杀人作案、丢弃斧头、分离毛巾的现场及物品;21日,苏某某在县看守所再次作了有罪供述,并补充了相关内容;此后至2006年7月一审宣判,8个多月内苏某某又作了3次有罪供述。宣判后翻供,否认杀人。纵观整个过程:(1)从苏某某作出首次有罪供述的时间来看。苏某某从被传讯到认罪,仅有6个小时,警方的讯问符合《刑事诉讼法》关于传唤持续时间不得超过12小时、重大案件需要采取拘留等强制措施的传唤持续时间不得超过24小时的规定。(2)从苏某某作出首次有罪供述之后的行为表现来看。苏某某作了有罪供述后,于当日下午带领警方侦查人员指认了现场,其行走无碍,且无人反映其身上有伤。(3)从苏某某有罪供述的稳定性来看。苏某某从2005年10月18日首次供述至2006年7月18日一审宣判,9个月内作过多次有罪供述,在被判处死刑立即执行后才翻供，其有罪供述的稳定性持续时间较长。（4）从苏某某有罪供述所经历的过程来看。苏某某的有罪供述历经侦查、批捕、起诉、审判等阶段，先后分别面对了侦查人员、检察官、法官的讯问，特别是在一审庭审中，苏某某均认罪，从未提出其遭受警方刑讯逼供。苏某某作为曾因犯罪经历过侦查、起诉、审判环节的人，对公安、检察院、法院的基本职能应有所了解，即使在侦查阶段受到不公正待遇而作了违心供述，也可以在起诉、审判阶段向有关机关要求纠正，但其直至一审庭审时仍对自己的犯罪事实供认不讳。因此，对于苏某某的有罪供述，警方的取证程序是合法的，苏某某的表述是自主、自愿的。故苏某某有罪供述的取得符合法律规定。

2. 关于被告人苏某某有罪供述的客观真实性、关联性。

（1）苏某某的有罪供述系其主观真实意思的表示。在案证据证实，在作出首次有罪供述之后，苏某某主动向警方侦查人员提出，要求给其父母写一封亲笔信。该书信的原文是"您们好：在写这封信之前，我没有资格在（再）叫您们了，所以只能说一声您们好。首先感谢您们对我的生养之恩，一直一（以）来您们教育我、帮助我，可是我没听您们的话，才造成今天的悲痛。我有一个要求，请您们不要为我这不孝的人而流眼泪好吗？因我不直的（值得）。在（再）说经过这次的事，我心里非常难过。我想过，如果我死了后，下辈子一定会做一位优秀的人，请您们放心好了，反正一切的一切都因我而起"。该书信充分表达了苏某某作案后发自内心的忏悔心理，其意思表示是真实的，同时印证了其有罪供述的客观性和真实性。

（2）苏某某的有罪供述与其他证据能够相互印证，还供述了许多不为外人所知的隐蔽细节，且有些情节属于先供后证。苏某某供述的作案动机、进入现场、实施杀人及抛弃作案物品等整个作案过程，均自然、连贯，同一次供述前后之间、多次供述之间、所供情节与其他证据所证情节之间的主要内容均无矛盾之处。

苏某某所供因情杀人的作案动机与证人苏某燕、苏某英等人所证苏某

某喜欢苏某燕的证言以及《天国的阶梯》的剧情等证据相符。苏某某供述，其作案的主要原因是喜欢苏某燕，但遭苏某燕的父母苏某存、谭某某反对，为日后能与苏某燕共同生活，受电视剧《天国的阶梯》启发，故杀死被害人以排除障碍。《天国的阶梯》的主要情节是男主人公叫韩诚俊，女主人公叫韩静书，两人从小青梅竹马，长大后互相依恋。而韩静书后妈带来的女儿（即韩静书异父异母的妹妹）也喜欢韩诚俊。为达到与韩诚俊共同生活之目的，韩静书的妹妹驾车将韩静书撞成植物人。该剧情与本案有几点相似之处：一是相恋的男女同姓；二是两人从小一起长大；三是通过杀人以排除障碍，达到自己与喜欢的人共同生活之目的。需要说明的是，警方事先只得知苏某某家与被害人家有矛盾的情况，并未掌握苏某某喜欢苏某燕及苏某某因情杀人的动机等事实，是在苏某某供述之后，警方再调查苏某燕以及苏某某的姐姐并提取相关书信、照片等证据予以确认的；警方事先也没有掌握电视剧《天国的阶梯》的剧情及其播放情况，也是在苏某某供述之后，再查证确认的。故上述涉及作案动机方面的证据属于先供后证的证据，具有较强的证明力。

苏某某所供其作案前有意收藏斧头及作案后要求其母为家中斧头去向撒谎的情节与证人田某芝的证言相符。苏某某供述，其多天前就将斧头藏起，以备作案，其母田某芝还找过斧头；案发后其吩咐田某芝，要是有人问起斧头，就说掉了。田某芝证明，案发前其劈柴时未找到斧头，苏某某说可能被盗了。案发后苏某某叮嘱要是有人问起家里的斧头，就说被人偷走了。上述有关作案工具斧头的去向，苏某某所供情节与田某芝所证情节基本相符。其中，关于苏某某作案前有意收藏斧头的情节，属于苏某某供述之后警方再查证确认的。

苏某某所供其作案当晚的活动情况与证人田某芝、周某翠、周某林的证言及鉴定意见相符。苏某某供述，其于凌晨一两点出门作案，看见邻居周某林家还亮着灯，作案回家时故意走路发出声音并将厕所门弄响，想让母亲田某芝误认为其在上厕所。田某芝证明，案发当晚，先是苏某某催其睡觉，随后其听到堂屋拉灯、厕所门响以及苏某某拉堂屋门闩等声音，就问苏某某到哪去，苏某某说去丢烟头，但听到的脚步声是他沿公路出去了，且很长一段时间才回来，其还吩咐苏某某把门关好。周某翠证明，案发当晚凌晨 1 点半左右，其透过窗户看见苏某某家有灯，通过该灯光发现他家堂屋大门开启。周某林证明，案发当晚凌晨 2 点左右，其因上厕所而开灯 10 多分钟。鉴定意见证明，两名被害人的死亡时间在 2005 年 10 月 13 日 22 时至次日 3 时之间。现场勘验检查笔录及照片证明，苏某某家距离被害人家百余米。上述证据相互印证，能够证实在被害人被杀的案发当日凌晨的时间段，苏某某无故离家外出又返回家中，有重大作案嫌疑，并且有充足的作案时间。其中，苏某某所供其外出时看见邻居周某林家亮着灯的情节，属于苏某某供述之后警方再查证确认的。苏某某所供其推门进入现场的供述与证人向某国等人的证言和现场勘查情况相符。苏某某供述，被害人家一楼侧门未锁，其推门入室后再进入被害人的卧室。向某国等人的证言及现场勘验检查笔录均印证了被害人家门未上锁的情节。

苏某某所供其借助被害人手机充电器发出的光源确认被害人所处方位，杀人后离开现场时将充电器从插座拔下的情节与现场勘验检查笔录记载手机电池插在充电器上、该充电器没有接入电源等情况相符。苏某某如果没有进入现场，对此细节是很难通过个人想象得出答案的。

苏某某所供作案时被害人所睡的方位与证人苏某明等人的证言相符。向某国、苏某明等人进入现场后，为了救火，将两名被害人的尸体进行移位。案发后，苏某某并非最初进入现场的救火群众，除非其目睹杀人行为，或者有知情人告知被害人被杀时所处位置，或者警方掌握情况后对苏某某诱供逼供，或者其亲自实施了杀人行为，否则苏某某不可能知道此细节。前三种情况均无证据证明苏某某涉及，苏某某自始至终亦未提及，那么，据此可以推断第四种可能成立，即苏某某因亲自实施了杀人行为而得知被害人被杀时所处方位。

苏某某所供其作案时所使用的工具是斧头、打击的部位是脑壳等情节与鉴定意见确认两名被害人死于如斧头等锐器所致的颅脑损伤及失血性休克的意见相符。

苏某某所供其作案时所穿的鞋子原系其弟弟所穿之物的情节与证人田某芝证明案发后其发现小儿子的一双鞋子不见了的证言以及从天坑中提取的涉案物证之鞋子相符。苏某某所供作案鞋子属其弟弟之物的情节，也是其先供述后，警方再调查田某芝而确认的。

苏某某所供其作案时所使用的半条毛巾的来源与提取、指认笔录、鉴定意见所证实的警方在苏某某的指认下提取到与此半条毛巾分离出来的另外的残缺毛巾等情况相符。

苏某某所供案发后其被母亲多次追问是否杀人、其父也打来电话过问等情节与证人田某芝所证情况相符。苏某某供述，案发后，其母田某芝好像发现了什么，多次追问是不是其杀的人，其父也为此打来电话询问，其母还接过电话对其父说，肯定是其干的。田某芝证明，案发后，其怀疑是苏某某杀的人，并为此与苏某某交谈多次，苏某某保持沉默，其还让苏某某将电话给其与丈夫通话，两人也谈到这件事，苏某某仍然保持沉默。苏某某所供的上述隐蔽细节，除了其家人外，外人不可能知晓，足以印证其供述的真实性和客观性。

（四）审查被告人苏某某案发前后的行为表现

案发前，苏某某的母亲让苏某某找斧头劈柴时，苏某某即称斧头可能被盗。案发当天向他人借斧头劈柴，意图说明自家斧头丢失。案发当晚，苏某某先是催促其母早点睡觉，而后自己在深夜开启大门外出，许久才回家。案发后，苏某某的情绪反常，显示出不安的心理，让其母撒谎称自家斧头被盗；对于母亲一再追问是不是其杀人表示沉默；对于其父母通电话提起其作案之事也未否认。苏某某的一系列反常表现连其母亲也深信不疑地认为被害人之死系其所为。

（五）排除案件疑点

本案除上述已排除的是否另有他人作案的疑点问题外，还有以下主要疑点问题：

1. 苏某某被抓 50 余天后，同村村民田间作业时捡到被害人苏某存、谭某某家的一串钥匙，钥匙发现位置距苏某某家大门 30 余米处。是被害人案发前遗失？还是苏某某事先窃取、事后抛弃？或者是其他人丢弃？无从知晓。经审查认为，可以排除他人栽赃陷害苏某某的可能性，因为，如系栽赃陷害行为，天坑内的一包物品已足以置苏某某于死地，行为人没有必要画蛇添足再丢下一串钥匙，而给案件制造更多的复杂因素。综合案件的证据情况，足以得出苏某某持斧杀死两名被害人的结论，该钥匙来源不明，并不影响该基本事实的认定。

2. 被害人亲属曾提出案发前苏某存卖猪所获收益 5 万余元去向不明。经查证，在案发前一两个月，苏某存确实出售过几十头猪，但其同时购进了几十头猪仔，且苏某存在外负有一定债务。经审查认为，可以排除行为人为窃取售猪款而作案的可能性。因为，一是现场没有发现明显翻动变化的痕迹，可以排除侵财作案的动机；二是将巨款长时间放置于家中，与农村村民的生活习惯不符，有悖于常理；三是经过查证，苏某存不仅有多本存折，其于案发前 20 余天还支取过存款。如果家中有现金，苏某存就不会支取存款，而且苏某存有多本存折的事实，也能佐证其平时有存款的习惯，而不是将巨款留在家里。

3. 苏某某翻供后辩称其与苏某燕系同一姓氏宗族，不可能形成婚姻，故其没有杀人动机。经审查认为，在案证据证明，苏某某家与苏某燕家的祖辈均不姓苏，而是做上门女婿后改姓苏的。故苏某某的翻供理由不能成立。

综上所述，足以认定被告人苏某某杀害了被害人苏某存、谭某某，并纵火焚尸的事实。

案例六：被告供述反复　先供后证细节结合经验法则、逻辑推理排除"死不见尸"疑点——被告人严某某故意杀人疑案解析

案件疑情提示：作案人杀人后用浓硫酸毁尸灭迹，致使被害人"死不见尸"，如何判定被害人已死亡；被告人先否认杀人、后认罪、再翻供，如何甄别其供述与辩解；"先供后证""毒树之果"等证据如何认定；如何借助经验法则、逻辑推理等方法，运用间接证据定案……

一、发案、破案情况

2004年8月25日下午，XX省HS市SXS区居民程某玉向警方报案，称其丈夫万某某自当月23日中午外出后失踪，请求警方迅速查清万某某的下落。为帮助警方破案，程某玉提供了XX省EZ市居民严某某欠万某某数十万元巨额债务以及万某某失踪后严某某行为异常等线索。HS市SXS区公安分局刑侦大队接到报案后迅速展开侦查工作，重点调查了万某某失踪当天的活动轨迹、手机通话记录以及严某某案发前后的活动情况。发现：严某某曾于8月23日下午约见万某某，随后便发生万某某失踪事件；万某某失踪后，严某某行为反常，四处活动，并劝阻程某玉报案；严某某原本欠万某某数十万元债务，但在万某某失踪后，程某玉发现严某某出具给万某某的借据均不见了，当程某玉向严某某询问情况时，严某某不但不承认其欠万某某的钱，反而拿出万某某欠其2万多元借款的条据。据此，警方将严某某列为重大犯罪嫌疑人，并于8月26日将其传讯到案，当即查明万某某手机通话记录中最后所显示的可疑来电号码分别为139××××××5、139××××××3，这两个移动卡号均为严某某于案发前不久以他人名义所办理。经讯问，严某某断断续续供述其邀约李某生、周某某等人拘禁万某某,在李某生等人离开后,其将万某某杀害并用硫酸毁尸灭迹的作案经过。严某某供述的主要内容为:2003年以来,其以做生意为名向万某某借款数十万元,由于赌博亏输等原因导致无力偿还债务。为了摆脱万某某的催讨,加之两人又因赌球之事产生过矛盾,其产生杀害万某某之念。2004年8月初,其在HS市经济技术开发区某农贸市场承租2间相邻店面,聘请民工在其中的86号店面内挖掘1个坑池,购买了2桶浓硫酸,冒用他人名义办理了2张移动SIM卡。尔后,其以万某某欠其债务为由,邀约表弟李某生帮忙追款。同月23日,其诱骗万某某来某农贸市场86号店面洽谈业务,并将该情况告知李某生。李某生当即带领3名男青年赶来,守候于隔壁店面。当日下午万某某到达后,李某生等人冲进86号店面,对万某某进行捆绑、殴打。在其授意下,李某生等人谎称与万某某在生意上有过节,要求其赔偿损失,然后其假装出面调和,以唱"双簧"、做"笼子"的方法,迫使万某某向其出具各借款1万元、1.6万元2张借据。当晚,李某生等人再次将万某某的手、脚捆绑,并用胶带封住其嘴巴、眼睛后离去。随后,其用砖头、铁管猛击万某某头部致万某某死亡,移尸于坑池内,倒入硫酸毁尸灭迹。次日,其将作案用的手机卡、铁管及万某某的驾驶证、身份证件等遗物丢弃,并雇请民工对现场进行清理。根据严某某的供述,警方将犯罪嫌疑人李某生、周某某抓获,两人对其受严某某指使、拘禁万某某的事实均予供认;警方挖开了已被严某某雇人填平的化尸坑池,从坑池中提取了被腐蚀的皮带扣和类似碎骨、牙齿、衣服纤维以及硫酸根、氢离子等物质;从现场附近的下水道中提取了被严某某丢弃的手机卡;从HS市HSG区某鱼塘中提取到作案工具2根铁管;从某湖中提取到万某某的驾驶证、身份证等遗物。至此,本案告破。

二、在案证据

围绕被害人万某某失踪、被告人严某某有杀害万某某逃避债务嫌疑等

事实,警方和检方收集了若干证据,并经庭审举证、质证,归纳如下:

1. 证人程某玉(万某某之妻)、万某佳(万某某之子)的证言证明:万某某于2004年8月23日突然失踪,其与家中的最后联系时间为当日中午11时许。程某玉的证言还证明:严某某欠万某某75万元巨额债务,其中有30多万元的借据她在案发前的8月20日还看到过,但在万某某失踪后该借据就不见了。当她找严某某询问情况时,严某某否认其欠万某某的债务,反而拿出万某某向其借款的条据。严某某还以万某某可能被绑架,如若报警对方可能会对万某某下手等为由,劝说她不要报警。

2. 证人游某某(万某某的朋友)的证言:我于2004年8月23日下午2时许与万某某通过电话,万某某称其要送1万元现金给严某某。但此后万某某的手机就一直处于无人接听状态。直至晚上我再次拨打万某某的手机时,第一次无人接听,第二次显示正在通话,第三次关机,便怀疑万某某出事了。事后,严某某行为反常,提示我们查询万某某当日的通话记录,否认其欠万某某的债务,还劝阻我们报警。

证人黄某兵的证言印证了案发当日下午2点多钟,万某某向他借款1万元,称马上要给他人送去的事实。

3. 证人申某某(严某某之妻)的证言:严某某平时爱好赌博。2004年8月23日,严某某早上外出,一直到晚上12点回家,洗完澡后又出去了,直到第二天早上九十点钟才回来。

证人李某英(严某某之母)的证言印证了严某某喜欢赌博、欠债较多的事实。

4. 证人潘某生(HS市农产品蔬菜批发市场市场部经理)的证言:2004年8月初,严某某租赁某农贸市场的85号、86号两个相邻店面,并要以装机床为由在86号店面内挖了一个坑池。当月25日我再去看时,坑池已被填平,墙壁还刷了涂料。

5. 证人胡某平(某农贸市场87号店面经营者)的证言:严某某于2004年8月2日租下86号店面,次日以安装机床为名在店面内挖坑池,21日或

22日运回2桶化学药剂，23日上午安装窗帘。当晚9点多，86号店面传来几声巨大的撞击声，有人在骂娘和细声说话，一男子还将窗帘掀起朝对面张望。次日凌晨2点多严某某骑摩托车出去，约9点买回瓢、扫帚等物，并戴着橡胶手套持锹往店内铲沙，后外出带回民工填坑池。25日早，严某某又雇请民工为店面做仿瓷、贴地砖。

证人魏某华（胡某平之妻）的证言印证了案发当晚86号店面传来惨叫声，好像有人打架。次日早该店店主就雇请民工为墙面做仿瓷、填坑池等事实。还证明：为86号店面装修的民工告诉她的弟弟，其发现该店面二楼有许多血迹。

证人尹某清（某农贸市场90号店面经营者）的证言印证了案发当晚约9时，86号店面有人打架，胡某平还往对面张望的事实。

证人尹某萍（尹某清之女）的证言：当日下午4时，86号店面内有多人打架，被打的人好像被封住了嘴巴。当晚8时至9时，我又听到该店面有打架声。

6. 证人胡某清（民工）的证言：2004年8月初，我受雇于严某某在某农贸市场一间店面内挖坑池。当月下旬，严某某又请他和一名四川籍民工将坑池填了起来，当时坑池里有许多黑色液体，并散发出难闻气味，严某某解释说是硫酸水。二楼及楼梯处发现好多血，呈滴状和喷溅状，严某某解释说是晚上两个守夜的青年打架留下的，吩咐我们将血迹清洗，将墙壁刷上仿瓷，将地表和楼梯上刷上红油漆，并叮嘱我们不要乱说。

证人胡某雄（民工）的证言印证了其受胡某清之邀为严某某挖坑池的事实。

证人陈某（四川籍民工）的证言印证了2004年8月24日下午，严某某雇请他到86号店面，与胡某清一起填坑池、洗墙、做仿瓷、刷油漆。并发现一楼坑池内有黑色液体、二楼墙上有许多红点的事实。

7. 证人李某环（严某某之姨妈）的证言：2004年8月下旬，严某某从我处购买2桶约200斤浓硫酸。

8.现场勘验检查笔录及照片证明:中心现场位于HS市经济技术开发区某农贸市场86号店面内,该店面二层结构,将一楼地面挖开,发现一个长100 cm、宽82 cm、深64 cm的长方形坑池,上部为水泥混凝土,下部为砖块,砖块下有黑色沙石,池内的黑色印记高20 cm至30 cm。从池中提取"金盾"牌皮带扣、黑色沙石、砖块、铁丝和类似于碎骨、毛发、牙齿、衣服纤维的物质。通往二楼为木质楼梯,表面刷有红色油漆,二楼为水泥地面,亦刷有红色油漆。另有2块窗帘布。

证人程某玉、万某佳的证言及辨认笔录证明:万某某失踪前所系腰带的带扣与上述从现场提取的"金盾"牌皮带扣属于同类物品,系2年前万某某同程某玉、万某佳在某商业广场购买,款式还是万某佳帮忙挑选的。

9.鉴定意见:在某农贸市场86号店面一楼坑池内提取的黑色沙土中检验出了氢离子和硫酸根。

10.通话记录载明:案发当日,139×××××××5卡号只与万某某手机发生通话,139×××××××3卡号仅于当晚7时1分与万某某手机通话17秒;当日下午2时44分至晚上11时17分,严某某用其平时使用的另外2个卡号与李某生通话4次。

证人李甲(某通信营业厅营业员)的证言:号码为139×××××××5和139×××××××3的移动SIM卡系我分别于2004年8月3日和17日经手办理,申请人为同一名男性,因该男子不愿提供身份证明,故我用公司备用的他人的身份证为其办理了入网手续。在第二次办卡时,该男子故意用手遮挡住面部。

辨认笔录及照片证明:经混杂辨认,李甲确认申请办理入网手续的男子是严某某。

11.侦查实验证明:6.5公斤猪头和0.5公斤猪肉被10公斤浓硫酸浸泡后,肉和骨头均被腐蚀、炭化并溶解成糊状,淡绿色的硫酸变成黑色溶液,散发出浓烈的芳香气味。

12.同案犯李某生供述:2004年8月23日下午,表哥严某某打电话让我带人去帮他讨债，我遂邀约周某某、"琦琦""肉头"来到某农贸市场严某某所租的门店，严某某吩咐我们说，"等下那个人过来后，你们就把他打一顿，再绑住"，并让我们在隔壁一间门店守候。下午两三点钟，严某某所说的那个万老板来到了严某某的门店，我们冲进那间门店，一齐动手打万老板。严某某假装扯劝，我假装让严某某别管，说不关他的事。万老板问是怎么回事，并说是误会。我们让万老板跪着去想"那件事"，并将他绑了起来。万老板主动问是不是煤焦油的事，我正好就着他的话说："为这件事我们花了好多钱，现在生意被你抢跑了，你看着办。"万老板说赔我们4万元，我说损失不止这么多，严某某就假装过来"打圆场"，说由他担保给钱。这样，严某某假装向我打欠条，万老板向严某某出具了2张分别为1万元、1.6万元的条据。当晚7时许，我们按照严某某的要求用胶带封住万老板的嘴巴、眼睛后离去，只留下严某某和万老板在门店里。我们只是用手打了万老板，没有将他打出血来。

同案犯周某某的供述印证了李某生所供情节。

辨认笔录及照片证明：经分别混杂辨认，李某生、周某某均确认被拘禁之人系万某某，指使其两人拘禁万某某之人是严某某。

指认笔录及照片证明：李某生、周某某分别指认某农贸市场86号店面系拘禁万某某的场所。

13. 被告人严某某供述：我和万某某因赌球之事曾经发生过矛盾，加之万某某逼我偿还30万元债务，我无法偿还，便起意杀害万某某。为此，我于2004年8月在某农贸市场租下2间相邻店面，在其中的86号店面挖一个坑池；在某通信营业厅办理了2张移动卡，自己没有提供身份证；从姨妈李某环处购买了硫酸2桶；还准备铁制水管、透明胶带等工具。尔后，我以万某某"黑"自己的钱为由，邀约表弟李某生帮忙追债。当月23日，万某某到达86号店面后，守候在隔壁店面的李某生及其带来的几名青年冲过来将万某某捆绑、殴打，并按事先商量的方法，以与万某某生意上有过节为由向万某某索款5万元。我假装出面调解、担保，从而引诱、强迫万某某出具

2张总金额为26000元的借条。当李某生等人按照我的要求将万某某再次捆绑并用透明胶带封住嘴巴、眼睛离去后，我即用红砖、水管猛击万某某头部，致其死亡并移尸于坑池内，倒入硫酸。然后用棉絮擦拭地面上的血迹，将作案用的移动卡折断丢进下水道。接着清理万某某皮包，将包内的现金人民币4500元据为己有；将我向万某某出具的欠条从笔记本撕下并撕碎丢进下水道；将万某某的皮包、手机、驾驶证、身份证等物抛入HS市警校旁边的湖里；将万某某所穿的1双某品牌浅灰色休闲鞋丢进某路对面的水塘里；将作案用的水管和另外1根没有弯头的水管丢进某鱼塘里。后我感觉处置万某某鞋子的方法不妥，便请人将鞋捞出抛于某公路锁前桥下。天亮之后，我雇请民工填坑池、洗血、做仿瓷、贴地砖、刷油漆。在杀害万某某期间，我还打开万某某的手机，故意用作案前新办理的139××××××3卡号拨打该手机，游某某也拨打过万某某的手机，我还发觉对面店面有人朝这边张望。

警方根据严某某的供述挖开86号店面至69号店面的下水管道，提取1张手机卡残片，经核对确认该卡号为139××××××5；从某鱼塘中打捞出水管2根；从某湖中打捞出万某某的驾驶证、身份证、HS市公交公司内养证各1份；从严某某身上搜出万某某向其出具的借据2份，经鉴定系万某某亲笔书写；找到了证人梅某凤，其印证了为严某某从水塘里打捞起1双灰色休闲鞋的事实。

三、证据特点

本案是一起凶手杀人后使用浓硫酸毁尸灭迹、致使被害人死不见尸的重大刑事疑案。其证据特点如下。

（一）被害人尸体未被发现

虽然，严某某曾供认杀死被害人万某某后将其尸体移至事先挖好的坑池内，再倒入硫酸毁尸灭迹，而且，案发后警方挖开被填埋的坑池，提取到疑似万某某遗物的皮带扣和类似碎骨、毛发、牙齿的物质以及检出氢离子和硫酸根的黑色沙土，但是，没有其他的直接证据证实严某某杀死了万某某，也无法通过科学方法鉴定确认坑池内类似碎骨、毛发、牙齿的物质就是人体组织，更不能证实这些物质是万某某尸体的一部分。对于这种活不见人、死不见尸的杀人疑案，始终是困扰司法实务界的难题，一方面，审判法官内心确信被害人已经被凶手杀死；另一方面，审判法官倾向出于最谨慎的考虑作出裁判，以防日后出现"死者复活""亡者归来"的情况。本案中，万某某是否已被严某某杀害？涉及严某某是否实施故意杀人行为及罪与非罪的实质性问题，审案法官无法回避，必须作出定论。如果不能确认万某某已经死亡，则认定严某某构成故意杀人罪的事实不清，证据不足；如果确认万某某被杀且其尸体被硫酸毁灭于坑池内，则严某某构成杀人重罪，因其残忍的作案手段将面临最严厉的刑罚。

（二）被告人翻供

被告人严某某归案后，经过警方数天连续审讯，其供认了杀死万某某并用硫酸毁灭万某某的尸体的犯罪事实，此后又作了多次有罪供述。案件到了审查起诉阶段后，严某某先是认罪，但随后翻供，否认杀害了万某某，辩称其让李某生等人拘禁万某某时，双方打了起来，李某生等人遂将万某某捆绑，他出面"做笼子"让万某某出具了借条，李某生等人离开之后，因万某某有心脏病，且头部被撞伤，其就出去喊出租车准备送万某某就医，但其回来后发现万某某已经离开了。严某某还称其原来所作的有罪供述是不真实的，是警方对其刑讯逼供，其不得已才供认的。因此，对于严某某的有罪供述，尚需甄别使用。

（三）间接证据较多

本案分为两个阶段，第一阶段是严某某指使李某生等人将被害人万某某拘禁于某农贸市场86号店面，该阶段的证据较为确实、充分，同案的被

告人李某生、周某某均供认不讳，严某某也无异议；第二阶段是严某某支走李某生等人后杀死了万某某，并用硫酸将万某某的尸体销毁，该阶段的证据中直接证据只有严某某的有罪供述，间接证据较多，既有证明严某某购买硫酸、手机卡、挖坑池进行伺机作案准备等方面的证据，也有多名证人证明案发当晚严某某的86号店面传来打人声、惨叫声等方面的证据，还有证明案发后严某某填埋坑池、清理现场血迹、丢弃作案工具及万某某遗物等方面的证据，该间接证据能否形成证据锁链，是否能与严某某的有罪供述相互印证，从而达到证明案件主要事实成立之目的，需要借助经验法则、逻辑推理等方法进行分析、判断、认定。

四、证据分析

本案中，被害人万某某的亲属是以万某某失踪报案的，当时警方只是怀疑万某某的失踪与被告人严某某有关联，而并没有掌握万某某已被严某某杀害等事实，证明严某某进行作案准备、请帮手控制被害人、杀人后毁尸灭迹等事实的证据都是在严某某供述之后，警方根据其提供的线索再查证核实确认的，因此，严某某的有罪供述既是案件侦破的关键，也是认定案件核心事实的重要证据。根据本案的证据特点，现围绕严某某的有罪供述作如下有针对性的证据分析。

（一）审查被告人严某某有罪供述的合法性

在案证据证明，2004年8月26日，警方认为严某某与万某某失踪有关联，遂传讯严某某对其进行盘问，前6次讯问均在警方办案场所进行，严某某否认犯罪。8月29日晚，严某某开始招供，自此至9月8日，严某某在警方办案场所共作了11次有罪供述。9月20日至12月16日，严某某在看守所又作了8次有罪供述。案件进入审查起诉后，严某某2次在看守所向检察机关交代了犯罪事实，其中的一次检察机关邀请了严某某的辩护人见证了讯问过程，严某某的辩护人出具了检察机关没有违法取证行为、严某某系自愿供述的见证意见书。上述情况表明，警方将严某某限制在非法定羁押场所长达10天以上，其间所取得的严某某的有罪供述显然不具有合法性。虽然此后严某某在法定羁押的场所看守所又作了8次有罪供述，但严某某面对的还是相同的侦查部门、相同的侦查人员，心理的恐惧感仍然在持续，且警方没有制作同步录音录像佐证讯问过程的合法性，因此，严某某在侦查阶段有罪供述的取得不具有合法性。在审查起诉阶段，检察机关讯问人员向严某某表明了自己的身份，告知严某某的相关权利义务，还邀请严某某的辩护人全程见证了讯问过程，在此期间所取得的严某某的有罪供述具有合法性。

（二）审查被告人严某某有罪供述的客观真实性、关联性

1.严某某在检方的有罪供述涵盖了作案动机、案前准备、雇请帮手、杀人毁尸、清理现场、丢弃物证等多个环节，每个环节均有相应的间接证据予以印证，证据确实、充分。（1）在作案动机方面，严某某供述一是为了杀死万某某以便赖掉数十万元的巨额债务，二是其与万某某因赌球产生过矛盾。其中，严某某所供两人之间因赌球产生矛盾而起意杀人的情节无证据证实，也不符合本案中万某某毫无防备如约来到严某某租住处而导致被杀害的客观情况。但严某某欠万某某数十万元巨额债务不能偿还的情况属实，不仅有程某玉、游某某等多名证人的证言证明，严某某亦供认。故杀害债权人、销毁借据以消灭债务，符合严某某的作案动机。但是，怎么能够做到让万某某带上借据呢？万某某之妻程某玉证明，严某某向万某某出具的借据都写在或者夹在万某某的一个黑色封面的电话本上，万某某习惯随身携带电话本。严某某经常与万某某在一起，并多次与万某某发生借款业务，自然掌握了万某某喜欢让人在其电话本上书写借条并将电话本随身携带等习惯，于是，严某某再次以借钱为借口，诱骗万某某携带电话本来到自己的租住屋，杀死万某某后将其向万某某出具的借据销毁。严某某还供认，即使万某某没有随身携带借据，其也可以通过控制万某某劫取其随身携带的钥匙，再去万家盗取

借据。(2) 在犯罪预备方面，严某某所供冒用他人身份办理2张电话卡的情节，有办卡的证人李甲的证言及根据严某某的指认从作案现场下水道提取的电话卡等证据予以印证；严某某所供租门店、挖坑池的情节，有房屋业主方的证人潘某生、挖坑池的民工胡某清、邻居店面的租户胡某平的证言等证据予以印证；严某某所供买硫酸的情节，有卖硫酸的证人李某环的证言及在作案现场提取的硫酸桶等证据予以印证。(3) 在犯罪实行方面，严某某所供以帮忙讨债为由雇请李某生等人拘禁万某某并逼迫万某某出具借据的情节，有同案被告人李某生、周某某的供述和万某某出具的借据以及严某某案发前联系李某生的通话记录予以印证；严某某所供持砖块、铁管击打万某某头部并致其死亡的情节，有证明听到打斗声的邻居店面租户胡某平、魏某华、尹某清的证言和严某某于案发当晚故意用事先准备的陌生号码联系万某某的通话记录以及根据严某某的指认从HS市某鱼塘里打捞出来的2根铁管等证据予以印证。(4) 在毁尸灭迹方面，严某某所供杀死万某某后将其尸体移至坑池倒入浓硫酸予以销毁、雇请民工填埋坑池、粉墙刷漆以清理现场血迹等情节，有根据严某某指认挖掘出的坑池以及从坑池内提取的硫酸根、氢离子、金盾牌皮带扣和类似碎骨、毛发、牙齿、服装纤维等物证，证明填埋坑池时闻到刺鼻气味、粉墙刷漆时发现多处血迹的民工胡某清、陈某的证言，证明万某某失踪前所系的皮带扣与从坑池中打捞出来的皮带扣系同类物品的证人程某玉、万某佳的证言等证据予以印证。(5) 在处理遗物方面，严某某所供将万某某的皮包、手机、驾驶证、身份证件丢进HS市警校旁边湖塘的情节，有根据其指认从某湖打捞出来的万某某的驾驶证、身份证、内养证等物品予以印证；严某某所供将万某某所穿鞋子丢进某路对面湖塘，后感觉不妥又请人打捞出来，再丢进某路锁前桥下的情节，有帮助严某某打捞鞋子的证人梅某凤的证言予以印证。

上述证据中，手机卡系在某通信营业厅办理，用于毁尸的硫酸系从李某环处所购，杀人毁尸地点发生在某农贸市场86号店面，雇请的帮手系李某生等人以及作案后丢弃手机卡、铁管、万某某遗物的地点等情节，警方事先均未掌握，都是在严某某供述之后，警方根据其提供的线索和现场指认再提取到相应的物证或者找到相关的证人予以印证核实，足以证实严某某有罪供述的客观真实性。但是，前已论证，警方取得的严某某的有罪供述不具有合法性，这就存在对于"毒树之果"的证据如何运用的问题。目前，我国司法实践中普遍的做法是，对于"毒树"即警方采取刑讯逼供等非法手段所取得的证据应当予以排除。但是，对于该"毒树"所结的"果实"，即警方根据刑讯逼供等非法手段所取得的证据，提取到的重要的、隐蔽的证据，如根据刑讯逼供所取得的被告人的供述提取到作案工具、被害人尸体等，是可以作为定案依据的。根据本案的具体情况，虽然警方所取得的严某某的有罪供述不能作为证据使用，但严某某在检方所作的有罪供述是可以作为定案依据的。

2. 被告人严某某的翻供理由均不能成立。庭审中，严某某否认其杀害被害人万某某，并为此作了多个辩解。现分析如下：

（1）关于万某某为什么带1万元钱来到严某某租住处的问题，严某某辩称该款系其于2004年间为万某某向严某祥（严某某之堂兄弟）所借，现严某祥催严某某还款，万某某是来还钱的。经调查严某祥，其称当年根本没有与严某某发生债权债务关系，严某某不欠其债务。

（2）关于为什么租店面、挖坑池、购硫酸的问题，严某某辩称86号店面是万某某承租的，其系受托于万某某帮其挖坑池准备安装机床，装运硫酸的车子也是万某某与其一起联系的。但严某某无法提供万某某参与租店面、运硫酸的具体线索供警方进行核查。假使严某某所言属实，但严某某无法解释为什么在机床尚未购买、用电尚未解决等前期准备工作尚未筹备的情况下就匆忙建坑池？机床规格尚不得知，坑池以什么标准修建？办厂尚在筹备，投产遥遥无期，为什么要提前买回为生产而用的且腐蚀性极强的危险品浓硫酸？既然坑池是万某某决定建的，其为什么又自作主张将坑池填平？既然是万某某租的店面，为什么其在得知万某某已失踪的情况下，自掏腰包并仓促地为万某某装修店面？

（3）关于是否杀害万某某的问题，严某某辩称李某生离开后，其解开万某某身上的绳子，与万某某发生争执并打了万某某1棍，万某某倒地时手臂摔伤流了一些血，其发现万某某犯心脏病后即出门喊出租车，回来时大概是晚上9点多钟，已不见万某某踪迹。但在案证据证明，民工在现场发现了大量血迹，显然与严某某所称万某某只是手臂摔伤流了一些血的辩解不符；万某某于案发当晚便与外界失去联系，而不见其报警的客观情况，也与严某某所称万某某自行离开的辩解不符。且严某某无法解释既然其不想杀害万某某，为什么指使李某生等人在离开前用胶带封住万某某的眼睛和嘴巴？为什么在李某生离去后，其当即使用另一个事先准备的陌生号码拨打万某某的电话，从而制造另外有人与万某某联系的假象？为什么在案发当天其使用事先准备的陌生号码分别与万某某、李某生通话，故意隐瞒其与该两人联系过的事实？既然准备将万某某送医院救治，而当时正值出租车运行正常的时间段，其为什么没有叫到出租车就回到出租屋？邻居能够听到打架声，为什么就没有听到严某某打开铁闸门外出的声音？既然万某某已经逃离现场，为什么严某某不担心案发？既然万某某已于晚上9点多钟逃离，为什么严某某还要留在现场，直到深夜12点后回家（案发地离严某某家仅几公里），而后又在凌晨2点多钟出现在现场？既然严某某没有重创万某某，为什么万某某会离开现场后不报案？如果严某某重创了万某某，而万某某又逃离了现场，现场外为什么没有发现血迹？既然没有使用硫酸毁尸，为什么坑池里发现硫酸根和氢离子以及皮带扣、类似于牙齿、碎骨、衣服纤维的物质，并且呈腐蚀肉体后的深色状和发出腐蚀肉体后的气味？既然铁管不是作案工具，其为什么要将它抛弃？其为什么要请人打捞万某某的鞋子？

（4）关于请民工清理作案现场的问题，严某某辩称当听说万某某从现场逃离没有归家后，害怕拘禁万某某之事被发觉，便倒掉其中1桶硫酸，并请人清理现场，并称粉墙是经过房屋出租人提醒后才弄的。该辩解显然站不住脚：如果只是清理现场，把用以捆绑、殴打万某某的作案工具以及现场所留血迹清理即可，为什么要填埋、处理与拘禁万某某无关的坑池、硫酸？如果其与万某某已发生矛盾，且店面系万某某所租，其为什么要自掏腰包并急于为万某某装修店面？而且，出租方证人潘某生证明，其去现场时，严某某已雇人给墙上刮了仿瓷，并非严某某受其提示而为之。

综上所述，严某某的翻供理由经不起丝毫推敲，显然不能成立。

（三）排除案件疑点

本案中，从现场坑池中提取的物质没有检出被害人万某某的DNA成分，于是会使人产生万某某是否确已死亡的疑问。为此，分析如下：

1.本案是一起精心准备的谋杀案，被告人严某某杀人意志坚定。

在案证据证明，严某某欠万某某债务70余万元，已无力偿还，为了逃避巨额债务，严某某铤而走险，决意杀死债权人，为此，严某某进行了精心谋划、充分准备：选择在陌生的市场租赁门店作为作案地点，利用人们与其不熟识的有利条件，便于作案且不易被发觉；租赁2间相邻的门店，一间用于躲藏帮手，一间用于杀人作案，还便于其与帮手之间的呼应；购买了铁管、红砖，用于行凶杀人；购买硫酸、修建坑池，按照被害人的身材设计坑池面积，购买足以覆盖尸体的浓硫酸200斤，便于毁尸灭迹；邀约帮手，便于有效控制被害人；利用被害人喜欢让人在其电话本上书写借条并将电话本随身携带等习惯，以借钱为名诱骗被害人来到现场，便于销毁条据；冒用他人之名办理2张陌生的电话卡，一张用于与帮手联系，一张用于与被害人联系，便于逃避警方侦查视线；诱骗被害人向其出具借据，捏造自己不但不欠被害人债务、被害人反而欠其债务的事实等。严某某的策划非常周密，以至于其不自供犯罪事实，警方连现场都无法找到，同时也反映出严某某经过深思熟虑之后形成了坚定的杀人意愿。当一切都按计划进行，严某某如愿以偿得到自己所需的其向万某某出具的借据后，严某某必然会杀掉万某某，因为一旦万某某活着离开，其不仅前功尽弃，还会受到严厉的刑罚制裁。

2. 被告人严某某实施了杀害万某某的行为。

在案证据证明，李某生等人控制被害人万某某后，虽对被害人实施过殴打、罚跪等暴力行为，但暴力行为比较轻微，尚有节制，既没有动用器械殴打被害人，也没有将被害人打得流血，晚7时许李某生等人离开后，严某某开始实施杀人计划，邻居店面的租户听到的打人声、惨叫声是在案发当晚9时以后发生的，足以证明严某某是在李某生等人离开后开始对被害人实施加害行为；邻居店面的租户听到的巨大撞击声、惨叫声以及为86号店面装修的民工在现场看到的大量喷溅状、滴状血迹，足以证明严某某对被害人实施了强度较大的加害行为；根据严某某的指认从池塘中提取铁管的事实，足以证实该铁管用于作案，严某某丢弃铁管的意图是为了隐藏罪证；被害人失踪后严某某匆忙雇人装修房屋、填埋坑池的事实，足以反映严某某意图掩盖犯罪痕迹；从坑池中提取到硫酸根和氢离子以及现场发现空置的硫酸桶等事实，足以证明严某某于案发前购买的浓硫酸已被使用于坑池之中；从坑池中提取的皮带扣和类似碎骨、毛发、牙齿、衣服纤维等物质，结合硫酸已被使用于坑池的情节，足以证明严某某用浓硫酸销毁了某些物品，结合在案其他证据，可以认定该被销毁的物品就是被害人的尸体。

3. 被告人严某某的事后行为表明其明知万某某已死亡。

在案证据证明，案发后，严某某当即丢弃被害人万某某的身份证、鞋子等物品；迅速处理作案物品手机卡、铁管；匆忙雇人以装修为名清理现场血迹、填埋坑池；自己没有任何防范被害人出现或者报案的措施与表现；面对被害人亲属也振振有词地施以谎言，并意图劝阻被害人亲属报案等，严某某的上述一系列行为表现，足以表明其明知万某某已永远消失，不会再出现。

4. 坑池中没能检出被害人万某某的DNA成分符合客观情况。

在案证据证明，浓硫酸具有强氧化性、强腐蚀性、脱水性等特性，可以将人体腐蚀炭化，溶解人体皮肤、骨骼、毛发及所穿衣物，且这些物质与硫酸化合后，形成了另外的物质，而失去了原有的物质成分。检方通过侦查实验，将 6.5 公斤猪头和 0.5 公斤猪肉用 10 公斤浓硫酸浸泡后，发现肉和骨头均被腐蚀、炭化并溶解成糊状，淡绿色的硫酸变成黑色溶液，散发出浓烈的芳香气味。猪骨、猪肉相比于人体骨骼、肌肉，其密度都相对较大。本案中，严某某设计的坑池放入浓硫酸后足以覆盖被害人万某某的尸体，侦查实验验证了被害人尸体可以被浓硫酸全部溶解的可能。因此，从坑池中没有检出被害人万某某的 DNA 成分，符合客观情况，不应作为事实不清、证据不足的疑点。

·通过上述分析，足以深信不疑地确认，被害人万某某已被严某某杀害并毁尸于坑池内。

案例七：供证严重不符　特殊作案方式结合经验法则、情理分析、逻辑推理还原作案事实——被告人蒋某某故意杀人、放火疑案解析

案件疑情提示：作案人杀人后纵火焚烧现场，造成数人死亡，火灾引发的爆炸现象及案发后的救火行为导致现场连续破坏，一片狼藉，许多重要的痕迹物证无法提取；作案人将被害人余某某捂死后为其举行了葬礼仪式，作案方式较为奇特；被害人余某某之夫被告人蒋某某于起火爆炸前离家逃逸，滞留外地长期不归；蒋某某归案后时而认罪、时而翻供，其有罪供述的主要内容与现场勘验检查笔录、尸检检验意见等证据严重不符，蒋某某是否系作案人存疑；如何运用经验法则、逻辑推理、情理分析认定案件事实；如何排除案件中的疑点问题……

一、发案、破案情况

1989年7月8日12时许，XX省QJ市公安局某派出所向该局刑警队通报案情称：当日凌晨3时25分，本市某办事处某街一巷相邻的12号、13号房屋发生火灾，5间平房被烧毁。消防部门清理现场时，在12号房屋发现3具尸体，13号房屋发现1具尸体，现场有些反常。刑警队接报后当即派员赶赴现场展开工作。查明：13号房屋死者为承租人余某某（女，殁年24岁）；12号房屋死者为承租人何某珍（女，殁年54岁）、田某静（女，殁年17岁）、田某（女，殁年8岁）。经法医鉴定确认，余某某系因他人用异物压迫口鼻致窒息死亡，死亡时间距尸检24小时以内，饭后5小时以上；何某珍、田某静、田某均系火灾爆炸引起的身体受挤压、缺氧而导致窒息死亡；该起火灾系作案人杀死余某某后纵火所致。同时查明，死者余某某的丈夫蒋某某于案发后骑摩托车潜逃，有重大作案嫌疑，警方为此发出协查通报。同年7月21日，蒋某某在上海市火车站因形迹可疑被当地警方收容审查，民警从蒋某某随身携带的包内提取了蒋某某写给时任QJ市法院院长吴某某的2封书信以及1把刀具等物品。信的内容反映蒋某某与纵火案有关联。接到上海警方的通知后，QJ市警方派员前往上海，将蒋某某押解回QJ市羁押。经讯问，蒋某某对其杀人纵火的犯罪事实陆陆续续作了供述与辩解。警方查明：1977年，蒋某某与廖某珍结婚，因廖无生育，两人于1988年离婚。同年阴历五月，蒋某某又与被害人余某某结婚。婚后，余某某经医院检查无生育能力。蒋某某因不能实现传宗接代的目标，萌生杀妻之念。1989年7月7日深夜（或次日凌晨），蒋某某在QJ市某办事处某街一巷13号租住房中，用软物质紧捂余某某的口鼻，致余某某死亡。蒋某某随即伪造现场，并点火焚尸，大火蔓延至相邻的12号房屋，将熟睡中的何某珍等3名被害人烧死。至此，本案告破。

二、在案证据

围绕被告人蒋某某有杀人纵火犯罪嫌疑等事实，警方和检方收集了若干证据，并经庭审举证、质证，归纳如下。

（一）被害人余某某于1989年7月8日凌晨被杀害于QJ市某办事处某街一巷13号房屋中

1. 起火爆炸时间为当日凌晨3时20分左右。

（1）证人胡某雪、刘某斌、李某伟、杨某（均系某派出所协警）的证言，均证明某街一巷起火的时间为1989年7月8日凌晨3点半左右以及警民协力救火等情况。

（2）证人田某浩（某街一巷12号房屋承租户）的证言：1989年7月8日凌晨3点左右，我女婿郑某平乘车到某地进货。我和妻子何某珍起来上厕所，何某珍还换了煤炉，我刚上床睡了5分钟（还未熄灯）就听到爆炸声，

墙被炸塌，我的腿和何某珍的身体都被砖块压着，我爬出来去刨何某珍身上的砖，刚刨了一会儿，火就烧起来了，并且烧到了我的身上，当时我的孙儿田某、田某静都被砖块压着不能动弹，孙儿还喊叫我。因火势太大，我没有办法，只好只身逃了出来。

证人康某某（某街一巷12号房屋另一承租户）的证言印证了当日凌晨3时许其送妻子和田某浩的女婿郑某平出门乘车、起火爆炸时间为凌晨3点半左右等情节。

说明：某街一巷12号房屋分成两户出租。

（3）证人刘某凤（某街一巷18号房屋住户）的证言：失火的地方离我家不到20m。7月8日凌晨3点差5分，我看了表后从某豆制品厂下夜班回家，在某街50号往东的小巷进口处看到一辆某品牌摩托车停在那里。回到家后不久，我就听到了爆炸声。从厂里到我家需步行5~10分钟。

警方现场实验记录证明：根据刘某凤反映，1989年7月8日凌晨3点差5分，其从某豆制品厂下班步行回家，行至某街50号巷子处，在该巷子口发现一辆某品牌摩托车停放在进口处。经现场实验，从某豆制品厂到某街50号巷子口处停放某品牌摩托车的地方，按正常速度步行，需要6分钟左右。

（4）吴某福（某街二巷13号房屋承租户）的证言：听到喊救火的声音时，我妻子用手电筒看了手表，时间为3点20分。

2.作案人在被害人余某某的卧室杀人、纵火。

（1）证人田某浩（某街一巷12号房屋承租户）的证言：爆炸声从右边邻居家（和平街一巷13号）传来。

（2）消防部门火灾现场勘验检查笔录证明：火灾现场位于某街一巷12号、13号二栋砖木结构平房，共7间房，其中5间房被烧毁。

首先，对某街一巷13号爆炸现场进行勘查。13号正房的北侧卧室以卧室为中心形成一个爆炸现场，东墙受爆炸冲击波作用向东倒塌；南墙用木板做壁已被烧毁。正房南侧卧室侧门右上方100m处，挂墙被气浪形成一个两边直线，夹角为直角，一边为弓形曲线的孔洞；西面受爆炸冲击，小瓦片抛散，呈放射状堆积在厨房地面上；北墙受爆炸冲击力作用向北倒塌。消防部门采用剥离方法对北侧卧室进行勘查，表层散落着烧剩的梁、柱等，木炭堆积。距东墙50 cm、南壁70 cm处有1个25公斤汽油桶，桶盖敞露。在桶旁附近找到桶盖，可复原将桶盖住，桶内可嗅到汽油挥发气味，没有残存汽油，油桶无爆炸痕迹。在油桶附近有烧损的搪瓷盘、食品盒、麻袋残片，还有1副摩托车牌号，油漆脱落，牌号明晰，牌号为"XX40—80×××"。剥离到距东墙170 cm，北墙150 cm处有十几根烧毁的细铜丝。距东墙170 cm至330 cm之间，剥离时伴有较浓的汽油挥发味。在距东墙330 cm、北墙附近发现1个烧毁的塑料桶残骸、摩托车修理工具箱和2只煤油灯及其他杂物。在剥离到距东墙450 cm处，发现1张未完全烧毁的床和1具用棉被、毛毯包裹着的女尸（被害人余某某），尸体上覆盖着烧剩的梁、柱、椽和爆炸塌落的砖块、瓦砾等物。尸体完好，呈仰卧状，上穿粉红色确纶衬衣，外套白色针织网格背心罩，下穿水红色确丝睡裤。两膀搭于胸前，左右手各握1束塑料花，置于胸前。尸体头部边有1部微型录音机，机内装有1盘磁带，磁带盒正面贴有用蓝色铅笔在普通材料纸上写着"我为什么要杀雷某科和小谷（编者注：指谷某敏），有我的绿（录）音。1989（年）六月初五日"的纸条。①

其次，对某街一巷12号爆炸燃烧现场进行了勘查。从东向西由某街一巷12号正房进入南侧卧室，地面被砖瓦堆积覆盖，厚度为80 cm至120 cm，从南向北，砖、瓦片堆积厚度减薄。距东墙30 cm处，有1具上体被砖、瓦覆盖，下体烧伤的女尸（田某静），将压在尸体上的砖、瓦清除，尸体呈侧

---

① 本案例证据材料中的纸条及信件，因被告人书写原因存在部分错漏之处。为方便读者阅读及理解，在真实反映证据材料内容的基础上，编写时在原内容上使用括号进行修正及增补，例如，纸条原文为"有我的绿音"，根据现场有磁带的情况判断，应是"有我的录音"之误，故文中写为"有我的绿（录）音"。

仰卧状，臀部以上肢体完好，上穿水兵腈纶短袖汗衫，左大膀被砖、瓦挤压有一小块伤痕，鼻腔、嘴角少量出血。距东墙450 cm处也有1具上体被砖、瓦覆盖、下肢烧伤的女尸（何某珍），将压在尸体上的砖、瓦清除，尸体呈侧卧状，膝盖以下烧伤，膝盖以上肢体完好。在清除东墙附近砖、瓦片时，紧靠东墙又发现1具被砖、瓦片覆盖的女童尸体（田某），尸体呈仰卧状，尸体完好，未被烧伤。上述3具尸体均系受爆炸冲击力作用，墙壁倒塌，将其压倒，后被燃烧的大火烧死。

消防部门认为，因此案属于纵火性质，故移交警方勘验。

（3）警方现场勘验检查笔录、现场示意图及照片证明：

1989年7月8日凌晨3时30分群众报火警，凌晨5时许警民共同将大火扑灭。现场位于QJ市某镇某街一巷13号房屋，在该房屋的北厢房内发现1具女尸。13号房屋北邻12号房屋，遭大火袭击，12号房屋共4间房被烧毁3间，在南厢房内发现3具女尸。13号房屋南邻14号房屋，未遭大火袭击，现状完好。消防部门确定大火是由13号房屋蔓延至12号房屋。

13号房屋为3间砖、瓦、木架结构房屋，即北厢房、南厢房、北屋。北厢房、堂屋被烧毁。发现的尸体（余某某）在北厢房内，可见尸体头朝南，脚朝北，全身外层被毛毯裹着，尸体头东南330 cm有1根高400 cm、直径12 cm的屋柱，头西南190 cm，又有1根高200 cm、直径12 cm的屋柱，两柱为平行线，相距490 cm，柱的顶端及外表均被烧，呈焦状，尸体头距北厢房倒塌北墙壁200 cm，墙壁距地面高40 cm，测得北厢房面积为480 cm×290 cm。在尸体头部西南角有1只白底小花枕头，枕头靠地面一侧已烧毁一节，枕头下有1只水红色枕套，尸体被1床红色、黄色交织的毛毯裹着，毛毯上缝有米黄色被单，尸体东西两侧及下部还有棉絮裹搭着。揭开毛毯，在尸体颈部有1部L504—1型袖珍录音机，此机内装有1盘磁带，磁带外侧贴有1张裁剪后的双条材料纸，纸上写有"我为什么要杀雷某科和小谷，有我的绿（录）音，1989（年）六月初五日"。录音机西10 cm有1个磁带盒（塑料），盒内装有1盘磁带，此磁带盒下还有1个磁带盒，内亦装有磁带，两磁带盒及磁带被烧粘连。测得尸体全长 160 cm，为女性，上身穿白色针织腈纶长袖衫，下身穿水红涤纶长裤，尸体右腋窝有 1 把折叠水红色羽毛扇。此扇呈折叠状，扇长 23 cm。右手握有红、白色塑料花各 1 枝，左手下压着 1 枝黄色塑料菊花，胸部还放有 1 枝水红色玫瑰塑料花。尸体左侧臀部有 6 枝塑料花，两小腿中间放有 9 枝塑料花。此束花下，有 1 只长筒丝袜。尸体两侧距西南方的屋柱 240 cm 处，有 1 条红色腈纶秋裤。抬起尸体后，尸体下可见 1 床黄色鸳鸯牌床单，床单四周被火烧烂。掀开床单，可见下垫有棉絮 2 床，第一床四周边沿被烧，表面层未见被烧痕迹。将此絮翻开下层面，可见被烧后留下的痕迹，北端的棉絮下，还有 1 水红绸衬衣被烧的残件，紧靠此衬衣还有 1 条浴巾。第二床棉絮全部被火烧得炭化。前述毛毯、棉絮、床单之物翻揭时，可嗅觉出较浓的汽油味。将棉絮之物拿起之后，可见用草编织的草垫，被烧后碳化痕迹 100 cm×70 cm，此迹北端距此房北墙 50 cm 处可见被烧炭化的竹裂痕迹 10.5 cm×5 cm，两痕迹炭化灰烬之下距北墙壁 140 cm、距西南方屋柱 200 cm 处，有 1 个板车轮子，钢圈、钢丝尚存，轮胎已被烧残留有炭化痕迹残片，钢圈直径 100 cm，此轮下还有相同的轮子 1 个。

（4）火灾原因鉴定意见：火灾原因系因汽油泼洒在 QJ 市某镇某街一巷 13 号房屋中蒋某某、余某某的卧室内，在室内形成爆炸性混合物后，遇着火源产生爆炸性燃烧。

3. 被害人余某某等死于他杀。

（1）证人余某章（余某某之父）的证言：案发后，我到火葬场去看了尸体，可以肯定是我女儿余某某。

（2）对被害人余某某的尸体检验鉴定意见：

1989 年 7 月 8 日下午 2 时至 4 时 20 分，对死者余某某的尸体进行了检验。

尸表检验。尸体衣着完好，赤足，尸长 160 cm，披肩发，长发 28 cm，有少量烧焦，尸体发育正常，营养良好，双手半握置于胸前，尸斑暗紫红色

存在尸体低下腰等部,指压褪色,尸僵存在全身各关节。剃光头发,头皮无损伤,头皮下无血肿,角膜透明,两侧瞳孔等大等圆,直径略为0.4 cm,未见两侧外耳异常,鼻腔有少量粉红色泡沫状液体附在外鼻周围。舌头露于齿外,下唇中部、唇黏膜有出血。牙齿28颗,无脱落现象。颈部无索沟,无表皮剥脱和皮下出血,胸部未见表皮剥脱,腹部未见表皮剥脱和皮下出血,外阴及两大腿根部未见表皮剥脱,在阴道外口可见残存的处女膜痕,左右膝关节下方分别可见7 cm×8 cm、5.5 cm×4.5 cm的皮下出血,双足脚趾有3度烧伤,尸体外表其他地方未见异常。

解剖检验。冠状切开头皮,见头皮下无出血,颅骨无骨折,沿正中线切开颈部、胸部、腹部,颈部各肌群无出血,环状软骨、甲状软骨无骨折,舌骨无骨折,舌根部、咽后壁有出血,打开胸壁,在胸前区剑突右侧有3 cm×2.5 cm的肌肉出血,肋骨无骨折,胸腔内无积血,双肺水肿,肺表面有点、片状出血,由气管剪至左、右支气管,气管内膜暗红色,无烟熏炭末颗粒,心包腔无积血,心脏外表无异常,心脏内膜、主动脉内膜红染,心脏内充满流动性暗红色血液。腹部、肝、脾无破裂,腹腔无积血,剪开胃,未闻及特殊气味,胃内空虚,胃黏膜完整,无腐蚀、出血、溃烂现象。

分析说明:①死亡原因。尸体下唇黏膜,前胸部、双下肢膝关节有片状出血,系生前形成。尸体颅骨无骨折,心、肺等各实质性脏器无破裂。胃内无特殊气味,胃黏膜正常。气管、支气管内无烟熏炭末颗粒。而肺脏表面可见点、片状出血,肺水肿,心脏内充满流动性暗红色血液,心脏内膜、主动脉内膜红染。这些特征,均系窒息特征,而尸体颈部无索沟,无表皮剥脱和皮下出血。现场表明,尸体被毛毯、棉絮将全身包裹,且下唇黏膜,前胸部、双下膝关节处有生前片状出血。据此认为,死者系由于口腔、外鼻被异物压迫,致通气障碍而引起窒息死亡。②死亡性质。据死因,死者系由于异物压迫呼吸器官导致窒息死亡,这是死者本人不能形成的。结合现场勘查情况和技术人员对起火原因的分析,认为应系他人所为。③死亡时间推断。尸体尸斑指压可褪色,尸僵存在全身各关节,角膜透明,胃腔空虚,根据这些情况，推断死者死亡时间应在 24 小时以内，饭后 5 小时以上。

结论：死者余某某系因他人用异物压迫口鼻致窒息死亡。死亡时间距尸检时间 24 小时以内。

（3）对田某静等被害人的尸体检验鉴定意见：

尸体情况：死者田某静尸体位于距东墙 30 cm 处，全身被砖瓦覆盖，呈仰卧状，尸斑呈暗红色，指压稍褪色，鼻腔、口腔有血液，头部、颈部、胸腹部外表均未见损伤，双下肢有Ⅱ°~Ⅲ°烧伤，有些部位已炭化。死者何某珍尸体位于距东墙 450 cm 处，全身被砖瓦覆盖，呈仰卧状，尸斑呈暗红色，指压稍褪色，头部、颈部、胸腹部外表均未见损伤。双下肢有Ⅰ°~Ⅲ°烧伤。死者田某尸体位于靠东墙处，全身被砖瓦覆盖，呈侧卧状，尸斑呈暗红色，指压稍褪色，尸体头部、颈部、胸腹部外表均未见损伤，双足可见轻度烧伤。

分析说明及结论：死者田某静、何某珍、田某身体外表均无致命性损伤，而 3 具尸体均被大量砖瓦覆盖，结合现场为一火灾现场，且消防技术员认为爆炸中心在 13 号房屋。据此认为，3 人均系身体受挤压，缺氧而导致窒息死亡。

（二）作案人杀死被害人余某某后为其举行了葬礼

1.消防部门火灾现场勘验检查笔录证明：死者余某某的尸体被棉被、毛毯包裹，尸体完好，呈仰卧状，上穿粉红色确纶衬衣，外套白色针织网格背心罩，下穿水红色确丝睡裤。两膀搭于胸前，左右手各握 1 束塑料花，置于胸前。

2.警方现场勘验检查笔录、现场示意图及照片证明：死者余某某的尸体被 1 床红色、黄色交织的毛毯裹着，毛毯上缝有米黄色被单，尸体东西两侧及下部还有棉絮裹搭着。尸体上身穿白色针织腈纶长袖衫，下身穿水红涤纶长裤，尸体右腋窝有 1 把折叠水红色羽毛扇，此扇呈折叠状，扇长 23 cm，右手握有红、白色塑料花各 1 枝，左手下压着有 1 枝黄色塑料菊花，胸部还放有1枝水红色玫瑰塑料花。尸体左侧臀部有6枝塑料花,两小腿中间放有9枝塑料花。

(三)作案现场系被害人余某某与其丈夫蒋某某共同租住的居所

1.证人刘某辉(某街一巷13号房屋业主)的证言:某街一巷13号房屋的正房于1988年9月出租给蒋某某两口子居住,每月房租40元。以前都按时交房租,1989年6月底我收房租时,蒋某某说最近手头紧,要等下个月一起交。

2.证人周某斌(某街一巷13号房屋另一承租户)的证言:我与妻子杨某萍也租住某街一巷13号房屋,但靠河的正屋是蒋某某夫妻租住,1989年7月5日房东还找蒋某某收过房租。

说明:某街一巷13号房屋也是分成两户出租。

3.证人康某某(某街一巷12号房屋另一承租户)的证言:某街一巷13号房屋系蒋某某两口子租住,1989年7月7日中午12时许,我看见蒋某某骑摩托车带人回到13号房屋。

4.证人杨某萍(女,时年22岁,个体经营户)的证言:案发当天下午,看到蒋某某手里拿着包包回到家中。

5.证人余某笔(被害人余某某之弟)的证言:1989年7月4日下午,姐夫蒋某某、姐姐余某某骑某品牌摩托车来到我家,6日下午他们两人返回QJ市。

证人余某龙、余某娥(被害人余某某亲属)等的证言,均印证了蒋某某、余某某在一起共同居住生活的情节。

6.被告人蒋某某庭审供述:1989年7月7日我在家过夜,次日凌晨出门。家里就我俩,没有其他人。

(四)被害人余某某尸体头部旁边的录音机及磁带系被告人蒋某某于案发当晚放置

1.消防部门火灾现场勘验检查笔录证明:死者余某某尸体头部边有

1部微型录音机，机内装有1盘磁带，磁带盒正面贴有用蓝色铅笔在普通材料纸上写着"我为什么要杀雷某科和小谷，有我的绿（录）音。1989（年）六月初五日"。

2. 警方现场勘验检查笔录、现场示意图及照片证明：死者余某某尸体颈部有1部L504—1型袖珍录音机，机内装有1盘磁带，磁带外侧贴有1张裁剪后的双条材料纸，纸上写着"我为什么要杀雷某科和小谷，有我的绿（录）音，1989（年）六月初五日"。

3. 鉴定意见：现场提取的检验材料"我为什么要杀雷某科和小谷，有我的绿（录）音，1989（年）六月初五日"，经与蒋某某从上海写给原QJ市法院院长吴某某的信件上的字迹进行比对，发现二者在书写水平、字形、字的写法、笔顺、运笔、搭配比例关系及布局、程式语等特征上反映一致，是书写习惯的本质同一。意见为，送检的录音磁带上粘贴的文字是蒋某某书写。

4. 万年历记载：1989年农历六月五日系当年公历7月7日。

（五）作案人所使用的纵火汽油系案发前被告人蒋某某放置于家中

1. 证人康某某（某街一巷12号房屋另一承租户）的证言：1989年7月7日中午12时许，看见蒋某某骑摩托车带着1名男子和1个约10斤装的汽油壶回家。

2. 证人周某斌（某街一巷13号房屋另一承租户）的证言：蒋某某过去做杂货生意，现在改做汽油生意。1989年7月5日，听到蒋某某对房东说，他在某市找人买了汽油。因当时房东要蒋某某交房租时，蒋无钱交，说是钱都用于买汽油了。

3. 证人杨某萍的证言：案发前两天，蒋某某修某品牌摩托车时，我看见他提了1个大胶壶，里面装了大约10斤汽油。

4. 火灾原因鉴定意见：据现场勘查，13号北侧蒋某某的卧室内地面上有较浓的汽油味。室内距东墙50 cm，南墙70 cm处有1只容积为25公斤的铁质扁形油桶，置于地上，桶口向上，无盖，桶内有汽油味，但桶内无残存汽油。桶旁10 cm有1个桶口盖，可将其复原拧紧。桶身无受热膨胀爆炸的痕迹。由此说明该桶在爆炸燃烧前盛装过汽油，桶口盖是被人卸下的。火灾原因是因汽油泼洒在QJ市某镇某街一巷13号房屋中蒋某某、余某某的卧室内，在室内形成爆炸性混合物后，遇着火源产生爆炸性燃烧。

5. 被告人蒋某某庭审供述：案发前，我购买几十斤汽油放在家里。

（六）被告人蒋某某在爆炸发生时骑摩托车逃离现场

1. 证人杨某（某派出所协警）的证言：1989年7月7日晚我在民警室值勤。8日凌晨3点过10分，我骑自行车回家时，在路上碰到1名30岁左右的男子骑着1辆红色50型某品牌摩托，他跟我对视了两三秒钟。约20分钟我回到家后，就听到了爆炸声。

2. 证人刘某凤（某街一巷18号住户）的证言：1989年7月8日凌晨下班回家时，在某街50号往东的小巷进口处看到1辆某品牌摩托车停放在那里。

3. 证人吴某福（某街二巷13号房屋承租户）的证言：案发当日凌晨起火前1刻钟左右，听到某街靠二巷北边有人在发动某品牌摩托车，再过1刻钟左右听到爆炸声，紧接着听到该摩托车从北往南开走了，这时听见有人喊救火。

4. 证人康某某（某街一巷12号房屋另一承租户）等的证言，均证明蒋某某有辆某品牌摩托车，案发后蒋某某人、车均消失不见的事实。

5. 证人赵某化的证言：从1989年8月至1990年2月，我与蒋某某关押在同一监室。蒋某某说家里起火了，他就骑摩托车跑了，后把摩托车丢弃于B市。

6. 消防部门火灾现场勘验检查笔录证明：现场勘查时发现1副摩托车牌，油漆脱落，牌号明晰，牌号为XX40—80×××。

7. 被告人蒋某某供述：我于案发当日凌晨一两点钟离家出门，听到爆炸声后就骑摩托车逃跑了。

（七）被告人蒋某某在逃跑期间给当地法院院长写信反映案情

1. 证人黄某明（上海铁路公安分局上海站派出所民警）的书面证言：1989年7月21日晚7时45分许，我在中心广场花台处执行清查可疑人员的公务，见有1名男青年在写信（或许在写其他东西），我过去后，他神色比较慌张，马上将信藏了起来。于是，我上前对他进行盘问，问他有无证件，他假装翻包拿证件，翻了较长时间，趁我不注意将1份暂住证件从右脚鞋内拿了出来，我就问他来上海干什么，他说来找亲妹妹，后我在他包包内发现刚写的信及1把刀。为了弄清该男子来沪及外出原因，就将他交值班室进一步审查。

2. 警方从蒋某某携带包内查获的书信两封证明：

第一封信的主要内容是："吴某某（时任QJ市法院院长）同志：我小人蒋某某跟你来信说明几点。QJ市棉花公司刘某辉家的房屋起火的原因你们调查的情况不知于（如）何，我蒋某某还没有死，现在你们要将我逮捕归案吧。我的心里也很兰（难）过。这次起火，不之（知）烧了多少财厂（产）[划掉的部分：这次起火烧了不少财厂，我不之（知）死了多少人。]我可以决定我的妻子余某某死完（亡）……我的在（再）婚妻余某某骗了我一生大事，大家都知到（道）我为什么离婚，我是为祖先传代下去，我的妻子对我来说没有一点什么留念……虽然我们夫妻之间没有大吵大闹，我是有口难言。我合（和）妻子结婚以来，我的名声越来越大，人们都对我不好的平（评）价，我来人间一场空，一无所有，辈（被）欺骗，想来想去心不安。"

第二封信的主要内容是："吴院长，您好。我小人蒋某某来信告知，我现在还没有死。我的神精（经）一天一天的（地）大不相同，有了问题，我赶在我还没有得神精（经）之前说明几点。一九八九年6月（应为7月）7号那天半夜2点钟左右，QJ市棉花公司刘某辉家房屋是我蒋某某在他家住起火的,事故是我蒋某某夫妻二人产生出来,我当时没有报案……我从今年以来没有做生意,就想(对)他(们)这班人于(如)何下手,想了几个月,我的几个钱也吃完搞完了,他们这些人的姓(戏)也上完了。我到铁部(铺)打了一把杀人刀,杀了他们后,想自杀。第一想杀我亲哥哥夫妻二人,名叫蒋某世、吴某姣……第二决定要杀我堂兄蒋某生,第三杀我们大队书记雷某科,第四杀我的好朋友小谷,第五杀我的妻子余某某。以前想杀他(她),我想来想去,我们夫妻之间过了一年了,他(她)对我来说没有什么留念,反过来一想,本来他(她)对我没有留念,杀他(她)又杀不下去,我又想起了人间一句话一夜夫妻百日恩,十夜夫妻海羊(洋)生(深),我还是要留他(她)条性命。我决定(信未写完即被盘查)。"

(八)被告人蒋某某与被害人余某某有矛盾

1.证人谷某敏的证言:我和蒋某某的关系较好,我和他以前在一起做生意,1989年初以后就未在一起做生意了。蒋某某的妻子叫余某某,两人关系不是很好,经常为小事吵架。

2.证人蒋某进(蒋某某之兄)的证言:蒋某某与其前妻廖某珍结婚十多年没生小孩,去年春离婚后,蒋某某又找了现在的妻子余某某。婚后,余某某把蒋某某的妈妈赶了出去,嫌婆婆脏。

3.证人廖某珍的证言:我与蒋某某于1978年结婚,夫妻感情较好,因未生育子女而于1988年2月离婚。蒋某某的性格比较暴躁。

4.证人余某娥(余某某之妹)的证言:1989年阴历五月,余某某对我说,她与蒋某某表面恩爱,实际上是仇人,我问原因,我姐不肯说。两人为其他女人的照片发生过争吵,余某某要与蒋某某离婚,蒋某某不同意。当时余某某说要到打麦子的机器上撞死。

5.证人李某秀(余某某之母)的证言:1989年5月,余某某曾因怀疑蒋某某与他人有不正当关系而与蒋某某发生争吵,还曾向我说过要与蒋某某离婚。

6. 证人余某笔（余某某之弟）的证言：余某某的前夫叫董某才，两人没有生小孩，董某才又喜欢赌博，两人关系不好而离婚。后余某某又与蒋某某结了婚。

7. 证人余某章（余某某之父）的证言：1989年5月份左右，余某某来我家帮忙割小麦，她对我小女儿余某娥说："我现在想领养别人的1个娃子，又怕以后生了养不活，我现在只有想死。"领养孩子的事余某某也跟她妈妈李某秀讲了。根据这个情况，我分析她和蒋某某两人可能为没有小孩而扯皮。

（九）被告人蒋某某的供述

1. 1989年7月21日至22日，蒋某某被上海警方收审后所作的供述：1989年7月3日，我到镇上某铁匠铺花4元钱打了1把刀（就是现在被警察查扣的这把），准备杀人。第一个想杀我嫂子吴某姣，第二个想杀小谷，第三个想杀堂兄蒋某生，第四个想杀雷某科，还想杀QJ市的徐某高。因为我对他们真心真意，但他们都欺骗了我。7月8日凌晨1点多，我骑摩托车到城关街上，想先杀了吴某姣，再去杀小谷，再去某村杀蒋某生，接着再去杀雷某科，如果雷某科不在家就杀他其中1个小孩（他有2个小孩，不管杀哪个都行），如果他在家就杀他本人。这些人都杀完之后，如还未被发现，就再去杀徐某高家中的某一个人（随便哪一个，因为我知道徐某高不在家，他一直流窜在外，杀他不可能）。这些杀人计划都完成之后，我骑摩托车撞汽车自杀。我离开家大约200米远，凌晨2时许，突然听到一声爆炸声，火光蛮大，好像是家里起火。我想杀人肯定是没有机会了，就骑上摩托车逃跑。跑到本省的B市，车子坏了，我就把车子扔在B商场门口，买了汽车票，早晨8点左右到了C地。下午3点乘火车，9号早上到D市，在D市住了6天。在旅社，我偷了同房间一个人包里的2张介绍信（某玻璃厂）。因为我带的证明旅社不让住。15号早上从D市乘汽车到E县，在E县住了2天，17号又回到D市，18号早上到上海（注：事实上蒋某某系1989年7

月19日从蚌埠到上海），在上海玩了2天，晚上就住在火车站。21号晚上在广场被警察抓住。被抓当时我在写信给QJ市法院的吴院长（作为遗书）。我想肯定是我妻子把家里的汽油点着了。因为，我离开家的时候，我妻子知道我要去杀人，那几天我一直跟她讲我要报仇杀人的事情。而且，我临走时留了一张纸条在桌上，上面写着"我要去杀那些人，你不要追我，如果追我，就连你一起杀掉"，下面签了我的名字。我想她可能看到了我的条子，就在家里放火了。我离开家时她还在床上睡觉，没醒。

2.1989年7月31日至1990年5月9日，蒋某某被押解回QJ市后向警方作了20次供述，时供时翻，认罪供述或不讲具体过程，或讲述的杀人手段与现场严重不符，主要内容为：

（1）我结婚已经快十年了，还没有小孩，平时家里闹矛盾我都闷在心里。我的经历很多，有的人欺骗了我，有的人抢了我的钱，把我搞烦了才起杀心。我要杀的人第一个是我的嫂子吴某姣，第二是蒋某生，第三是雷某科，第四是小谷，第五是徐某高。我要把他们都杀掉，然后自杀。我和我妻子余某某到QJ市卫生院检查了之后，我自己没病，我妻子子宫有问题不能生育，我觉得没啥想头了，于是把钱用于吃、喝、玩，从今年开始杂货生意也不做了。7月5日，妻子见我的脸色不好，逼问我是怎么回事，我说"这个事情你应该清楚，我们家里闹矛盾我都讲给你听过的，我和你在一起生活也没有办法解决，我只有离开，杀了人后我就不见你了"。我妻子说："你杀了他们我怎么办？"我说："你还年轻可以再找人。"6号、7号我们两人都没吃饭，只弄了一点龙骨汤。7号睡到上午九十点钟，我妻子先起的床，我以为她做饭去了，我起来后问她饭做熟没有，她说没有，我就骑车出去了，也不知是出去买笔或纸。我回来又问她做了饭没有，她说没有。我问她吃什么，她说只喝了一点汤，还留有一碗汤给我。我喝了汤后，两人继续睡觉。晚上我醒来，喊妻子做饭，她说不想吃饭。晚上9点多钟，我起来到某市场（某药材公司对面）熊某某开的馆子吃了饭，回家后见妻子还在睡觉。她下穿短裤，上穿黄色短袖，身上盖了毯子，头朝南，脚朝北。她问我去哪里了,怎么不睡,我说要写东西。她睡着后,我看了一下表,时间已是凌晨1点40分,我开始着急了,因我计划在凌晨2点钟之前把他们5个人都杀掉。这样,我就写了一个条子,内容是"我要和你分手,我要去杀他们,你不要追赶我,如果你追赶我,我连你也杀掉"。然后我就出去了,出来时关了房门,把大门掩着,把摩托车推出来停放在工商所后面。准备先杀我的嫂子,然后到电影院那边巷子里杀小谷(小谷在那里开餐馆)。因为街上还有人在走动,我没有机会,就在那里转,我刚走到某餐馆处,就听见爆炸声响,看到烟都冒出来了。我跑到老剧院那里,心想,妻子可能没有想开,把汽油桶弄爆炸了。我走到酱品厂,看见发了火,心里有点害怕,转回去骑摩托车逃跑。经某公路到 B 市,车子不行了,我把它扔到商场门口,坐公共汽车于早晨 8 点钟到了 C 地,再乘公交到某区。我想起上海还没去过,决定到上海玩了之后再返回。我在江苏徐州待了 6 天,之后到上海玩了 3 天,我想警察肯定在追捕我,我就打算写一封信给法院,想把这个事情说清楚,到时候也死个明白,后来在上海车站被警察抓了。案发前六七天,我在加油站买了 20 斤汽油,用摩托车运回家,之前家里还有 20 斤汽油,共 40 斤汽油,用铁桶装着。估计妻子是烧死的。

(2)我承认杀了人,放了火。我和我妻子没有感情,我没有良心,我很坏,我之前讲的全部都是假话。(时称用刀子捅死其妻,又称用棍子、拳头打击其妻心脏。拒绝讲具体过程)。7 月 7 日下午和我一起到我家的男子,回忆不起来是谁了。磁带上的字好像是我写的,不记得是否录音了,磁带放在抽屉里。

3.1991 年 1 月 28 日,蒋某某在检方所作的供述,否认杀死余某某以及纵火等事实。

4.1991 年 3 月 15 日,蒋某某庭审供述:我家有辆某品牌摩托车,1987 年买的;案发前,我买了几十斤汽油装在铁桶内放在家里;我于 7 月 8 日凌晨出门的时候,家里只有妻子余某某在睡觉,再没有其他人了;否认杀人并纵火;对其为什么给当地法院院长吴某某写信之事沉默不语。

三、证据特点

本案是一起作案人杀人后纵火焚烧现场、导致4人死亡的重大刑事疑案。其证据特点如下。

（一）直接证据欠缺

本案中，无人目睹作案人实施杀人、纵火的行为。被告人蒋某某归案后，最初否认实施了杀人纵火行为，辩称其离开家后才发生起火爆炸事件，是其妻子余某某自己点燃汽油引发火灾；中途虽作过几次有罪供述，承认自己杀死了余某某并放了火，但随供随翻，且其所供述的杀害余某某的手段与现场勘验检查笔录、尸体检验意见等证据严重矛盾；案件进入审查起诉阶段之后，蒋某某彻底翻供，否认杀人和纵火。同时，纵观蒋某某的24份供述与辩解笔录，其在回答讯问人员的提问时，常常出现答非所问、文不对题、语无伦次、情绪激动、行为怪异、声称要杀死多人等情况，疑似精神不正常。蒋某某现场留的字条、给他人写的信件也佐证了其精神状态存在问题。因此，蒋某某的有罪供述不能作为定案依据。

（二）间接证据较为充分

证明被告人蒋某某有作案动机、作案前准备汽油、案发时与被害人余某某同居一室、留字条在余某某尸体旁、火灾爆炸前逃离现场、逃跑期间向他人写信反映案情等各阶段，均有相应的证据予以证明。但由于间接证据均不能直接证明蒋某某实施了杀人、纵火行为，故需要进行分析论证。

四、证据分析

依据在案证据，能够认定被告人蒋某某杀害被害人余某某并纵火焚烧现场，又导致邻居3人死亡的事实。现针对上述证据特点，作如下分析。

（一）被告人蒋某某有现实的作案动机

经审查：（1）证人李某秀、余某娥、余某笔、谷某敏等的证言证明，蒋某某与余某某均系再婚，两人未生育子女，平时感情不和，家庭矛盾较为严重，为此双方闹过离婚，余某某还扬言要自杀。（2）证人谷某敏、刘某辉等的证言证明，自1989年1月之后蒋某某不再经营生意，到当年的6月份，蒋某某连每月40元的房租都不能支付，还向谷某敏借款500元，生活相当拮据。（3）被告人蒋某某写给当地法院院长的书信，反映了其与妻子余某某之间有矛盾以及家庭生活陷入困境的情节，还提到余某某不能为其传宗接代，骗其一生大事，其对余某某没有任何留念等情况。上述证据相互印证，足以证实蒋某某有杀妻的现实作案动机。

（二）案发前被告人蒋某某准备了汽油、塑料花等作案用品

经审查：（1）多名证人的证言及现场勘验检查笔录证明，案发前蒋某某购买了大量汽油，放置于家中。该证据反映出，蒋某某并不经营汽油，而在经济拮据交不起房租的情况下，购买大量的危险品——汽油放置于家中，显然别有用心。（2）现场勘验检查笔录及照片证明，被害人余某某的尸体摆放着各类塑料花共19枝及扇子1把。该证据反映出，蒋某某为被害人举行葬礼仪式事先进行了准备。（3）火灾鉴定意见证明，火灾系在蒋某某家中被泼洒汽油而引发。上述证据相互印证，足以证实蒋某某有作案预谋并进行了作案准备。

（三）案发现场位于被告人蒋某某的居所，案发当晚只有蒋某某与被害人余某某在现场，没有外人留宿

经审查：（1）证人康某某、杨某萍、余某笔等的证言证明，某街一巷13号房屋由蒋某某、余某某夫妻租住，案发前（7月6日至7日）蒋某某与余某某均在家中生活，蒋某某没有离家出远门。（2）被告人蒋某某自始至终均

承认案发当晚（7月7日晚）在家，与妻子余某某在一起，没有外人留宿，次日凌晨2时许其在爆炸发生前离家外逃的事实，该所供情节并有蒋某某写给当地法院院长的书信佐证。上述证据相互印证，足以证实案发当晚只有蒋某某和余某某两人在作案现场，故纵火行为非蒋某某所为就是余某某所为。

需要说明的是，证人康某某的证言证明，7月7日中午12时左右，蒋某某骑摩托车带1名约40岁的男子回家。但警方多次讯问，蒋某某自始至终未供述此人是谁。因此，留下一些疑问：此人是谁？作案时是否在现场？是否系作案人？蒋某某为何不供出此人？经进一步审查证据：（1）证人杨某萍证明，7月7日下午两三点钟，蒋某某回到家里，手里拿着1个包。该证言可以反映出，案发当天蒋某某有多次出入家门的情况，其中午带人回家后还外出过。（2）鉴定意见证明，余某某的死亡时间距尸检时间（7月8日下午2时至4时20分）24小时以内，饭后5小时以上。该证据证实，余某某死于7月7日下午4时之后。（3）多名证人的证言证明，火灾爆炸时间约7月8日凌晨3时25分左右。该证言可以反映出，作案人纵火时间在7月8日凌晨3时左右。（4）被告人蒋某某自始至终均供称案发当晚没有外人留宿。根据上述证据分析，蒋某某带回的男子是在7月7日中午12时许，而余某某被杀是在当日下午4时之后，作案人纵火系在7月8日凌晨3时许，蒋某某带人回家的时间距离杀人、纵火的时间均很长，依常理推断此人在蒋家逗留这么久的可能性极小；蒋某某于当日下午还单独一个人拿着包回家，说明其当日中午带人回家后还外出过，故蒋某某单独或带人来往于家中属于日常生活之中的常态；被害人余某某至少在当日下午4时前还活着，没有任何迹象表明其对家中有不速之客而作出过反应；蒋某某翻供后急于逃脱罪责，但没有提出另有他人留在其家的辩解理由，可以反映出蒋某某主观上认为此人与本案无关；蒋某某自始至终未提及有外人介入本案，坚称本案因其夫妻纠纷而起。因此，7月7日中午蒋某某带回的男子不是作案人。退一万步讲，即使蒋某某带回的男子潜伏在现场，参与了杀人、纵火，也是蒋某某的帮凶，并不能因此否定蒋某某杀妻的事实（后有认定蒋某某实施杀人纵火行为的进一步论证）。

（四）被害人余某某系被人掐死后焚尸，余某某自己不可能实施纵火行为

被告人蒋某某辩解称，其没有杀人、纵火，其离家时余某某是活着的，系其妻余某某用汽油纵火。经审查：（1）法医鉴定意见证明，余某某系被异物压迫口腔、外鼻等呼吸器官导致窒息死亡，自身不可能形成，结合现场勘查情况及火灾分析，认为应系他人所为。（2）现场勘验检查笔录及照片证明，死者余某某的尸体全身包有毛毯、棉絮，尸体周围很自然地摆放着各种塑料花及羽毛扇等，余某某自身不可能形成。（3）现场勘验检查笔录及照片证明，死者余某某尸体颈部旁边放有录音机，录音机内装有录音磁带，磁带盒正面贴有用蓝色钢笔在普通材料纸上写有"我为什么要杀雷某科和小谷，有我的绿（录）音。1989（年）六月初五日"的纸条，余某某自身不可能形成。（4）现场勘验检查笔录证明，余某某尸体所在的床上被泼洒了汽油，余某某自身不可能形成。（5）生活经验法则证明，根据上述证据，应系余某某死亡在先，他人使用汽油纵火在后，不可能发生余某某泼洒汽油纵火后，再躺在床上被他人杀死的离奇事件。因此，蒋某某的辩解不能成立，余某某并非纵火者。

（五）作案人为被害人余某某举行葬礼仪式，反映出其与被害人的亲密关系，非外人所为

经审查：现场勘验检查笔录及照片证明，死者余某某的尸体被1床红色、黄色交织的毛毯包裹，上身穿白色针织腈纶长袖衫，下身穿水红涤纶长裤，尸体右腋窝有1把折叠水红色羽毛扇，此扇呈折叠状，扇长23 cm，右手握有红、白色塑料花各1枝，左手下压着黄色塑料菊花1枝，胸部放有水红色玫瑰塑料花1枝，左侧臀部放有塑料花6枝，两小腿中间放有9枝塑料花，尸体床单下垫2床棉絮。上述情形足以反映出，作案人杀死被害人余某

某之后,精心为余某某举行了葬礼仪式,足以反映出作案人与被害人的特殊关系,非一般外人所为。

(六)被告人蒋某某在被害人余某某尸体旁留下的字条,系在案发当日放置

经审查:(1)现场勘验检查笔录及照片证明,死者余某某尸体颈部有1部L504—1型袖珍录音机,机内装有1盘磁带,磁带外侧贴有裁剪后的双条材料纸,面积为8.9 cm×6.1 cm,纸上写有"我为什么要杀雷某科和小谷,有我的绿(录)音,1989(年)六月初五日"。(2)鉴定意见证明,现场提取的检验材料"我为什么要杀雷某科和小谷,有我的绿(录)音,1989(年)六月初五日",经与蒋某某从上海写给当地法院院长吴某某的信件上的字迹进行比对,发现二者在书写水平、字形、字的写法、笔顺、运笔、搭配比例关系及布局、程式语等特征上反映一致,是书写习惯的本质同一。意见为,送检的录音磁带上粘贴的文字是蒋某某书写。(3)经查万年历,1989年农历六月初五日系当年公历7月7日,正是本案案发当日。上述证据相互印证,足以证实余某某尸体旁边的字条系蒋某某于案发当日所留。

(七)被告人蒋某某在火灾爆炸约30分钟前离家,外人没时间入宅作案

被告人蒋某某辩解称,其于7月8日凌晨一二时许离家,之后才发生起火爆炸事故,其系通过查看被害人余某某的电子表而确认的时间。而在案证据证实,现场起火爆炸的时间在案发当日凌晨3时25分左右。二者时间间隔为一两个小时,于是,不免使人产生疑问:会不会是蒋某某离家后,有外人进入其住宅实施杀人、纵火作案行为?经审查认为,该疑问可以排除,理由是:(1)证人杨某、刘某凤、吴某福等的证言相互印证,足以证实现场发生火灾爆炸的时间是在7月8日凌晨3时25分左右,作案人骑摩托车离开

现场的时间与现场发生火灾爆炸的时间间隔在半小时以内。(2)尸体检验鉴定意见、现场勘验检查笔录及照片证明,作案人用异物捂死被害人余某某后,还精心为被害人举行了葬礼仪式,在被害人尸体下垫了2床棉絮,用毛毯将被害人尸体包裹,在被害人尸体周围比较考究地摆放各种塑料花19枝,并使被害人衣着完整。这需要大量的时间。(3)现场勘验检查笔录及火灾鉴定意见证明,作案现场有1个汽油桶,桶盖被打开,地上及死者尸体下的棉絮均有较浓的汽油味,火灾原因系因汽油泼洒在室内形成爆炸性混合物后,遇着火源产生爆炸性燃烧。这也需要一定的时间。上述证据相互印证,足以证实蒋某某在被害人死亡后才离开家,其离家后现场即发生火灾爆炸,外人根本没有在蒋某某离家后再进入现场作案的时间。因此,蒋某某的辩解有可能是说谎话为自己开脱罪责,也有可能是蒋某某据以查看确认时间的电子表不准确。

(八)被告人蒋某某案发后的行为表现反映出其畏罪潜逃的心理特征

经审查:在案证据证实,被告人蒋某某在被害人余某某死亡及室内泼洒汽油后离开现场,并在爆炸发生后迅速骑摩托车逃之夭夭,长期滞留外地不归,而不是作出呼救、救火、报警等正常反应,足以说明其企图逃避法律追究的故意心理。

(九)被告人蒋某某给当地法院院长写的书信,内容反映出其实施了纵火行为

经审查:书信及鉴定意见证明,蒋某某逃离现场后,给时任QJ市法院院长的吴某某书写了2封信件,信的主要内容是:(1)起火事故发生于其家中,起火时间是案发当日凌晨2时许;(2)起火事故系其夫妻两人产生的,其没有报案;(3)其与妻子余某某有矛盾,其可以决定余某某的死亡;(4)其目前的生活已陷入困境;(5)其想杀死余某某及哥哥、嫂嫂等6人,但还是决定留余某某一命;(6)其精神状况有问题等。这2封语无伦次

的书信反映出蒋某某对于火灾爆炸的发生是清楚的，而且蒋某某承认起火事故是其夫妻造成的，与他人无关，足以反映出蒋某某间接承认其实施了杀人纵火的犯罪行为。

（十）被告人蒋某某对下列不利于自己的问题始终无法作出令人信服的解释

1. 归案后蒋某某辩称，当日凌晨，其欲杀死其哥哥、嫂嫂等5人而外出，此时其妻子余某某尚在睡觉，其出门后到达某书店附近时听到爆炸声，就骑车跑了。蒋某某还辩称，估计是其妻子余某某想不开，用汽油纵火，余某某可能是烧死的。但蒋某某在写给当地法院院长的书信中称："QJ市棉花公司刘某辉家房屋是我蒋某某在他家住起火的，事故是我蒋某某夫妻二人产生出来。"经查证，某书店附近与火灾爆炸现场相隔两条街，距离200多米远。据此，蒋某某凭何断定火灾现场发生在其租住的刘某辉家中？火灾事故是其夫妻两人产生出来的？凭何断定是余某某用汽油纵火？凭何断定爆炸就是因汽油燃烧而引发？凭何断定余某某是被烧死的？

2. 既然蒋某某确定是其家起火并发生了爆炸，为何既不报警也不施救，而是逃之夭夭，并长期滞留外地不归？

3. 既然蒋某某离家时余某某睡着了，为何鉴定确认余某某系被人捂死？为何余某某死后有人为她举行葬礼仪式？为何余某某的尸体旁有蒋某某当日留下的字条？

4. 为何蒋某某向当地法院院长写信说明情况，而不敢回来当面向司法部门澄清事实？

综上所述，足以推断出被告人蒋某某系实施杀人、纵火行为的唯一作案人，足以排除他人单独或参与作案的可能性。

案例八：尸体沉湖失迹 客观证据结合经验法则推定被害人死亡事实——被告人李某1、李某2抢劫疑案解析

案件疑情提示：被告人供述杀死被害人后劫取钱财并抛尸于洞庭湖，但被害人尸体至今未找到，能否认定被告人实施了抢劫、杀人行为？能否认定被害人死亡……

一、发案、破案情况

2009年7月18日13时许，XX省JM市某区居民王某到JM市公安局某区分局刑侦大队某中队报案，称其老板应某某（系在XX省JM市经商的浙江籍居民）于7月17日早上突然失去联系，且其同事徐会计称应某某的银行卡账户被取款数万元。接到报案后，警方迅速成立专案组展开调查。7月18日下午，警方通过银行查询，发现应某某的银行卡在HN省Y市被大量提取现金。警方当即派员赶赴Y市调查。7月19日中午，JM市警方在Y市调取了银行监控录像，发现有两名男子使用应某某的银行卡在Y市多家银行的柜台及自助柜员机上取款。警方将两名嫌疑男子的监控录像截图传回JM市，交由应某某的关系人进行辨认。报案人王某之妻张某丹通过辨认，确认其中一名男子系JM市居民李某2。警方遂将李某2列为重大嫌疑对象对其进行抓捕。通过调查李某2的社会关系和通信方式，警方获悉李某2藏匿于JZ市某宾馆，将于7月20日上午乘车逃往X市。7月20日上午11时许，警方经布控，在某高速某收费站处将准备乘车逃跑的李某2抓获，并当场从李某2身上搜出大量现金和数张银行卡（其中2张系应某某的银行卡）。经讯问，李某2交代了其伙同李某1为劫取钱财而杀害应某某，并将应某某的尸体抛入洞庭湖的犯罪事实。当日下午，警方获悉李某1藏匿于XX省YC市某宾馆，遂派员赶至YC市将李某1抓获。经讯问，李某1对

其伙同李某2抢劫杀害应某某的犯罪事实供认不讳。李某2、李某1供述的主要内容为：2009年7月15日中午，李某2和李某1在JM市某茶楼共同预谋抢劫。7月16日下午，李某2看见浙江商人应某某后，便打电话让李某1准备作案工具，自己则驾车跟踪应某某。当晚，李某2、李某1准备刀、麻绳、钢丝绳等作案工具，一路跟随应某某至某洗浴中心。7月17日0时许，应某某从洗浴中心出来，驾车送朋友王某、张某丹回家，当车行至JM市某区两大道交会处时，李某2与应某某打招呼谎称找应某某有事，应某某将轿车停放于某商务宾馆门前，坐上李某2所驾车辆。途中，两人向应某某索要钱财，逼应某某说出其随身携带的银行卡密码，经在银行自助柜员机验证后，两人共同将应某某杀死于车内。随后，两人开走应某某的轿车，各驾一辆车连夜寻找抛尸地点。7月17日下午，两人抵达HN省Y市。7月18日0时许，两人从应某某的尸体上取下黄金项链，将应某某的尸体从Y市洞庭湖大桥上抛入洞庭湖中。抛尸前后，两人从Y市4家银行共取走应某某银行卡内存款104000元，李某2分得7.4万元，李某1分得3万元和价值9427.6元的黄金项链1条。根据李某2、李某1的交代，警方追回现金10万余元以及被害人的轿车和黄金项链。至此，本案告破。

二、在案证据

围绕被害人应某某失踪以及被告人李某1、李某2劫财、杀人、抛尸等事实，警方和检方依法收集了若干证据，并经庭审举证、质证，归纳如下。

（一）证明被害人应某某失踪的证据

1.证人王某（应某某的员工）的证言：应某某长期在JM市做铝锭生意，包住JM市某商务宾馆一房间，手机号码为135×××××××8，有一辆牌号为浙GP×××1的红色某品牌轿车和3张银行卡，包括2张工行卡（卡号分别为622×××××××××××××7、955×××××××××××2）和

1张农行卡（卡号为622××××××××××××6）。2009年7月16日晚10时许，我和妻子张某丹与应某某在某广场打完乒乓球后去某洗浴中心洗桑拿。17日凌晨0时30分许，应某某驾车送我们夫妇回家后往某区方向驶去。17日早上7时30分，我与应某某就联系不上了。我到应某某所住宾馆，得知17日0时52分应某某到宾馆门口停车，后有人将应某某的车开走。又听同事徐会计说，应某某的银行卡账户被取款几万元。因联系不上应某某，我怀疑其被绑架，就报了警。

证人张某丹（王某之妻）的证言印证了上述情节。

2.证人胡某梅（某商务宾馆服务员）的证言：应某某是某商务宾馆的长住客户，他有一辆牌号为浙GP×××1的某品牌轿车。2009年7月17日凌晨0时51分，应某某开车回来，过了会儿下车走了。凌晨1时51分，有人过来将应某某的车开走。

证人胡某华（某商务宾馆保安）的证言：7月17日凌晨0时50分左右，应某某的车开回来停放在宾馆门口，过了四五十分钟该车又被开走了。

3.证人应某秋（应某某之妻）的证言：应某某长期在JM市做生意。2009年7月16日以后我就和应某某失去联系。应某某佩戴1条黄金项链，经常携带1个手包，包里装有多张银行卡。应某某有一辆红色某品牌轿车，车牌号为浙GP×××1。

（二）证明案发前后被害人应某某及被告人李某1、李某2活动轨迹的证据

1.监控录像证明：

2009年7月16日22时20分至7月17日0时39分，应某某在JM市某洗浴中心。

7月17日0时44分许，李某2驾驶鄂H2×××6某品牌越野车跟踪应某某驾驶的浙GP×××1红色某品牌轿车通过JM市向东桥路口。

7月17日0时51分许，应某某将轿车停放于JM市某商务宾馆门口。

7月17日0时57分许，李某2在JM市某区甲银行自助柜员机验证应某某的银行卡密码。

7月17日1时51分许，李某2从JM市某商务宾馆将应某某的轿车开走。

7月17日5时17分许，李某2驾驶其越野车从YC市上高速公路，6时25分许从JZ市下高速公路。

7月17日6点多钟，李某2、李某1化名李某权在JZ市某酒店登记入住。

7月17日16时10分许，李某2、李某1将应某某的轿车停放于Y市某宾馆地下停车场。

7月17日16时19分许至17时许，李某2、李某1在Y市甲银行车站分理处营业厅柜台、Y市乙银行某支行营业厅柜台、Y市乙银行某支行自助柜员机上先后3次取款。

7月18日0时许，李某2、李某1在Y市丙银行某支行自助柜员机上取款。

7月18日1时许，李某2、李某1驾驶越野车通过Y市某公路收费站。

2.证人刘某（JZ市某酒店服务员）的证言：2009年7月17日上午6点多钟，两名男子过来开房休息，当日8点多退房离开。

3.李某2、李某1的手机通话清单、车辆通行费单据以及宾馆住宿登记单等证据印证了上述情节。

（三）根据被告人李某1、李某2的交代，警方追回被抢现金101655元、黄金项链1条、某品牌轿车1辆

1.李某2、李某1使用应某某的银行卡取款104000元，案发后追回101655元。（1）银行卡交易明细清单证明：2009年7月17日至18日，应某某的3张银行卡在Y市共取款104000元。（2）辨认笔录及照片证明：经混杂辨认，证人张某丹确认银行监控照片上的取款人系李某2。（3）提取

笔录、扣押物品清单证明：2009年7月20日李某2被抓获时，警方当场从其身上搜缴应某某的2张乙银行银行卡及现金27500元。（4）证人靳某某（李某2之妻）的证言：李某2经常在外面玩，消费很大，因购买槽车经商而欠债10多万元，我多次催他还钱，与他有些争执。2009年7月19日之前，李某2有3天没有回家，7月19日中午李某2回家给了我5万元钱，他说："我在外面出事了，现在已经无法挽回。"然后收拾衣服离开了家。因我欠妹妹靳某梅的钱，当天我把这5万元钱还给了靳某梅，并告诉她这钱可能是李某2犯罪得来的。提取笔录及扣押物品清单证明：2009年7月21日，警方在靳某梅家一鞋盒里提取现金5万元。（5）提取笔录、扣押物品清单证明：2009年7月20日李某1被抓获时，警方当场从其身上搜缴现金2655元。（6）证人付某（李某1之妻）的证言：2009年7月18日中午，李某1给我3万元现金，19日中午李某1说要出门找我拿了5000元。提取笔录及扣押物品清单证明：2009年7月21日，警方从付某处提取现金2.5万元。

2. 警方追回被抢的价值9427.6元的黄金项链1条。（1）证人付某（李某1之妻）的证言：2009年7月18日中午，李某1给我3万元现金及1条黄金项链。（2）提取笔录及扣押物品清单证明：2009年7月21日，警方从付某的提包内提取到1条男式黄金项链。（3）辨认笔录及照片证明：应某某之妻应某秋经混杂辨认，确认警方从付某处提取的黄金项链系应某某随身佩戴之物。（4）价格鉴定意见：警方从付某处提取的男式黄金项链重38.48克，鉴定价值为9427.6元。

3. 警方追回被抢的价值8.2万元某品牌轿车1辆。（1）提取笔录及扣押物品清单等证据证明：在李某2、李某1的带领和指认下，2009年7月23日警方在Y市某宾馆地下停车场，提取了1辆红色某品牌轿车（无牌照），经核对发动机号及车架号，确认该车系应某某的轿车。（2）证人唐某强（某宾馆保安）的证言：2009年7月17日下午，有2名带有口音的男子将1辆无牌照的红色某品牌轿车停放在某宾馆地下停车场，一直未开走。

（3）价格鉴定意见：警方从某宾馆地下停车场提取的某品牌轿车鉴定价值为8.2万元。

（四）警方在被告人李某2的某品牌越野车上提取到被害人应某某的血迹，在应某某的某品牌轿车上提取到李某2的指纹

1.证人夏某香、李某继（汽车美容技师）的证言证明：2009年7月18日11时许，1名男子（李某2）驾驶一辆鄂H2×××6越野车到JZ市某汽车美容装饰店清洗内饰。洗车时发现该车副驾驶座椅背左上方、座椅右侧边上、后备厢垫子上均有血迹。

洗车登记表证明：2009年7月18日鄂H2×××6车在该店清洗过。

2.证人孙某新（李某2的经营合伙人）的证言：我与李某2合伙经营槽车。2007年7月，我俩合伙买了一辆某品牌越野车。2009年7月19日，李某2将车交给我称自己出去找事做，交接时车子洗得很干净。

扣押物品清单证明：2009年7月21日，警方从孙某新处扣押了鄂H2×××6某品牌越野车。

3.现场勘验检查笔录及照片证明：根据李某2、李某1的交代，2009年7月21日警方对鄂H2×××6黑色某品牌越野车进行勘查，在该车前排中间手刹手柄右侧表面发现一处可疑血痕；在该车后部行李箱内的1塑料整理箱箱盖破损边缘处发现一处可疑血痕，并予以提取。

DNA鉴定意见：在李某2车上提取的2处可疑血痕中均检出男性分型，在排除双胞胎和近亲的前提下，极强力支持该血痕是应甲（应某某之子）的生物学父亲所留。

4.现场勘验检查笔录及照片证明：根据李某2、李某1的交代，2009年7月23日警方在Y市某宾馆地下停车场对应某某的轿车进行勘查，发现该车前后车牌架处有明显车牌被卸下痕迹，在该车行李箱后盖下沿发现一枚指纹，并用照相方法提取。

手印鉴定意见：经对应某某车上提取的指纹与李某2、李某1的指纹逐

一比对，确认该指纹系李某2的左手拇指所留。

（五）警方在被告人李某1、李某2交代的抛尸地点Y市洞庭湖大桥护栏上提取大量血痕，经鉴定系被害人应某某的血痕

1.现场勘验检查笔录及照片证明：根据李某1、李某2的交代和指认，2009年7月21日警方对Y市洞庭湖大桥进行勘查，该桥长5747.82m，桥宽20m，双向四车道。在大桥至东向西第一座桥塔南侧向东3.7m的路面上发现长为55cm的干涸可疑血痕，在相应的桥护栏内侧墙面上有63cm×27cm大小的蹭蹬痕迹。该处桥护栏高1.1m，护栏南侧依次为宽154cm的水泥平台和宽57cm的铁制方形管道。在蹭蹬痕迹相对应的护栏外墙上遗留干涸可疑血痕，该血痕相对应的水泥平台地面上有一60cm×30cm大小的干涸可疑血痕，且该处血痕有被擦拭过的痕迹，水泥平台地面上的可疑血痕南108cm为遗留在铁制管道上47cm×20cm大小的干涸可疑血痕，此处铁制方形管道南侧无遮挡物，其下19.5m处即为洞庭湖水面。

2.DNA鉴定意见：从洞庭湖大桥上提取的血痕中均检出男性DNA分型，在排除双胞胎和近亲的前提下，极强力支持这些血痕是应甲（应某某之子）的生物学父亲所留。

（六）根据被告人李某1、李某2的交代，警方找到了被丢弃的作案工具麻绳、钢丝绳、砍刀，并在麻绳上检出被害人应某某的血痕

1.证人张某群（杂货店经营者）的证言：2009年7月16日或17日晚8时许，有一男子（李某2）开一辆黑色越野车到我的杂货店里买了2根5m长的麻绳。

2.证人赵某山、刘某秀、瞿某会（均为XX省某市农民）的证言证明：2009年7月下旬，赵某山在某市某村三组318国道路边，看见地上有2团麻绳。其中1团麻绳比较新，另1团麻绳和1根钢丝绳缠在一起，上面有疑似血迹，赵某山将那团较新的麻绳（共有3根）捡回家。其后，刘某秀经过

此地将另外1团麻绳和钢丝绳捡回家。刘某秀的儿媳妇瞿某会看到JM市警方在318国道沿线张贴的查找作案工具的《悬赏通告》后,于8月18日电话报警。

提取笔录及扣押物品清单证明:警方在赵某山家中提取麻绳3根,长度分别为138cm、110cm、130cm。在刘某秀家提取1根长约240cm带有疑似血痕的麻绳和1根两头打结、长约260cm带有疑似血痕的钢丝绳。

刑事科学技术鉴定意见:在送检的刘某秀家中提取的麻绳可疑血痕中检出人血,经15个STR分型得到一男性DNA分型,在排除双胞胎和近亲的前提下,此DNA分型所代表的男性是应甲(应某某之子)的生物学父亲,从遗传学角度已经得到科学合理的确信。

辨认笔录及照片证明:经分别进行混杂辨认,李某2、李某1均确认警方从赵某山、刘某秀处提取的麻绳和钢丝绳系其两人捆绑应某某所使用的麻绳和钢丝绳。

3. 提取笔录及照片证明:2009年7月22日,在李某2的带领和指认下,警方在JZ市某汽车美容装饰店西边的沙滩里提取砍刀1把(棕色木制刀把,刀身长50cm,刀把长20cm)。

证人李某继(汽车美容师)的证言:2009年7月18日我在洗车时,发现鄂H2×××6车座板下面有1把棕色木柄砍刀,车主让我把刀丢在店子旁边的沙堆里。

(七)被告人李某1、李某2对犯罪事实供认不讳

李某2供述:2009年7月15日,我和李某1在茶馆聊天时,李某1问我认不认识老板,想搞点钱用,我表示同意。16日,我看见应老板(应某某)的红色轿车,就想到搞应老板的钱。于是,我给李某1打电话,李某1让我跟着应老板,他带东西过来。当晚,我和李某1跟踪应老板至17日凌晨,在两大道交会处,我拦停了应老板的车子,谎称找其谈事。应老板把车停在某商务酒店后,上了我的车。车行至某区政府附近时,我说:"我后面

的兄弟去外面做事缺钱,希望你支持一下。"应老板说:"可以,多的没有,三五万元还是可以的。"见应老板说话支支吾吾的,李某1把刀递给我,用绳子将应老板的胳膊连座椅一起捆着,问应某某"钱在哪里",并对我说"他要是不老实就用刀捅",应老板说"钱在我包里",李某1打开包取出银行卡,对应老板说"你老实把卡的密码说出来,我们马上就去查的,你不老实,我们就不客气了"。应老板说出密码后,我到路边的自助柜员机进行了验证。回到车上后,我突然想起应老板在上我车之前好像打了电话,就问应老板:"你上车之前是不是打了电话的?"应老板说:"是的,我给张某丹打了电话,说和你在一起。"我说:"这事明天肯定要暴露。"正说时,李某1把钢丝绳套在应老板脖子上往后勒,应某某用双手挡住钢丝绳,我把车停下,将应老板的手打下来,只听到应老板"呀"了一声,脖子就歪下去了。我用右手伸到应某某的鼻子旁,感觉应老板已经没有呼吸了,便说"没气了",李某1才松开钢丝绳,他也用手试应某某的鼻子,说:"人死了,怎么办?"我说人既然已经死了,只有把尸体丢到江里才行。杀人时我没动刀,但早上我发现副驾驶室有很多擦拭性和滴状的新鲜血迹。杀人后,我们把应老板的车子开了出来,两人各驾一辆车来到Y市,途中将应老板的尸体搬到车尾部。到Y市后,我们将应老板的车子停放在某宾馆地下停车场,再去银行柜台、自助柜员机取款,18日凌晨0时许驾车到洞庭湖大桥,从桥上将应老板的尸体抛入湖中。18日回到JM市后,我们到洗车店花300元将车上血迹清洗干净。我将赃款给了妻子5万元,并告诉她是犯法得来的。

李某1对关于其和李某2预谋抢劫、跟踪并挟持应某某、套取银行卡密码后将应某某杀死、用手试鼻后确认应某某已经死亡、将应某某车子开离酒店、到Y市后丢弃应某某的车辆并取款、抛尸等情节的供述,与李某2的供述相符,并能相互印证。还供称:当李某2询问应某某确认其上车之前与张某丹通过电话后,喊了声:"把他做了算了!"我就用钢丝绳套在应某某脖子上往后拉,应某某用双手扯钢丝绳进行抵抗,李某2用手打应某某的手,不让他拉钢丝绳,见打了几下还没有打下来,李某2就用我给他的水果

刀向应某某的左胸部捅了几下,应某某叫了几声"哎哟"就没动静了。过了一会,李某2用手试探了应某某的鼻子,跟我说"他没气了",还说"刀都喂满了"。

辨认笔录及照片证明:经分别混杂辨认,李某1、李某2均确认被害人应某某系被其两人抢劫、杀害的对象应老板。

指认笔录及照片证明:李某1、李某2归案后分别对跟踪应某某的地点、购买作案工具麻绳的地点、诱骗应某某上车的地点、验证应某某银行卡密码的地点、杀害应某某时车辆所经过的路段、在YC市境内将应某某尸体从副驾驶室转到后备厢时停车地点、丢弃应某某轿车的地点、在Y市相关银行取款的地点、抛尸地点、分赃地点等进行了指认。

(八)其他证据

1. 已生效的刑事判决书证明:1989年8月,李某1因犯故意伤害罪被判处有期徒刑三年;1994年7月,李某1因犯故意伤害罪被判处有期徒刑四年。

2. 发还物品清单证明:被追回的黄金项链、某品牌轿车、现金101655元已发还给被害人应某某之妻应某秋。

3. 户籍资料证明了李某2、李某1、被害人应某某的身份情况。

三、证据特点

本案是一起"无尸"刑事疑案。其证据特点如下。

(一)被害人应某某的尸体至今未发现

李某1、李某2均供述,案发当晚,两人在车上合力将应某某杀害,并通过手指试鼻的方式确认应某某已"断气",后将应某某抛尸于洞庭湖中。案发后,警方根据李某1、李某2指认的黏附有应某某血迹的抛尸地点,多次组织专业人员在Y市洞庭湖大桥下湖中进行了搜寻,并向沿岸公安派出所进行了通报,但至今没有发现应某某的尸体。李某1、李某2均确认已将应某某杀死,加之案发至今近10年,应某某的社会关系人均与其失去联系,根据民事法则,法院可以推定并裁决应某某已经死亡。但在刑事审判实践中,有的法官一直秉承着"活要见人,死要见尸"的观点认定案件事实,对于这种无尸案或者没有找到被害人主要器官的碎尸案,虽然内心确信被害人已经死亡,但仍然不敢作出被害人死亡的认定,而是根据客观事实认定"被告人的行为导致被害人失踪"或者"被告人的行为导致被害人下落不明"。有的法官虽然作出被害人死亡的认定,但在量刑时对被告人却留有余地,严防"亡者归来"的不利后果。本案中,尽管没有找到应某某的尸体,但审案法官应当对应某某是否死亡的事实依法作出认定。

(二)直接证据二被告人的供述比较稳定

本案中,证明李某1、李某2实施杀人劫财犯罪事实的直接证据系其二人的供述。李某2、李某1相继归案后,均很快就供认了犯罪事实,且历经侦查、批捕、起诉、一审、二审、复核、重审、终审等多个环节,二人均对杀人劫财的主要犯罪事实供认不讳,除对何人采取何种手段致被害人死亡的环节相互推诿外,其他关于作案预谋、准备作案工具、跟踪并劫持被害人、逼问银行卡密码、在车上共同将被害人杀死、开走被害人车辆、到Y市取款、抛尸于洞庭湖、丢弃作案工具等情节供述均很稳定。而且,除杀死被害人一节各自实施的具体行为外,对于其他情节,二被告人的供述之间、各被告人前后供述之间、被告人供述与其他证据之间均能够相互印证。

(三)劫取财物的间接证据能够形成锁链

李某2之妻靳某某的证言证明案发前李某2欠债较多且急于还款,印证了李某2有作案动机的情节;城市监控录像证明案发当晚李某1、李某2跟踪被害人、伺机抢劫的情节;证人张某群的证言证明案发当晚李某1、李

某2购买麻绳等物资、准备作案工具的情节；城市监控录像证明李某1、李某2抢走被害人银行卡后在银行自助柜员机上验证密码的情节；高速公路监控录像证明李某1、李某2将为抛尸灭迹驾车经过YC市、JZ市、Y市的情节，手机通话记录及轨迹印证了二人到达JZ市、Y市的情节；证人唐某强的证言证明李某1、李某2将被害人的轿车开至Y市后停放于某宾馆的情节；现场勘验检查笔录、DNA鉴定、手纹鉴定证明李某1、李某2有暴力加害被害人的情节，即在作案工具麻绳上、载运尸体的车辆手刹上、后备箱内塑料箱盖上、Y市洞庭湖大桥抛尸地点地面、桥面上所提取的血痕，经鉴定均为被害人所留，以及在被害人车辆后部留下指纹，经鉴定为李某2所留；银行卡取款记录、银行监控录像、张某丹的辨认笔录证明李某1、李某2持被害人的银行卡在Y市取款的情节；证人夏某香、李某继、付某、靳某某等的证言证明李某1、李某2从Y市返回后清洗作案车辆、丢弃作案工具、向家人转移所抢项链、现金的情节，证人应某秋的证言印证被追回的项链系被害人平时佩戴的情节等，上述证据相互印证，足以证实李某1、李某2于2009年7月17日劫持被害人应某某，并劫取其车辆、项链、现金等财物的事实。上述证据中，绝大多数证据是警方根据李某1、李某2的供述予以收集、固定的，因本案涉及JM市、JZ市、YC市、Y市4个城市，涉案地点多，地域跨度大，只有李某1、李某2供述后，警方才可能在短时间内将相关证据及时调取并予以固定，该先供后证的过程也客观反映了李某1、李某2所供内容的真实性。

四、证据分析

由于认定被告人李某1、李某2劫持被害人应某某并劫取其财物等方面的证据确实、充分，而在二人是否已将应某某杀死的环节上证据有疑问，故作如下有针对性的证据分析。

（一）被告人李某1、李某2有杀人灭口的动机

在案证据证实，李某2是利用自己与被害人应某某熟识的条件，谎称找应某某有事，趁应某某毫无防范之机而伙同李某1将应某某劫持，并劫取应某某的巨额钱财。李某2胆敢公然露面去抢劫与自己熟识的人，可能出于以下几种心理：一是事先计划作案后逃跑。本案中，李某1、李某2劫财的动机是为了缓解自己及其亲属生活窘迫的困境，并没有计划抢劫得手后远走高飞；而且，二人劫取的财物也就10多万元，不足以支撑二人转移到外地安家立业，并过上较为舒服逍遥的生活。故该情形不符合李某1、李某2的主观心理特征。二是让被害人不敢报案。但应某某并非本地人，其在JM市没有固定住所，其亲属也不在JM市生活，李某1、李某2缺乏让应某某产生心理强制而迫使其不敢报案的条件。故该情形亦不符合李某1、李某2的主观心理特征。三是让被害人不能报案。让被害人不能报案无非就是让被害人丧失行为能力，或者剥夺被害人的生命。让被害人丧失行为能力而保全性命，对于普通作案人来说难以在实施犯罪过程中把握有度、拿捏精准，也并不能防范作案人日后被暴露的风险，而且，司法实践中还没有发现这种先例。因此，对于李某1、李某2来说，防止自己作案后罪行败露最简单、最有效的方法就是杀人灭口。李某1、李某2的供述均能反映出二人具有劫取应某某财物后杀人灭口的主观故意心理。

（二）被告人李某1、李某2所使用的手段足以致被害人死亡

在案证据证实，作案前，李某1、李某2就准备了砍刀、水果刀、钢丝绳、麻绳等足以致人伤亡的作案凶器；作案时，二人合意将被害人应某某杀死灭口，将应某某捆绑于副驾座位后，二人对应某某采取了勒颈、刀刺等足以致人伤亡的暴力手段，直至其呼吸停止；且李某1、李某2均供述，对应某某使用暴力致其不能动弹后，还用手指试了被害人的鼻子，确认其已断气死亡，途中二人还将应某某的尸体转移至车的后备厢。上述情节足以反映

出，李某1、李某2已采取极其凶残的暴力手段将应某某杀死。

（三）抛尸的过程反映出被害人已死亡

在案证据证实，7月17日凌晨1时许，李某1、李某2对被害人应某某使用暴力致其呼吸停止；7月18日凌晨0时许，李某1、李某2将应某某的尸体抛入洞庭湖。其间，正值炎夏，应某某停止呼吸近24小时，李某2驾驶着装载应某某尸体的车辆运行10多个小时，途中李某1、李某2将应某某的尸体从副驾驶室座位转移至车的后备厢，以及两人在抛尸时均未发现应某某恢复呼吸或者有其他动静。上述情节足以反映出应某某确已死亡。特别是，在抛尸途中，李某1、李某2因入住酒店休息及到银行取款等各种事由，多次较长时间离开载有应某某尸体的车辆，如果应某某尚存活，则其有充足逃离、呼救的机会，该情形未出现，足以反映出应某某确已死亡。

（四）抛尸的地点决定被害人不可能生还

在案证据证实，抛尸的地点是在Y市洞庭湖大桥的中段桥上，距桥下19.5m处为洞庭湖水面，反映出抛尸区为洞庭湖此处水域的中心深水区，抛尸处为相当于七八层楼的高处，如此条件入水，即使是没有受伤的正常人也难以生还，何况是遭受暴力大量失血、呼吸停止、失去知觉的被害人。因此，退一万步讲，即便有奇迹出现，被害人应某某在遭受暴力时暂时失去知觉，尚未死亡，但随后李某1、李某2将其抛入湖中的行为也足以导致其死亡。

（五）时间证实被害人已死亡

时间是检验真理的一把最好的尺子。从李某1、李某2将被害人应某某抛入洞庭湖到现在，已经过去9年有余，应某某的关系人仍然没有应某某的音讯，洞庭湖沿岸的公安机关没有任何关于应某某的消息。在生活实践中，真实的生活情况和状态都很残酷，鲜有死而复生的奇迹发生，尤其是通信较为发达、科学技术较为先进的现代社会，一个人想隐藏起来都很困难，何况是全民寻找一个有固定特征的成年人？就本案而言，没有人相信应某某还能活着。

（六）被害人尸体未找到符合客观情况

洞庭湖水域面积大，泥沙沉积，食肉鱼类多种，这些都可以将人的尸体长埋于湖底或者将其侵食毁灭。而且，洞庭湖湖水浩荡，绵延数百里，也可以将人的尸体漂流移转。因此，在洞庭湖打捞1具尸体，犹如大海捞针，没有打捞出来是常态，相反，能够打捞出来则是显得相当幸运。本案中，警方组织专业人员在抛尸地点的水面下进行数次搜索，均无功而返，这种情况符合客观规律，而并非影响定案的疑点问题。

综上分析，足以深信不疑地确认，被害人应某某已被害身亡。

案例九：放火时间存疑　重要时间节点和关键情节梳理锁定作案人——被告人陈某某故意杀人疑案解析

案件疑情提示：作案人深夜杀人后纵火焚烧现场，居民救火导致现场破坏，造成若干痕迹物证毁损，留下诸多疑点；被害人的同居男友陈某某于案发当晚到过现场，但坚称没有实施杀人纵火行为；陈某某离开现场四五个小时后房屋才起火燃烧，被害人家中未见贵重财物，是否另有他人作案；陈某某有罪供述取得的合法性存疑，如何在排除被告人有罪供述的情况下认定重大杀人疑案事实；如何把握案件的重要时间节点和关键情节，如何通过逻辑分析和排除法锁定作案人……

一、发案、破案情况

2006年2月20日凌晨4时许，XX省X市HY路208号一楼住户刘某芳发现二楼一户人家（被害人谢某某的租住屋）有火光和异常声响，即起床外出呼救，附近居民胡某安夫妇、张某云、廖某安等人迅速上楼，见敲门无反应，胡某安破门而入，众人进屋泼水救火。居民李某清等人打"119"火警电话、"120"急救电话、"110"报警电话，还有居民赶到附近谢某某的堂姐罗某莲家报信，罗某莲及其丈夫陈某兵迅速赶赴现场，陈某兵冲进卧室将失去知觉躺在床上的谢某某抱起，到公路拦出租车送医。"120"救护车赶至将谢某某接到甲医院，医生检查发现谢某某已死亡。后经法医鉴定确认，死者系被他人扼颈致机械性窒息死亡，死后被纵火焚尸。警方接警后赶赴现场勘查，发现救火前现场门窗完好，无撬盗破坏痕迹，分析熟人作案的可能性较大。经走访调查，死者生前长期与陈某某姘居，并育有一子，近期两人曾多次发生争吵；案发后死者亲属多次联系陈某某，并通过陈某某的亲朋好友告知谢某某已死亡的情况，但陈某某却一直不露面；陈某某还多方打听死者是生是死、死亡原因等情况。综合以上情况，警方认为陈某某有重大作案嫌疑。当日下午，警方传唤陈某某的另一同居女友谢某甲，调查有关情况。其间，陈某某给谢某甲打来电话，两人约定在某学校附近见面。当日18时许，警方在该学校门口将陈某某抓获。经数天审讯，陈某某于25日供认了犯罪事实：1996年，陈某某与被害人谢某某同居，并生育一子陈某泽，后陈某某与前妻唐某某离婚；2005年4月，陈某某与女友谢某甲同居。后陈某某与被害人产生矛盾，其子随陈某某生活。2006年2月19日8时许，陈某某到HY路212号谢某某的租住处，取其儿子的字典等学习用品。两人发生性关系后，陈某某要离开，谢某某不让，两人发生争吵，陈某某用双手扼住谢某某颈部致其死亡。为了掩盖杀人事实，陈某某纵火焚烧现场。至此，本案告破。

二、在案证据

围绕被告人陈某某有杀人纵火嫌疑等事实，警方和检方收集了若干证据，并经庭审举证、质证，归纳如下。

（一）现场起火燃烧时段为2006年2月20日凌晨3时之后至凌晨4时之前

1. 证人张某云（HY路212号1—5号住户）的证言：2006年2月20日凌晨4时（我看了时间），我听到隔壁住户刘某芳喊二楼失火后连忙上楼，胡某安等人将门弄开，众人进屋泼水扑火。消防人员约于凌晨4时15分至20分到达。火扑灭时约4点30分。

2. 证人刘某芳（HY路208号1楼住户）的证言：2006年2月20日凌晨4点多钟，我听到有"哒哒"的声音，还有东西砸窗户的雨棚，起床发现楼上有火光。我上完厕所听到后面有人议论，即拉开窗帘问怎么回事，有人说楼上失火了，我即出门呼救。邻居胡某安上楼踢门进入，共有5人参加灭火。

证人廖某安（HY路210号住户）的证言：2006年2月20日凌晨4时刚过，听到刘某芳喊失火。

3.证人胡某安（HY路212号住户）的证言：2006年2月20日凌晨4时左右，听到外面有人喊失火，出门发现二楼有间房冒烟，遂回家打"119"报火警。接着，我拉开失火房屋的铁门、踢开木门，众人进屋将火扑灭。扑火用时约15分钟，这时消防人员过来了。

4.证人陈某兵（谢某某的堂姐夫）的证言：我妻子罗某莲是谢某某的堂姐，我们家离谢某某家只有几百米远。2006年2月20日凌晨4点多钟，邻居过来告知谢某某家失火了，我和罗某莲赶过去，看到许多人在谢某某家泼水，没看到明火。我将躺在床上的谢某某抱起来，到路上拦出租车，过了一会"120"救护车过来了，将我们送到医院。

证人罗某莲（谢某某的堂姐）的证言印证了上述情节。还证明：告知人系谢某某街坊，告知时间约凌晨4时许。

甲医院门诊病历记载：谢某某送医急诊时间为2006年2月20日凌晨4时50分。

5.证人李某清（HY路210—1号住户）的证言：2006年2月20日凌晨4时左右，住HY路212号一楼的一名女子喊失火，我出门没看到火，那女子叫我到侧面看，我过去看到二楼有烟有火，于是返回家里打"119"报火警，回头过来看见胡某安、廖某安、姓吕的男子和HY路212号1楼的两名女子在失火房屋泼水救火。过了一会，消防车来了。发现有人烧伤，我又打了"110"，并让警察带"120"救护车过来。又过一会，失火租户的亲戚来了，他们将伤者抱出来到路上拦车。"110"警察来后到现场参与救火。接着，"120"救护车来了，将伤者接走。

消防机关制作的火灾现场勘验检查笔录证明：2006年2月20日凌晨4时20分，X市HY路208号二楼发生火灾。

当地派出所接处警工作登记表记载：2006年2月20日4时40分，群众打110报警,称HY路208号二楼起火。出警时间为4时45分。

6. 证人罗某平(谢某某的堂兄)的证言:2006年2月20日凌晨4时许,姐夫陈某兵到我家说谢某某家失火了,谢某某在甲医院抢救。我们赶到医院时,医生说谢某某已死。

证人肖某(罗某平的妻子)的证言:2006年2月20日凌晨4点多钟被敲门声惊醒,来人说谢某某在医院,不知是死是活。罗某平连忙起床跟着那人走了,半小时后罗某平返回找我拿钱,并说人已经死了。

分析说明:上述证明案发现场起火燃烧时间的证据中,有四个方面的时间比较确切:一是证人张某云所证的时间,她是看了钟表而确认的;二是派出所接处警记载的时间,但派出所并非"110"的直接接警人,更非"119"火警接警人,其所记载的时间比群众实际报警的时间要迟缓一些;三是门诊病历记载的时间,这个时间相对客观、准确;四是消防机关接火警的时间。其他证人所证的只是估计的、大概的时间,与实际时间有一定的误差。张某云证明刘某芳喊失火是在凌晨4时;刘某芳证明其先是听到"呲呲"声响以及有东西砸雨棚,起床发现楼上有火光,上完厕所后听到有人说楼上失火再外出呼救。因此,被害人房屋系起火燃烧一段时间之后再被人发现的,说明该房屋在4时之前即已发生起火燃烧。刘某芳呼救后,还需经历多名群众赶赴现场、破门入屋、寻找容器盛水、泼水救火、通知被害人亲属、救护车接人送医等一系列的过程。据此推算,张某云证明刘某芳喊救火的时间系凌晨4时与消防机关接火警时间系凌晨4时20分以及门诊病历记载的接诊时间系凌晨4时50分是吻合的。因此,可客观认定案发现场起火燃烧的时间为凌晨3时之后凌晨4时之前。

(二)纵火行为发生时段为2006年2月19日晚9时之后至20日凌晨1时之前

1. 消防机关火灾现场勘验检查笔录证明:2006年2月20日凌晨4时20分,X市HY路208号二楼发生火灾。扑灭后,为查明火灾原因而进行了勘查。(1)起火建筑外围勘查。发生火灾区建筑为X市HY路民用住宅,该楼为一栋二层外走廊式砖混结构房屋,一、二楼均用作居民住宅,外围观察火灾燃烧部位为二楼上楼梯右转的第一间。(2)火场立体燃烧蔓延痕迹勘查。火场纵横烧蔓延痕迹呈现火灾以从客厅进入的第一间卧室部位为燃烧中心,未发生纵横向蔓延。(3)对两间卧室细项勘查。两间卧室均发生过火燃烧,其大卧室燃烧程度重,小卧室燃烧程度轻。根据燃烧蔓延痕迹判定其小卧室的过火燃烧并非大卧室的燃烧蔓延所致,为不同起火点所致。分段逐层勘查,在靠近电视机未完全烧毁的衣柜门框上发现,门框的外面有未过火的痕迹,门框里面全部炭化,其衣柜离地50 cm有残留的衣物及柜体未燃烧。50 cm以上全被燃烧,衣柜后面的墙面50 cm以上有烟熏痕迹及烧脱落水泥,50 cm以下没有烟熏痕迹。根据烟熏痕迹表明,发生燃烧之前有一段持续阴燃的过程,其阴燃时间3小时以上。燃烧中心以两个衣柜为主,衣柜及里边的衣物被烧毁,衣柜旁边电视机被烤变形,窗帘被烧毁,床上有小范围过火并非燃烧蔓延所致,小卧室的床上枕头及棉被有小范围过火并非燃烧蔓延所致,根据燃烧痕迹表明,火灾现场有2个以上起火点。(4)电气勘查。房间只有电视机的电源线是从衣柜的后面经过,其线的表面有部分被烧脱落外但并未发现短路痕迹,其他电线处除被烟熏黑外处于完整状态。(5)火源勘查。房间内未发现炉具等生活用火器具,未发现汽油、酒精等易燃易爆物品和易燃液体燃烧痕迹,未发现强氧化剂和强还原剂等化学药品燃烧残体。

2. 消防机关对阴燃问题出具情况说明证明:(1)阴燃即没有火焰的缓慢燃烧。一些固体可燃物在空气不流通、加热温度较低或含水分较高时会发生阴燃。如成捆堆放的棉、麻、纸张等易发生这类火灾。(2)根据现场勘查情况,其起火点的衣柜,柜门的外面未过火,柜门里面已炭化,因此断定柜门在发生火灾时属关闭或关闭不严的状况,证明柜门的通风条件不足以让柜门的物品起火初级阶段快速燃烧,即构成阴燃过程。(3)火灾现场勘查笔录中所作的阴燃3小时以上的结论可以理解为3小时至6小时。

分析说明:火灾事故的阴燃现象在现实生活中是普遍存在的,至于根据火灾现场的具体情况如何判定持续阴燃到发生明火燃烧的时间,则是相当专业的问题,必须由具有专业知识的人通过鉴定才能作出。消防部门是此类鉴定的主体,其作出的鉴定意见具有权威性、专业性。本案中,消防部门根据现场烟熏的痕迹,判定发生燃烧之前有一段持续阴燃的过程,其阴燃时间为3小时至6小时。据此,并根据明火燃烧时间发生在20日凌晨3时之后4时之前推算,作案人纵火时段为19日晚9时之后至20日凌晨1时之前。

(三)被害人谢某某被杀时段为2006年2月19日晚8时之后至晚12时之前

1. 警方现场勘验检查笔录、示意图及现场照片证明:现场位于HY路208号2楼紧邻东侧楼梯的一套居室内,该套居室大门为一铁门和一木门构成,铁门门锁固定螺栓脱离,木门锁下方一门板落于室内侧地面。该居室分为南、北、东三间房,南室为厅,北室为一大卧室,东室为一小卧室,厅东南侧见一厕所,厕所南墙临二楼走道,墙面见一窗户,完好无损。大门口东侧靠墙见一灶台,灶台南侧见一窗户,完好无损。室内大门口地面见一床棉絮及一被套,棉絮面见一烧灼洞口。厅内东墙见一窗户,完好无损。大卧室北墙处见一窗户,窗帘被烧毁,窗户玻璃破碎,护栏完好。大卧室内靠东墙摆有一双人床,靠南墙摆有一组合柜。厅与卧室之间房门口北侧地面处见一呈炭化状木柜,两单门衣柜自柜中部向上被烧毁,室内燃烧炭化热熔痕以南侧单门衣柜内部为中心向周围呈"V"形扩散,该衣柜炭化痕内重外轻,内低外高,北侧衣柜炭化痕外重内轻,外高内低。该卧室东墙南侧见一门通东侧一小卧室,该室东墙处见一窗户,完好无损。北侧东西向摆有一张单人床,南侧靠东南墙角摆有一书柜,单人床南侧中部至床西端床垫絮见碳化烧灼痕。床面被单下见一左裤腿烧断的女式外裤,床西南侧地面见一烧断的裤腿。

2. 刑事科学技术鉴定书证明:2006年2月20日中午12时,在某法医学系解剖室外对死者谢某某进行了尸检。尸体上身由内至外着肉色带花边胸罩、紫色秋衣、浅色保暖内衣，下身赤裸。前额正中、右眼角外侧及右面颊部见多处陈旧性条形抓痕。上、下唇黏膜均见点状出血，下唇黏膜见散在片状破损，左下颌缘处见6cm×2cm片状表皮剥脱伴皮下出血，左耳前见5cm×6cm烧伤，左下颌缘处见3.5cm×0.6cm片状表皮剥脱伴皮下出血，右颌面部见散在条形表皮剥脱。颈前10cm×4.5cm范围内见多处散在条、片状表皮剥脱伴皮下出血，可见4.5cm×2cm皮下出血。左胸前壁、左胸侧壁、左髋部、左臀部及左大腿外侧见较大面积烧伤及烟熏痕，左上肢背侧及右前臂背侧可见较大面积烧伤。上述烧伤均无明显生活反应。解剖见颈前扼痕对应处皮下出血，颈部肌肉出血，气管内未见烟灰、炭末沉积，气管内壁黏膜出血，双肺表面见片状出血，心脏表面见针尖样出血点。其余未见损伤。意见：谢某某系被他人扼颈致机械性窒息死亡，死后被人焚尸。

3. 补充鉴定情况说明证明：根据尸体存在转移性尸斑及尸斑的程度，结合胃内容消化（胃内容充盈，可见饭粒及蔬菜叶）、排空程度、尸僵程度及角膜变化情况，综合分析推断死者谢某某死亡时间为最后一次餐后1小时以内，距尸检时间（2006年2月20日12时）15小时左右，即2006年2月19日21时左右。

XX省高级人民法院技术审核意见：从谢某某尸检材料及照片看，其死亡原因为扼颈致机械性窒息死亡，身体体表烧伤为死后形成。死亡时间为最后一次进食2小时左右，距尸检时间（2006年2月20日12时）12小时至16小时。警方的刑事科学技术鉴定书及补充鉴定情况说明意见基本准确。

分析说明：上述证据证实：（1）被害人谢某某系被人掐颈致死；（2）作案人杀死被害人后还实施了纵火行为；（3）XX省高级人民法院所作出的技术审核意见，系根据尸检情况，并邀请多名专家进行讨论后作出的，对原鉴定中认定的时间均作出相应的、留有余地的调整。依此推算，被害人死于2006年2月19日晚8时至12时，被害人最后一次进餐时间为2006年2月19日晚6时左右至10时左右。

（四）被告人陈某某在现场时段为 2006 年 2 月 19 日晚 8 时之后至晚 10 时 30 分左右

第一，2 月 19 日晚 7 时 08 分、09 分，陈某某与被害人两次电话联系。

（1）通话记录记载：谢某某手机 130××××××6 于 2006 年 2 月 19 日 19 时 08 分、19 时 09 分，两次接到陈某某手机 133××××××9 打来的电话。此后，谢某某的手机再无通话记录。

（2）被告人陈某某归案后的无罪供述与辩解：为儿子拿书而联系谢某某。

第二，2 月 19 日晚 7 点多钟，陈某某从 T 市到达 X 市，去被害人家。

（1）证人谢某甲（陈某某的同居女友）的证言：陈某某尾数为 636 的手机放在我这里。2 月 19 日下午 6 时许，陈某某打我电话，称其已从 T 市上车，其儿子遂让陈某某到谢某某家拿字典等书本。当晚 8 点多钟，夏某某打陈某某的手机，我接听后说陈某某还没回家，夏某某说他和陈某某在某长途客运站分的手。晚 11 时许，陈某某回到家中，称其去了谢某某家。

通话记录记载：谢某甲手机 130××××××5 于 2006 年 2 月 19 日 18 时 15 分接到陈某某手机 133××××××9 打来的电话。

（2）证人夏某某的证言：2 月 19 日下午 5 点多钟，我和陈某某乘坐长途客车从 T 市回 X 市，7 点多钟到达某长途客运站，陈某某称其将坐公交回家。我到家后 8 时许打陈某某手机 133××××××6，是谢某甲接的，她说陈某某未回家。

通话记录记载：谭某（夏某某女友）手机 131××××××9 于 2006 年 2 月 19 日 20 时 23 分拨打过陈某某手机 133××××××6。

（3）证人朱某娟的证言：2 月 19 日晚，我打陈某某手机 133××××××6，谢某甲说陈某某的电话放在家里，让我打陈某某的另一部手机 133××××××9。我打通后问陈某某在哪里，陈某某称其在车上，快到 X 市了。

通话记录记载：朱某娟手机276×××××6于2006年2月19日18时50分、57先后拨打过陈某某手机133×××××6、133×××××9。

第三，2月19日晚11时许，陈某某回到某广场家中。

（1）证人谢某甲的证言：2月19日晚10时许，我见陈某某还没有回来，先后拨打夏某某、朱某娟、周某振等人的电话找陈某某，但没找到。到了晚上11点钟左右，陈某某拿了1本字典、几本书、1件黑色外套、5盒酸奶和1袋鸡蛋回到家中。

通话记录记载：谢某甲手机130×××××5于2006年2月19日22时23分、25分、26分先后拨打过夏某某女友谭某手机131×××××9、周某振手机136×××××3、朱某娟手机276×××××6。

（2）证人任某的证言：2月19日晚上九十点钟，我给陈某某打电话，陈某某的女朋友谢某甲接了电话，说陈某某不在家，手机放在家里了。

通话记录证明：陈某某手机133×××××6于2006年2月19日22时42分，接到任某手机131×××××9打来的电话。

（3）证人文某（某广场保安）的证言：2月19日下午3时45分至晚上11时45分我值班，那天晚上九十点钟（后称该时间是估计的）我看见陈某某回家，与他打过招呼。我下班之前没有看到陈某某外出。

（4）证人夏某某的证言：2月20日上午，陈某某打来电话称谢某某死了，是烧死的，还说他昨晚8点多钟去谢某某家，11点钟离开，走之前谢某某都好好的。

（5）被告人陈某某归案后的无罪供述与辩解：2月19日晚7点多钟我到达X市，8点多钟到达谢某某家，与谢某某发生了性关系。尔后，拿了儿子的字典等书本以及鸡蛋、牛奶离开，到河边公路拦乘出租车，于11时过几分回到某广场家中。回某广场路上没有做其他事。

分析说明：陈某某称，其于19日晚7点多钟到达X市，坐公交到被害人家时已是8点多钟，该供述与证人夏某某所证的时间以及通话记录能够相互印证，足以证实陈某某于案发当晚8时以后到达被害人家。

通话记录及有关证人证言证明，当晚10时42分陈某某仍未回到某广场家中；证人谢某甲证明，陈某某回到家里已是晚上11时许；陈某某称，其回到某广场已是晚上11时过几分。上述证据相互印证，足以证实陈某某于案发当晚11时之后回到某广场家中。

（1）经实地查验，案发现场HY路系X市老居民区、闹市区，交通便利，位于A大道和B大道之间，从被害人家到A大道约200 m，步行不超过2分钟；从被害人家到B大道也只有数百米，步行不超过10分钟；从A大道或B大道乘车到某广场，车程不到5公里，车程15分钟以内，夜间行车时间更短；A大道、B大道乘出租车均较为方便；若选择步行，则从被害人家到某广场全程只有三四公里。综上，陈某某有3种回家的方式：一是全程步行，约需四五十分钟；二是步行至B大道即可任意拦乘出租车，全程约需20分钟；三是从A大道坐出租车，若顺利乘车，全程20分钟以内，若考虑拦乘出租车所需要的时间，全程不超过30分钟。（2）陈某某归案后的无罪供述与辩解称，其离开被害人家后直接从A大道拦乘出租车回某广场，路上没有做其他事情。此时公交停运，天气寒冷，陈某某饥肠辘辘，手里还拿着东西，不可能在大街上晃悠，陈某某称其系乘出租车直接回家符合当时的情景。上述证据相互印证，可推算陈某某路上行程在30分钟左右，陈某某离开被害人家是在案发当晚10时30分左右。

（五）案发当晚被告人陈某某到过作案现场

1. 法医物证鉴定意见：从谢某某阴道擦拭物中检见精斑，且极强力支持为嫌疑人陈某某所留。

2. 物证钥匙及提取的说明、扣押物品清单等证明：抓获陈某某时，从其随身携带的黑色皮包提取钥匙1串共2把，其中1把为黄铜色，另1把为银白色十字型。在案发现场收集的大量物品中，发现了钥匙1串共3把。经对比，现场提取的钥匙中有2把与从陈某某随身携带的钥匙为同一门锁钥匙。

3. 证人谢某甲证明案发当晚陈某某从谢某某家拿回儿子的书本等物品。

4. 被告人陈某某对其于案发当晚到现场并与被害人发生性关系的事实供认不讳。

分析说明：从被害人体内检出陈某某留下的精斑，这是从作案现场所提取到的唯一的、最有证明力的客观物证，足以证实案发当晚陈某某到过现场。

（六）被告人陈某某与被害人矛盾至深

1. 证人谢某甲的证言：我和陈某某自2005年4月开始谈朋友，后两人一直同居于某广场13楼某室。陈某某与其前妻唐某某离婚听说是因为谢某某，谢某某还为陈某某生了一个儿子，但两人没有拿结婚证。2006年春节，陈某某带儿子回老家过年，谢某某过去后被唐某某打了一顿，后谢某某说不带儿子了，陈某某就把儿子带到某广场跟我们住在一起。陈某某与我同居后，很少与谢某某在一起，但谢某某经常打电话找陈某某麻烦。2006年2月八九日，陈某某说谢某某让他去补结婚证，给其儿子一个名分再离婚。我说万一拿了结婚证谢某某不离婚怎么办。这件事就没有下文了。同月19日11点钟左右，谢某某打来电话，说我把幸福建立在别人的痛苦之上，我听后很气愤，连忙打夏某某的手机找到陈某某，问他和谢某某是不是又发生了什么关系。陈某某说没有，并说晚上6点钟回家。当日下午5时30分，陈某某尾数636的手机接到谢某某手机发来的6条短信，其中有一条是她以前为某某人失去太多东西，现在又为我失去一些东西，感觉蛮累，她会慢慢消失等。下午6点钟，陈某某打电话回来说他已经上了回X市的长途客车，他儿子让他去谢某某那里把字典和一些书带回来。晚11时左右，陈某某回到家中。我问他干什么去了，陈某某说去了谢某某家帮他儿子拿东西，顺便和谢某某谈了一下，谢某某不停地唠叨，情绪有点激动，两人也没谈出什么结果。陈某某称其还没有吃饭，他去厨房做饭，我辅导他儿子查字典。吃完饭后，我把谢某某发给他的短信给他看，问他准备怎么办。他说曾考虑过与谢某某拿了结婚证后再离婚，但怕谢某某反悔。我说谢某某好像有轻生的念头，他说应该不会，后来我们就睡了。

2. 证人谢某强（谢某某的弟弟）的证言：2006年农历正月初一，谢某某在T市被陈某某的前妻带人打得蛮狠，2月19日下午她还让我陪她到T市找警方讨说法。谢某某与陈某某是1997年结婚的，但没有拿结婚证，两人关系不是很好，陈某某不常在HY路居住。

3. 证人谢某玲（谢某某的姐姐）的证言：我自2005年9月下旬来X市后，一直住在谢某某家，2006年2月17日回了老家。其间，陈某某只在家住过两三次，再就是周末带陈某某儿子出去玩过几次。

4. 证人罗某莲（谢某某的堂姐）的证言：陈某某以前和谢某某住一起，半年前，两人扯皮关系不好，陈某某就没在这里住了。

5. 证人罗某平（谢某某的堂兄）的证言：谢某某于1991年外出打工，后认识了陈某某，两人结婚。2006年正月初一，谢某某给我打电话说被人打了，我和亲戚去T市才知道是陈某某的前妻带人打的，我们到当地派出所报了警，陈某某没和我们见面，也不接电话。开学后，陈某某与谢某某闹矛盾分居了，陈某某把儿子接了过去。陈某某隐瞒了他曾经结婚的事实，并且开了其与谢某某的假结婚证，他们为此扯过皮。

6. 证人夏某某的证言：陈某某在感情方面责任感不强，他说与前妻唐某某肯定不会复婚，他现在喜欢谢某甲，但谢某某没名没分跟他这么长时间，还为他生了一个儿子，所以他很犹豫，不知道该如何处理这些关系。我叫他自己拿主意，有朋友劝他说谢某甲太年轻了，差距太大，跟谢某某结婚比较现实，但陈某某犹豫不决，一直没下决心。

分析说明：上述证据证实，陈某某与被害人曾是非法同居关系，并生有一子，两人曾计划陈某某与前妻离婚后再与被害人结婚。但陈某某后来又有了新欢，担心与被害人结婚后难以摆脱。而被害人则认为自己吃亏太大，并要求陈某某给儿子一个名分，一直不罢不休。两人矛盾很深。

(七)案发后被告人陈某某行为反常

1. 证人谢某甲的证言:2月20日早晨5点钟,手机震动将我惊醒,我把号码报给陈某某听,陈某某称是谢某某哥哥或弟弟的号码,并说不接电话。对方又打来电话,我就把手机电池下了。我说是不是出了什么事,陈某某说应该不会,昨天晚上他过去后是谢某某一个人在家中。我问他如果谢某某拿自杀要挟结婚怎么办。陈某某说那只有拿结婚证,还问我如果拿了结婚证我是否还跟他在一起,我说那肯定不会。7点20分许,陈某某送其儿子上学。9点多钟,他打来电话说,听周某振讲谢某某现在甲医院太平间。11点多钟,他打我手机要我下午去接其儿子放学,并让我注意安全,还说如果警察找我,要我问清是哪里的,然后他会跟我联系。中午,我被派出所的民警带来调查。下午5点左右,陈某某打我的电话,两人约定在某大学分校门口见面,后陈某某被抓。从19日晚上回家到20日早上离家之前,陈某某的言行举止有异常。20日早上醒来后,陈某某说,如果我以后结婚了,要对老公多长个心眼,不要什么话都对老公讲,并说要把某广场的房子送给我,如果我以后有什么不开心的事,还可以回来住一住。感觉他好像在对我以后的生活作安排,对我有个交代。

2. 证人朱某娟的证言:2006年2月20日中午,陈某某心情郁闷。我问他原因,他说谢某某亲属一会说谢某某死了,一会说还在抢救,他也搞不清在哪家医院。我提示他打电话到医院查询。后他打电话查知谢某某已经死亡,在甲医院太平间。陈某某还说他女友谢某甲被警察带走了,我和男友一起陪他去派出所打听,他在马路边等,我和男友进所问情况。警察说谢某甲是在派出所,我们出来后将有关情况告诉陈某某,然后打车回某医大。路上,陈某某接了一个电话说谢某甲出来了,他们约好在某大学门口见面。

3. 证人周某振的证言:2006年2月20日8点20分左右,罗某平让我跟陈某某打电话,说谢某某已死,人现在甲医院太平间。我告诉陈某某后,陈说"鬼话吧",后来就没有作声了。我叫他在乙医院等我,我们见面后,我说谢某某的死亡情况是罗某平告诉我的，没有说死因，正在调查。下午1时许，陈某某打来电话说，刚才他听说谢某某在乙医院抢救。下午4时许，陈某某打电话说谢某某死了，人在甲医院太平间，谢某甲被警察带走了。

通话记录证明：周某振手机13××××××3于2006年2月20日8时34分、49分两次拨打陈某某手机133××××××6。

4. 证人夏某某的证言：20日上午大约九十点钟，陈某某打电话来说谢某某死了，是烧死的，陈某某还说他昨晚8点多钟去谢某某家，11点多钟离开，走之前都好好的，他已经跟谢某甲谈好了分手，要与谢某某结婚等。

通话记录证明：陈某某手机133××××××6于2006年2月20日8时52分、9时51分两次拨打夏某某手机133××××××5。

5. 证人任某的证言：2月20日中午，陈某某多次打我电话找姚厂长，打听谢某某在医院抢救的情况。

6. 证人杜某伟（时任甲医院财务部部长）的证言：2006年2月20日下午3点钟左右，我接到陈某某的电话，要我帮忙查一下太平间有没有一个叫"谢某某"的人。我打电话过去问，太平间的人说有这个人，是急诊科送来的。我将情况告诉陈某某，并说他这么关心，应该自己到太平间去看一下。当时他没有问死因。

7. 证人耿某洪（甲医院职工）的证言：2006年2月20日下午3点钟左右，陈某某打我办公室电话，说他妻子小谢死了，他刚才打过财务处杜处长的电话，杜处长告诉他人在太平间。他要我帮忙打听一下人是不是在甲医院死的，几点钟送来的。我问他在哪里，他说他在太平间。我当即去查，看到了谢某某的死亡医学证明，并得知人是早上6点钟左右送来的，送来时人就是死的；烧伤窒息死亡。陈某某正好又打电话来，我就告诉了他上述情况。

分析说明：上述证据证实陈某某的反常之处有：（1）次日凌晨5时许不接谢某某亲属打来的电话。依据惯常的生活作息规律，对方尚未天亮打来电话，肯定是有急事，连谢某甲也提醒陈某某是不是出了什么事，但陈某某却拒接电话，显得很反常。特别是，陈某某头天晚上与谢某某在一起，知道谢某某的近况及想法，次日早谢某某亲属就打来电话，显然非同寻常，如果不是事先知道对方打电话的目的，陈某某的正常反应应当是意识到可能发生了大事，立即接听电话。陈某某拒接电话，显然是知道了对方将要告知的消息。（2）明知谢某某死亡或在医院抢救而不去探望。作为与谢某某具有事实婚姻并共同生育儿子的陈某某，在得知谢某某危重送医的情况后，只是向他人多方打听消息，意图澄清此事与己无关，而不是迅速赶赴医院探望。反映出其某种畏惧心理。（3）三番五次打听谢某某的生死情况。谢某某的亲属因为联系不上陈某某，后通过陈某某的朋友周某振等人向其转告，谢某某或死或正在医院抢救的消息，陈某某不敢与被害人亲属接触，而是通过各种关系打听消息，求证被害人是生是死的结果。反映出其某种期望或侥幸心理。（4）得知谢某甲被警方传讯但不敢出面。得知谢某甲被传讯后，陈某某不敢直接面对警方，而是让朋友去警方问情况。反映出其某种畏惧心理。（5）在无人告知的情况下称被害人系烧死。证人夏某某的证言证明，20日上午大约九十点钟陈某某打来电话称谢某某已烧死；周某振的证言证明，当日上午8点20分左右，其受罗某平之托向陈某某转告谢某某已死亡的消息，但没有告知陈某某的死因；其他证据证明，陈某某向他人打探或陈述被害人生死的消息都是在当日中午之后，当日上午11时之前无人向陈某某告知被害人死因。反映出陈某某不需要经任何人告知就得知被害人死因。（6）谢某甲的证言证明，20日早晨起床前，陈某某对其说了一些反常的话，好像是对其以后的生活作安排，给其一个交代。

（八）在案的其他证据

1.证人谢某玲（谢某某的姐姐）的证言：我和谢某某、罗某平开汽配店平时没有休息，白天都在门市部里，晚上一般6点钟左右关门回家，谢某某接儿子，我去买菜，7点钟左右吃晚饭，最晚不会超过7点半钟。HY路208号的租住房，我和谢某某各有1套钥匙。谢某某不可能有其他男女关系，因为我们平时都在一起，如果有，我肯定会知道。

2. 证人罗某莲（谢某某的堂姐）的证言：案发时，盖在谢某某身上的被子烧了一个直径约 30 cm 的洞，我丈夫陈某兵把被子掀开，谢某某缩着身子侧躺在床上，好像是面朝左的，上身穿保暖内衣，下身没有穿衣服。谢某某和我弟弟罗某平合伙做汽车配件生意，罗某平负责外面的客户，谢某某守店，她与其他人无经济纠纷，也没有矛盾。谢某某一般上午八九点钟到店里，下午六七点钟回家，中午在店里吃饭，晚上回家自己做饭吃，照顾儿子，从来没听说过她晚上九十点回家。她也不喜欢出去玩，没听说她有什么社会朋友，平时就是我们兄弟姐妹去她家。我听她说过，她遇到这样的婚姻，什么想法都没有了，只想一门心思做生意。19 日晚 7 时许，谢某某将电动车放在我家门口，再回自己家。

3. 证人陈某兵（谢某某的堂姐夫，罗某莲的丈夫）的证言：案发时，我冲进房内，接连掀开 2 床被子，发现有个人平躺在床上，上身穿内衣，下身没穿衣服。我把人抱起来，当时感觉对方身体还是热的。谢某某和堂兄罗某平合伙卖汽车配件，每天开电动车上下班，下班后将电动车放在我家。19 日谢某某下班后将电动车放在我家，所以她房子失火后，罗某莲肯定她在家里。

4. 相关照片证明：谢某某上身穿保暖内衣，下身赤裸。

分析说明：上述证据证实，（1）谢某某的社会关系不复杂，除了婚姻方面的矛盾之外，没有发现有其他矛盾。（2）作案人纵火焚烧现场时，谢某某赤裸着下身。（3）2 月 19 日谢某某回到家中约 19 时许，尚未吃晚饭。

（九）被告人陈某某的历次供述与辩解节录

1. 讯问时间 2006 年 2 月 20 日 18 时 50 分~19 时，地点警方办案场所。

问：你知道谢某某是怎样死的？

答：我不知道。

2. 讯问时间同日 19 时 05 分~22 时 15 分，地点警方办案场所。

问：谢某某是什么时候死的？

答：我不清楚。

问：谢某某是怎样死的？

答：火烧窒息死亡，这是我从甲医院打听到的。

问：你把这两天活动情况讲一下。

答：19日下午5点40分，我和夏某某在318国道拦到长途客车，6点20分上车，大约7点40分到某开发区。我给谢某某打电话，说要过去拿小孩的字典和英语书，她说她姐姐回家了，她一个人在家，让我过去。打完电话后我就关机了。在某医药公司处下车后我转乘208路公汽，大约8点过几分到某路，然后步行到谢某某住处，喊谢某某开的门。谢某某给我一个老版某品牌手机充电，但充不进去。我叫她找孩子的书，她叫我自己找，我叫她把我的一件黑色带帽子的棉袄和一件灰色的羊绒衫找到，谢某某拿了塑料袋，将我的两件衣服连同孩子的书、字典、鸡蛋、牛奶放了进去。我准备开门走时，她说跟我一起走，说好要跟一个山东人见面，罗某平介绍的，叫我把把关。我说你自己的事自己做主，她就说不去了。我问她有什么事，她问我到底拿不拿结婚证，我说随便你，她说我说话不算数，前天说好一起拿结婚证的，结果第二天没看到我。我解释说我出差了。谢某某又拉着我唠叨，后要与我发生性关系，我们发生性关系又聊了一会，然后我拿着东西离开了，我在A大道打的回到某广场已经是晚上11点过几分。我离开时，谢某某只穿胸罩，其他衣服都没穿。我到某广场后做饭吃、冲澡、辅导儿子做功课后和谢某甲聊了一会就睡了。凌晨5点5分发现3个来电，都是罗某平打来的，我怕罗某平扯皮，把手机电池下了。早上6点50分我起床，7点25分送儿子上学。

3. 讯问时间同月21日19时25分~22时15分，地点警方办案场所。

回到某广场不是10点过几分就是11点过几分，然后做饭、吃饭、洗澡、辅导儿子做功课。上床睡觉时，谢某甲拿着我的133××××××6手机翻短信，问我是不是答应跟谢某某结婚，我不作声，边看边删。等儿子睡着后，我说只有对不起谢某甲了，我要给儿子一个名分。2月20日早上5点

5分，谢某甲的手机130×××××××5先振动后响起来，我看是罗某平的电话，他不认识谢某甲，应该是打我的手机133×××××××9而呼转到谢某甲手机上的，我没接电话，罗某平又打了两次，我将电池取下。起床后我送儿子上学，接到夏某某打来的业务电话。随后，我给周某振打电话，准备交代一些事情，还没开口，周某振说正有急事找我，称罗某平让他转告我，谢某某在甲医院太平间。我同周某振见面后，我说昨天与谢某某见面还好好的。周某振说罗某平不会说他妹妹在太平间的，我要周某振打罗某平的电话落实一下。因为我怕今年正月初一谢某某挨打的事找我扯皮，我不见他们，不接他的电话。周某振打电话问罗某平怎么回事，罗某平说谢某某在乙医院急诊抢救。我和周分析，周某振说一会儿在太平间，一会儿在抢救，是不是哄我见面。我让大姐打电话联系，看是怎么回事，后来大姐告诉我，罗某平说谢某某在乙医院急救；我又打严某山的电话，叫他问一下罗某平，谢某某到底怎么回事，严某山就打谢某某店铺的电话，铺里人说谢某某不在，严某山随后打罗某平电话，罗某平说谢某某在乙医院急救；我又给任某打电话，让她问一下姚厂长，姚厂长与谢生意往来很大，让姚厂长联系谢某某，任某说姚厂长联系不上；这时朱某娟打电话找我要发票，约我到她家吃午饭。其间，我与夏某某、谢某甲打过电话。

下午2点30分许，我在朱某娟家，先打乙医院组织部陈部长的电话，问她乙医院急诊科早上收过一个叫谢某某的人没有，她回复说没有查到；我再打甲医院太平间的电话，问收到一个姓谢的女的没有，他们说有，但不告诉我名字；我又打甲医院财务处杜某伟的电话，叫他帮忙查一下，他查后说有，是急诊室送去的，死因不清；我又打甲医院药房耿某洪的电话，让他帮忙查一下谢某某的死因，耿某洪查后回复说是烧伤窒息死亡，这时已是下午4点多钟了。得知谢某甲被警察带走后，我和朱某娟及其男友一起到派出所，他俩进所打听，确定谢某甲在所里。随后我跟谢某甲打电话，谢某甲说她马上出来，我们约好在某大学分校门口见面，我在等谢某甲时被抓。

4. 讯问时间同月23日10时15分~10时30分，地点警方办案场所。

问：谢某某什么时间在什么地方死的？

答：我不知道。

5. 同月 25 日的亲笔供词及所画的点火地点示意图。

我于 2006 年 2 月 19 日晚 8 点左右到谢某某租住的房子，是谢某某开的门，我在那里拿了孩子的字典、书和我的 2 件衣服以及 4 盒牛奶，她还要我带土鸡蛋走。我装好东西正准备走时，她喊我商量点事，我问她有什么事，她说上次去拿结婚证没有拿成，什么时候再去拿，我说听她的，她非常高兴说要亲热一下，我们一起来到小房发生了性关系，大概做了 20 多分钟。我觉得累就躺在她的侧面休息了约半个小时，我们谈了很多家常，最关心的是儿子今年要过 10 岁，在年底把某小区的房子装修好，我穿好衣服要走，她不高兴了，说我舍不得谢某甲，说她为我受了那么多苦，现在还毁了容，说我"太自私、太缺德"等好多恶言恶语的话，气得我说不出话来，我说："你再骂脏话恶毒的话，我就卡你脖子让你骂不出来。"她说："你卡，我负责不反抗。"她继续骂，我气得双手卡住她的脖子，她从靠枕上滑到床上，嘴里还在骂，我一直卡到她没骂的声音了，我就到客厅里拿了东西出门。走到楼梯转角处停了几分钟，回去用钥匙打开门，进去喊她名字，她没应。我推了她一下，没反应。我用手试她鼻子，感觉没呼吸了，我吓了一跳，就把她抱到大床上平躺着，因为小房里没电灯，扒开她眼睛没动了，知道她死了，我又惊又吓，在大房内转了 10 来分钟，决定放火把现场烧了，让别人以为是烧死的。我用被子把她盖好，然后从拎包里拿出打火机，先到小房把她的毛衣毛裤点着了，后来到大厅，把挨着电视柜的单衣柜下面一层的中上层点着了一件毛衣，又去点窗帘，点着后我又把它灭了，怕外面的人看见。后来点着大床里面的衣服，又把盖她的棉被点着了，又去点书柜上的书，但不好点。我就慌慌张张熄了灯，关上门，把打火机掉到客厅里，然后拿了东西，关好门，走到 A 大道坐的士回某广场去了。我回到某广场是 11 时 8 分（亲手制作的现场图上标明了 3 个点火位置，分别为小卧室床上、大房卧室床脚处、大卧室电视旁衣柜）。

6. 讯问时间同日 8 时 05 分~12 时 35 分，地点看守所。

（到谢某某住处与谢某某发生性关系的情况同前）我穿好衣服准备走，谢某某不让我走，要我留下来过夜。我说儿子明天要上学，要辅导他做作业。她说我根本不是为儿子，是为了谢某甲，说我骗她拿结婚证但又不拿，还是对谢某甲有感情，她辛辛苦苦把儿子带大，现在毁了容，我不得好死。两人就吵起来，她骂了很多难听的话，我就说你再骂我就卡你的脖子，她说："你来卡呀，我不会还手的。"她不停地骂，我气不过，就把她的脖子卡住，不知卡了多长时间，反正没有听到她的骂声了，我就松了手。我是用双手卡的，是在小房的床上，当时她是靠在床上的，卡的时候把她推到床上躺着卡的。她当时只穿了胸罩，扣子没扣，下身没穿裤子，我当时没有下床，是在床上卡的。我穿好衣服，把东西拿了出门，在楼下站了几分钟，感觉不对劲，我就返回到房里，喊她，她不回答，推她没反应，摸她鼻子见没有出气，我就慌了。我把她抱到大房床上，因为小房没有灯。我翻她的眼睛也不动了。我才发现她已经死了。我吓坏了，我想着怎么能把这件事掩盖过去。就想到点火烧掉，我从随身带的包里拿来打火机点火的。先到小房里把谢某某脱下的棉裤、毛裤点着了，然后到大房把房角柜上衣服点燃，接着把床上的被子点燃，这是从谢某某脚头被子点的。我看见有火苗的。出门时把打火机丢在客厅餐桌旁的地上。

点火的打火机是乳白色的一次性打火机，是一星期前在某地出差时，别人打牌（斗地主）时留下的，我平时有留打火机的习惯。我出门关了灯的。

（回到某广场以及次日的活动情况同前）我不接罗某平的电话是因为害怕罗某平知道了这件事。我打电话经耿老师是想证明谢某某的死亡原因对我有没有利，我为了掩盖是我掐死谢某某的事实才点火的，好认为谢某某是因为失火烧死的。

7. 讯问时间同日 13 时 05 分~14 时 45 分，地点看守所。

（陈某某再次供述从 T 市回 X 市到谢某某住处拿东西、发生性关系以及

杀人、纵火的经过，同前所述）19晚约8点10分到了谢某某的住处。发生性关系后大约是9点钟。我掐了谢某某后看到她没有作声了，就拿东西出门在楼梯下站了几分钟，随后又上楼用钥匙开门进去，我用手摸她的鼻子没呼吸，发现她死了。我把她抱到大床上，站在床边考虑了10来分钟，决定制造失火假象。回到某广场做饭吃饭大约11点半了，大约12点钟睡觉。

8. 讯问时间同日15时05分~17时50分，地点看守所。

（陈某某再次供述从T市回某市到谢某某住处拿东西、发生性关系以及杀人、纵火的经过，同前所述）打火机是白色半透明的。点燃衣柜内一件毛衣，有火苗，柜门是半掩着。我出门关了灯，把门锁好走的。

问：你离开谢某某家时，谢某某的衣着？

答：发生性关系后，谢某某上身穿1件秋衣和1件旧保暖内衣，下身什么都没有穿。

问：你把谢某某从小房抱到大房床上后，谢某某是什么姿势？

答：谢某某是左侧卧在床上。

问：打火机你扔到哪里？

答：顺手扔到大房里了，先前说扔到客厅里是记混了。

9. 讯问时间同年3月10日15时10分~15时30分。

（宣布逮捕）陈翻供称：我没有杀人。

10. 讯问时间同月27日10时20分~18时53分（辩护律师于3月13日会见了陈某某之后），地点看守所。

我没有杀谢某某。2月19日晚上8点多钟，我到谢某某租住的HY路房子里去过，主要拿小孩字典和其他书籍等，我拿东西准备出门时，她拿了4盒牛奶和土鸡蛋给我带回去，我拎着两个袋子准备出门，她说想与我亲热，于是我俩就进小房，我把她下身衣服脱了。发生性关系后，我有点累躺在床上，然后我俩谈拿结婚证的事情。谢某某叫我在她那过一晚上，我说孩子要做作业等着字典，还有人要借我的车子。她叫我在她那里吃了饭再走，她也没有吃，我说真的有事，于是就起身走了，她当时在小卧室里睡觉，没

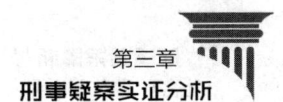

有穿衣服。我离开谢某某家没有干其他的事情，我走到沿河大道与轻轨交会处拦了一辆出租车回到某广场，具体时间我们小区有监视器可查，我还跟保安说了话后坐电梯上楼回到家里。

问：谢某某租住地到你拦出租车的地方有多远？

答：估计只有200 m至300 m远。

问：你为什么三番五次地找人核实谢某某死了的事情？

答：因为我不相信谢某某死了，我离开时她还是好好的。

问：你现在讲的与你以前在警方交代的是否一致？

答：不一致，所谓的杀谢某某的过程和点火过程都是按照警方的要求编的。我的亲笔供词是警察严刑逼供、不让我吃饭、不让我睡觉、六天五夜形成的。现场图是他们叫我画的，而且画了几遍。我本来就没有杀人，我不写不画，他们不让我活着出去，并说把我搞死了，是畏罪自杀。我希望警方能找到真凶，还我清白。既然是我杀死了谢某某，就应该有直接证据，起码有指纹、足迹之类的，肯定是用手杀死的谢某某，应该留下真凶的指纹、足迹。

问：你怎么知道谢某某是被手杀死的？

答：是警察告诉我的。

问：按照你的说法，你相信谢某某是用手杀死的，是吗？

答：我不相信，我也不知道。我要求重新勘查现场，重新尸检。

分析说明：（1）关于陈某某有罪供述的合法性问题。陈某某于2月20日下午6时许被抓，20日至22日19时在当地派出所接受盘问，22日20时至25日在某宾馆被监视居住，25日作出有罪供述后被刑事拘留送看守所羁押。陈某某坚称从未去过宾馆，一直在派出所受审，警察采取各种方式对其刑讯逼供。讯问笔录记载，陈某某的有罪供述均在25日作出，陈某某称当日是警方先审讯完毕再将其送到监室，而不是将其送到监室后再提讯。由此可见，警方取得陈某某有罪供述的行为违反了《刑事诉讼法》的有关规定。（2）关于陈某某有罪供述的客观性、真实性问题。①关于刑讯逼供的

问题。看守所《在押人员健康检查表》和该所出具的证明,证明陈某某于2006年2月25日入所,收押时体表未见伤痕,可收押。有陈某某本人的签名确认。审讯录像反映陈某某对犯罪过程的供述稳定,表情自然,并有对自己内心活动、想法的表述。如第一张光盘第二段35分至35分40秒,陈问侦查人员自己给谢某甲打电话算不算自首;纵火行为是否严重些;第三段7分45秒至8分35秒,陈某某笑着跟侦查人员打招呼,说谢谢;第三段15分45秒至16分5秒,陈某某称被害人不反抗,让他掐,有笑的表情;第二张光盘第一段1分至2分20秒,陈某某称自己包里有打火机,还有烟;12分至12分20秒,陈某某说生意交给弟弟,自己做不成了,有笑的表情。审讯期间,陈某某曾外出上厕所,行动自如。但是,陈某某有倦怠、疲惫的表现,侦查人员提示性语言较多。②陈某某的有罪供述中的主要情节与其他证据能够相互印证。如:陈某某供述两人起争执时,被害人说"你掐啊,我负责不反抗",与尸检鉴定确认被害人指甲中检出自身组织成分,说明被害人被害时无明显、激烈反抗的情节相印证;陈某某供述其将被害人掐到失去呼吸,与鉴定意见证实被害人系被掐颈致机械性窒息死亡的情节相符;陈某某供述其杀人后点火焚烧现场,先把小房间的毛衣毛裤点着,接着到大厅把电视柜的单挂衣柜下面一层的中上层点着一件毛衣,然后去点窗帘,点着后怕外面的人看见又灭了,又点着了大床的衣服,后来又把盖被害人的被子点着了,点书时不好点,就慌慌张张地熄了灯,关上门离去,与消防部门火灾现场勘查笔录记载的燃烧中心以两个衣柜为主,衣柜及里边的衣物被烧毁,衣柜旁边电视机被烤变形,窗帘被烧毁,床上有小范围过火并非燃烧蔓延所致,小卧室的床上枕头及棉被有小范围过火并非燃烧蔓延所致,根据燃烧痕迹表明,火灾现场有两个以上起火点的情况相符;陈某某供述其离开现场时被害人没穿裤子的情节与现场照片证实被害人下身赤裸的情节相符;陈某某供述其将被害人抱到大床盖上被子、点燃毛裤的情节与现场勘验检查笔录及照片记载被子、毛裤被烧及证人证实被害人身上覆盖被子等情节相符;陈某某供述到被害人家的时间、回到某广场的时间以及与被害人发生性关系等情况，与在案其他证据亦能够相互印证。因此，陈某某的有罪供述具有一定的客观性和真实性。

三、证据特点

本案是一起具有重大作案嫌疑的陈某某离开现场数小时后，现场再发生起火燃烧事件的重大刑事疑案。其证据特点如下。

（一）陈某某在现场留下客观痕迹，但否认作案

案发后，警方从被害人体内提取了陈某某的精斑，陈某某也承认于案发当晚到被害人家并与被害人发生性关系的事实，但否认实施了杀人纵火行为，称自己离开时被害人还躺在床上休息。而且，陈某某的反应极其强烈。

（二）本案存在众多疑点

例如，现场未发现贵重物品、现金及被害人随身携带的包包等；现场房屋系租住房，可能多人持有该房钥匙；病历记载被害人送医院抢救半小时，被害人死于何时存疑；被害人最后一次进餐发生在陈某某到来之前还是离开之后，需要审查认定；特别是，陈某某离开现场数小时后，现场再发生起火燃烧的情况，作案者是否另有他人。

（三）被告人陈某某的有罪供述存在缺陷

警方将陈某某抓获后，在办案机关审讯5天，直到陈某某作出有罪供述后再送看守所羁押。而且，陈某某全部的4次有罪供述均是在送看守所羁押的当天作出。随后，陈某某即翻供，否认作案。因此，陈某某的有罪供述的取得不具有合法性。

四、证据分析

本案中,被告人陈某某自始至终对其于案发当晚到过被害人家的事实供认不讳,陈某某所供的该情节有其他证据予以印证,证据确实、充分,足以认定。但陈某某辩称,其离开时,被害人是活着的。故本案需要排除的重大疑点是:陈某某离开现场后,有无其他人再进入现场,并实施杀人、纵火行为。现重点围绕该疑点问题,综合在案的全部证据进行分析。

(一)关键的情节及分析说明

1. 现场提取的痕迹物证:在被害人体内检出被告人陈某某的精斑。

分析说明:(1)该情节客观地反映了陈某某于案发当晚到过作案现场,有重大作案嫌疑。(2)该情节结合在案的其他证据,能够认定陈某某在作案现场的时段为当晚8时至12时,该时段与被害人进餐时段、被害人被杀时段、作案人纵火时段、现场起火燃烧时段能够相互印证。(3)该情节与现场发现被害人下身赤裸的情节能够相互印证。(4)陈某某留在被害人体内的精斑是现场提取到的唯一的客观物证痕迹。

2. 救火前现场门窗完好:作案人系和平进入现场。

分析说明:(1)该情节客观地反映了作案人是经被害人同意或者持有被害人家的钥匙进入现场的,作案人于晚上能够和平地进入被害人家,说明其与被害人关系特殊,陈某某既持有被害人家的钥匙,也与被害人曾系同居生子关系,符合上述条件。(2)该情节能够排除流窜作案的可能性,确认应系熟人作案。

3. 被害人下身赤裸;作案当晚天气寒冷:作案日2月19日系农历正月22日。

分析说明:该情节结合在案其他证据能够排除多种情况:(1)能够排除陈某某离开后被害人进餐的可能性。现实生活中,不可能裸露下身去做饭(特别是做较为复杂的米饭、蔬菜)、吃饭、洗碗,特别是在当时正值寒冬,被害人家里没有暖气的情况下。(2)能够排除陈某某离开后他人流窜作案的可能性。作案人是和平进入现场的,被害人不可能裸露下身去为陌生人开门。(3)能够排除陈某某离开后一般熟人作案的可能性。即便是熟人来访,被害人也不可能裸露下身去为陌生人开门。(4)能够排除他人与陈某某共同作案的可能性。因为,在其他人在场的情况下,陈某某不可能与被害人发生性关系,被害人也不可能当着他人的面裸露下身。上述可能性的排除,使得作案人的范围缩小至仅限于与被害人有性关系的人。该情节与从被害人体内检出陈某某精斑的证据能够相互印证,进一步补强了陈某某的作案嫌疑。

4. 作案人实施的作案行为:杀人后纵火焚烧现场。

分析说明:作案人杀人后纵火焚烧现场的原因是为了隐瞒被害人死因、销毁自己留下的痕迹,或者制造被害人自杀的假象。而流窜作案的特点是快速作案、迅速撤离,纵火焚烧现场的原因是为了销毁自己留下的痕迹。本案中,只发现陈某某留下的痕迹,没有发现其他人留下的痕迹;在案证据也只有陈某某有隐瞒被害人死因或者制造被害人自杀假象的企图。

5. 被害人最后一次进餐:被害人晚餐在陈某某到来之前即已完成。

分析说明:(1)陈某某自始至终称,案发当晚其在被害人家期间,未见被害人做饭、吃饭,其回到某广场后自己还弄了饭吃。在律师会见后的第10次讯问中,陈某某翻供,称其离开时,被害人称还未吃饭,留其吃过饭再走,被其拒绝。谢某甲印证了案发当晚陈某某回到某广场家中自己弄饭吃的情节。上述证据能够相互印证,足以证实案发当晚8时30分左右至10时30分左右,被害人没有进餐行为发生。(2)被害人于当晚7时许即已回家,按照惯常的生活规律,早就开始做饭吃,而陈某某是在当晚8时之后到达,这期间被害人足以完成做饭、进餐行为。(3)尸检确认被害人吃的是米饭、蔬菜,依据当时系深夜以及被害人一个人单独进餐的生活习惯,被害人即使要进餐,首选也应该是面条等简便方式。(4)陈某某离开后,被害人虽有进餐的可能性,但根据法医鉴定,这种可能性并不存在,因为鉴定确认当晚10时左右被害人已完成进餐。

6. 被害人的通话记录：案发当晚 7 时 10 分之后再无通话。

分析说明：该情节反映即使陈某某离开后有人进入被害人家，此人也没有与被害人预约，系临时突然造访，被害人系女性，独自在家一般会将门反锁，推断深夜造访者系征得被害人同意后进入，可见，深夜造访者与被害人关系特殊。但并没有发现另有这样一个人。

7. 被告人陈某某在无人告知的情况下即知晓被害人系烧死。

分析说明：证人夏某某的证言证明，20 日上午大约九十点钟陈某某打来电话称谢某某已烧死；周某振的证言证明，当日上午 8 点 20 分左右，其受罗某平之托向陈某某转告谢某某已死亡的消息，但没有告知陈某某的死因；其他证据证明，陈某某向他人打探或陈述被害人生死的消息都是在当日中午之后，当日上午 11 时之前无人向陈某某告知被害人死因。上述证据证实陈某某不需要经任何人告知就得知被害人死因，足以推断被害人之死系其所为。

（二）重要的时间节点及分析说明

1. 被害人回到家中时间：2006 年 2 月 19 日晚 7 时许。

2. 被害人最后一次进餐时段：2006 年 2 月 19 日晚 6 时左右至 10 时左右。

3. 被害人被杀时段：2006 年 2 月 19 日晚 8 时至 12 时之间。

4. 行为人纵火时段：2006 年 2 月 19 日晚 9 时之后至 20 日凌晨 1 时之前。

5. 现场起火燃烧时段：2006 年 2 月 20 日凌晨 3 时之后 4 时之前。

6. 被告人陈某某在现场时段：2006 年 2 月 19 日晚 8 时之后至 10 时 30 分左右。

以被害人最后一次进餐时间为切入点，以每半小时作为一个时段，对照其他重要时间节点，综合上述关键情节，一一进行分析论证：

第一，假设被害人最后一次进餐的时间为当晚 6 时至 7 时许。此时（1）被害人尚未下班回到家中，该时段没有杀人作案可能；（2）被害人或刚回到家中，做饭、吃饭需要耗费一定时间，该时段亦没有杀人作案可能。

第二，假设被害人最后一次进餐的时间为当晚7时30分许。以此推算，杀人作案时间为当晚9时30分许；纵火时间为当晚9时30分之后；起火燃烧时段为当晚12时30分之后至次日3时30分之后4时之前。陈某某于当晚8时之后到达被害人家，此后发生两人清点物品、交谈、发生性关系、起争执、被害人被杀等一系列的事情，均需耗费一定的时间，9时30分许可以完成杀人作案。其他相应的时间节点与本案已确认的关键事实均能吻合，杀人作案的事实能够成立。当晚9时30分许陈某某在被害人家中，作案人系陈某某无疑。

第三，假设被害人最后一次进餐的时间为当晚8时许。以此推算，杀人作案时间为当晚10时许；纵火时间为当晚10时之后；起火燃烧时段为当晚1时之后至次日4时之后5时之前。相应的时间节点与本案已确认的关键事实均能吻合，杀人作案的事实能够成立。当晚10时许陈某某在被害人家中，作案人系陈某某无疑。

第四，假设被害人最后一次进餐的时间为当晚8时30分许。以此推算，杀人作案时间为当晚10时30分许；纵火时间为当晚10时30分之后；起火燃烧时段为当晚1时30之后至次日4时30分之后5时之前。如果陈某某于8时30分左右到达被害人家，而被害人正好刚吃完饭，则相应的时间节点与本案已确认的关键事实均能吻合，杀人作案的事实能够成立。当晚10时30分许，陈某某或还在被害人家中，作案人系陈某某无疑；或刚离开被害人家，若系他人作案，则该人进入现场、实施杀人等一系列的行为无时间完成，可以排除该种可能性。

第五，假设被害人最后一次进餐的时间为当晚9时至10时（鉴定确认的截止时间）时段。此时，陈某某在被害人家中。无论是陈某某的有罪供述，还是无罪辩解、翻供理由，其自始至终称，案发当晚其在被害人家期间，被害人没有实施进餐行为，其回到某广场后自己还做了饭吃。翻供后，陈某某辩称，案发当晚其欲离开时，被害人称自己未吃饭，并留其吃饭。谢某甲印证了案发当晚陈某某回到某广场家中自己弄饭吃的情节。上述证据能够相互印证，足以证实案发当晚陈某某在被害人家期间，没有被害人的进餐行为发生。故被害人的进餐行为在陈某某到来之前即已完成。

第六，为给陈某某回家途中留有更加充足的余地，我们把陈某某离开现场的时间回拨30分钟左右，即假设陈某某10时许离开现场，可以想象下列场景：被害人待陈某某离开后，一分钟不耽搁，即时穿衣、煮饭、炒菜、吃饭，这些活忙完至少已是10时30分许。依此推算，被害人被杀则发生在12时30分左右。这与鉴定确认的被害人死亡时段为当晚8时至12时之间不符。故该假设不成立。如表2所示。

表2 被害人最后进餐时段及对应事件、作案人推理示意表

被害人最后进餐时段（晚6左右至晚10时左右）	杀人时段（晚8时至晚12时）	纵火时段（晚9时后至次日凌晨1时前）	起火燃烧时段（次日晨4时前）	作案人	说明
6时至7时许（被害人尚未回家，不符合）	—	—	—	—	该时段无作案可能
7时30分许（被害人回家并已吃完饭，符合）	推算9时30分许（陈某某到达1小时以上，符合）	推算9时30分之后（陈某某到达1小时以上，符合）	推算截止时间次日晨3时30分左右（符合）	陈某某	陈某某在现场时段为晚8点多钟至10时30分左右
8时许（被害人回家并已吃完饭，符合）	推算10时许（符合）	推算10时之后（符合）	推算截止时间次日晨4时左右（符合）	陈某某	陈某某在现场时段为晚8点多钟至10时30分左右

续表

被害人最后进餐时段（晚6左右至晚10时左右）	杀人时段（晚8时至晚12时）	纵火时段（晚9时后至次日凌晨1时前）	起火燃烧时段（次日晨4时前）	作案人	说明
8时30分许（被害人回家并已吃完饭；陈某某或刚到达，符合）	推算10时30分许（陈某某或尚未离开。符合）	推算10时30分之后（陈某某或尚未离开。符合）	推算截止时间次日晨4时30分左右（符合）	陈某某	陈某某在现场时段为晚8点多钟至10时30分左右
9时至10时（陈某某在现场未见被害人进餐，不符合）	—	—	—	—	该时段无作案可能
10时30分左右（陈某某离开后穿衣、煮饭、炒菜、吃饭）	推算12时30分左右（不符合）	—	—	—	该时段无作案可能

（三）其他疑点的排除

除了上述已经排除的阴燃现象、流窜作案可能、陈某某离开现场的时间及被害人的晚餐时间、被害时间等疑点问题外，本案还有如下疑点需要排除：

1. 陈某某离开被害人家后，有无其他人进入现场作案？

经审查：（1）陈某某于当晚10时30分许离开被害人家之后，若有其他人与陈某某擦肩而过，即时进入现场作案，那么，其进入现场、实施杀人需花费一定时间，则被害人被杀时间至少在当晚10时40分之后或更晚，以此推算，被害人最后进餐时间为8时40分之后或更晚，与在案证据证实被害人在8时许之前即已完成进餐等情节不符。（2）其他人作案与被害人下身赤裸、现场门窗完好、寒冷天气、纵火灭迹等情节不符（前已论述），足以排除该种可能性。

2. 被害人系租房居住，有无其他人持有租住屋钥匙？

经审查：房主耿某燕的证言证明，现场房屋先后四五次租与他人，共有4套钥匙，原租户的钥匙均已退回，她给被害人2套钥匙，自己留存2套，其间无人向其要过或配过钥匙；被害人的姐姐谢某玲曾证明，其有1套钥匙；在案证据证明，陈某某和被害人各持有1套钥匙。因此，其他人持有被害人家钥匙的可能性是有的。但根据在案证据，足以排除其他人作案的可能性，故其他人是否持有被害人家钥匙的疑点问题并不影响本案事实的认定。

3. 被害人家是否丢失财产？

经审查：被害人的亲属证明，被害人有金项链等首饰，但放在老家，平时不戴，身上也只有零花钱。警方认为，被害人随身无贵重物品，其手机亦在案发现场，基本可排除劫财作案的情况。从常理分析，一般人都会有包包之类的物品以及随身携带少量现金备用，但现场勘查时未提取到现金和相关物品。鉴于本案属于火灾现场，烧毁了大量物品，被害人的现金和相关物品也许被大火烧成灰烬，这个疑点问题可得以合理解释。

综上所述，即使排除被告人陈某某的有罪供述，在案的间接证据也足以认定其杀害被害人谢某某，并纵火焚烧现场的事实。

案例十：核心证据缺失　仅依被告人不稳定的有罪供述认定案情造成冤案——被告人杨某某涉嫌故意杀人疑案解析

案件疑情提示： 案发地为地下性交易场所，被害人为化名卖淫女，交往对象复杂，很难通过排查等方式寻找作案人；作案人杀人后用报纸擦拭血迹，但卷宗材料未反映现场有作案人的痕迹物证遗留；警方以悬赏方式征集破案线索，举报人仅因杨某某近期行为反常即向警方检举其有作案嫌疑，但现场目击证人均不能辨认杨某某系作案人；被告人智力异常，且其供述不稳定，时供时翻，随供随翻，凶手是否另有其人……

一、发案、破案情况

2007年5月9日9时40分，XX省XX市XX区公安分局110报警服务台接到当地居民电话报警，报警人胡某清称：租住在XX区某街供销旅社的女子"小王"被人杀死。警方当即派员赶赴现场，迅速查明死者"小王"的真实姓名为郑某某，殁年44岁，系暗中从事性交易的人员，在卖淫嫖娼过程中被1名男嫖客持刀杀死。因无人认识凶手，警方以悬赏的方式发动群众提供破案线索。在侦查过程中，当地居民李某刚向警方举报，称家住XX省EZ市EC区某村的杨某某（时年31岁）曾在某街嫖过娼，最近杨某某害怕遇到警察和老乡，有重大作案嫌疑。同年7月29日，警方在杨某某家中将其抓获。经讯问，杨某某交代：2007年4月，其到该区某街供销旅社嫖过娼，因该旅社老板娘收费过高，其怀恨在心，产生报复心理，决定杀死1名卖淫女而让老板娘脱不了干系。4月29日，其在该区车站路某低价商品店购买尖刀1把。5月9日上午9时许，其携带尖刀到某街供销旅社，以嫖娼为由，跟随1名卖淫女进入该旅社院内一间平房，其将卖淫女打昏后持尖刀朝她身上捅刺数刀，而后逃离现场。经辨认，杨某某确认某街供销旅社的

承包经营者马某某就是为其提供卖淫女之人、警方提取的尖刀系作案刀具。杨某某还带领侦查人员对作案现场、购刀商店、丢弃作案刀具的地点、丢弃包裹作案刀具而黏附血迹的报纸的地点及逃离现场的路线进行了指认。至此，警方认为此案告破。

二、在案证据

围绕被告人杨某某涉嫌杀人等事实，警方和检方依法收集了若干证据，并经庭审举证、质证，归纳如下。

（一）证明案发及现场情况等方面的证据

1. 证人胡某清（某街供销社承租户）的证言：2007年5月9日上午9点半左右，我在某街供销社租住房内做事，听到有人喊"杀人了"，我出门看到田某某（乐某开）、高某某等3名女子从旅社后面的平房跑了出来，说"小王（郑某某）被杀了"。我听后就打了"110"电话报警，报警时间是9点36分。

2. 现场勘验检查笔录及照片证明：现场位于XX市XX区某街道办事处老街供销旅社院内，院内北面有一排平房共3间，东面是一排毛坯屋，在毛坯屋南端第一间的地面上发现2张带血的报纸残片（报纸残片日期为2007年4月29日）。死者郑某某租住的房间为平房最东边的一间（中心现场）。房间床头桌面上有1条白色带血毛巾，房间地面有2处血痕，分别为1.2m×0.7m（1号血痕）、0.4m×0.4m（2号血痕），另见1处抛落状血痕（3号血痕），报纸残片上发现1处抛落状血痕（4号血痕）。现场提取带血的报纸残片2张、带血的毛巾1条、血痕4份。

3. 血痕鉴定意见：现场可疑血痕4份及报纸上可疑血痕均检出人血，且为郑某某所留。

4. 尸体检验鉴定意见：死者郑某某右乳头外5cm平乳头线处有1

处 4.5cm 创口，深达肌肉层，创口上钝下锐，脐上 9cm 正中线右侧有 1 处 4cm×1cm 横行创口创角内钝外锐，深达腹腔。右上臂上段前侧有 2 处 5cm×1cm、3.5cm×2cm 创口，2 创贯通。右上臂近端后侧有 1 处 8cm×2cm 创口，深达胸腔，在右肺上叶及叶交界处形成 1 处 3cm 创口。死者郑某某系被单刃刺器刺破右肺，致急性大失血休克而死亡（法医说明：死者郑某某身上共有 5 处创口，其中 2 处为贯通伤，右乳头外 5cm 平乳头线处的 1 处 4.5cm 创口，深达肌肉层，从检验照片上看，该伤口与贯通伤口相近，有可能是贯通伤口的延伸伤口，右上臂近端后侧的 1 处 8cm×2cm 创口，是致命创口。因此，3 刀可以形成上述伤口）。

（二）证明杀人作案过程等方面的证据

1.目击证人高某某（某街供销旅社承租户）的证言：我租住某街供销旅社后排平房，我住中间；东面租户就是被杀害的"小王"（郑某某），租住时间 3 个月左右；西面租户是夫妻俩，男子姓李，女子姓田（乐某开）。2007 年 5 月 9 日上午 9 时许，我在院子里洗衣服，"小田"在她门口洗头发，我看到"小王"带了 1 名男子到她的房间。该男子约 40 岁，身高 1.72 米左右，皮肤有点黑，不胖不瘦，上穿深色长袖衣服，下穿黑色长裤，脚穿皮鞋。他们两人进房后就把门关了，过了 10 分钟的样子，我听到"小王"喊了一声"哎哟！"接着那名男子就开门出来了，他左手拿了 1 把刀，长 1 尺、宽 1 寸左右；右手好像拿的是 1 张报纸，在擦刀上的血迹。我看到这个情况，就怀疑他杀了"小王"，就问"你在干什么？"该男子没作声直接走了。接着"小田"在前、我在后先后进入"小王"的房间，看见"小王"站在房内门后与床之间的空位置，双手捂住受伤的腰部，她腰部流了很多血，地上都是血。我连忙出去喊人，也没来得及问"小王"是谁杀她。我呼喊之后，房东马老板也过来了，当我们再进去时，"小王"已经倒在房间地上，"小田"把她抱起来，擦她脸上的血。

2.目击证人乐某开（化名田某，某街供销旅社承租户）的证言：我于

2006年7月份租住某街供销旅社。2007年5月9日上午9点多钟，我在门口洗头，听到"小王"（郑某某）在自己租住屋里喊"哎哟！我的妈哟！"我抬头看见1名男子的背影，他正往巷子跑，我赶到"小王"门口，发现地上流了许多血，当时"小王"还用右手捂着腹部站立着。我追出去看那名逃跑的男子，他的人已经不知去向，我就喊旅社的老板小马和我丈夫李某槐，李某槐过来后用毛巾将"小王"肩上的伤口堵住。后来有人报警，警察来后将"小王"送到了医院。这名逃跑的男子比较胖，身高1.66米左右，上穿1件灰色短袖T恤，右手拿了1把有点像刀的东西。

3. 目击证人李某槐（乐某开之夫）的证言：租住某街供销旅社一共3家，租户分别为我与妻子乐某开（别名田芳）、高某某、陈某山与王小凤（郑某某）夫妇。2007年5月9日上午，我听到乐某开喊"小王被人杀了"，随即看见1名年轻男子从我们租住的后院往外走，我只看到该男子的背影，他手里拿着1把长约二三十厘米的刀，上穿黑衬衣，平头，不胖不瘦，身高1.7米左右，估计二十六七岁的样子。

4. 证人马某某（某街供销旅社承包经营者）：案发当天上午，我在家与他人用扑克牌玩"斗地主"，听见后院的乐某开在喊"小马！小马！小王被杀了"，我们赶到"小王"（郑某某）的住处，见她倒在地下，后我们就报警了。当天我没有看见可疑人员进出。我于2006年10月1日开始承包某供销旅社，旅社租住的卖淫女有4个，我只知道卖淫女的姓，但不清楚她们的真实名字。到我旅社嫖娼的人较多，这些嫖客大多都是外地人，喝了酒后到旅社来找"小姐"，我有时也会骂人，弄不好可能会与嫖客结下仇，但没有发生殴打嫖客的事情，我还帮卖淫女从嫖客手上收过钱，自己从中提取好处费，但这些嫖客我都不记得了。

5. 被告人杨某某作了多次有罪供述，具体摘录如下：

（1）2007年7月29日14时第一次供述：（与"跛子"李某刚认识的过程，略）"跛子"带其到一个小巷，进入一间矮屋，其与1名二十五六岁有鼻钉的卖淫女嫖娼，付了60元，没有扯皮。

（2）2007年7月29日19时第二次供述：我在某街道一家旅社内的一间平房杀死了1名卖淫女。2007年"五一"长假过后的一天上午9点钟左右，具体日期不记得了，只晓得那天在下雨。杀的是1名40多岁、偏胖的卖淫女，她的姓名我不知道，我对她的基本情况不了解，当时我也没有和她发生性关系。我杀她就是为了报复那家旅社的老板娘。旅社在某街道的一条窄巷子里的一个丁字路口。

2007年3月初，我跟EZ市柯老板等人一起到某矿修路。大概3月中旬认识了某矿的"跛子"（李某刚），我跟他谈得来。3月底的一天下午，天下着雨，我俩喝酒后，"跛子"说带我去玩女人，我们来到某街上桥头处，走到下坡处右边的一家小卖部，继续往前走到一个丁字路口就是那家旅社，"跛子"把我带进去后和一个女子说话，后来我才知道那个女子就是老板娘，房间里有台电视机，老板娘从外面带来一个女子，老板娘要我付了60元钱，我就和老板娘带来的女子在隔壁房间发生了性关系，"跛子"在大厅旁一个小暗楼与卖淫女发生性关系，"跛子"出来后，我们准备离开，旅社里面一个嘶哑喉咙的男子说"跛子"还没有付钱，"跛子"要我付，我说没有钱，然后"跛子"对老板娘说下回给，老板娘头一点，我们就走了。进旅社大门就是一个厅，正对厅的是一间看电视的房间，进厅往左边有蛮多房间，往右走有一个门可以通到后面的院子，院子有一排平房，后来我就是在面对平房最右边一间房杀的那个卖淫女的，旅社是栋二层楼房，比较破旧。大约过了10天，我一个人又到旅社去嫖娼，也是老板娘出去找的卖淫女，老板娘收了50元，我和卖淫女在看电视旁边的房间发生性关系，完后我出门，那个嘶哑喉咙的男子说"上回的钱还没有给"，我说"我的钱给了"，那个男子说"那个跛子说钱该你给"，我是外地人，不想跟他扯，就掏了30元钱给他。大概到了4月底的一天下午3点钟，我又到该旅社嫖娼，还是老板娘出去帮我找的卖淫女，收了我70元，我和这个卖淫女还是在以前的房间发生性关系，完事后老板娘留我在那里吃晚饭，我给25元钱买了酒、烟，还给了35元钱买了烧烤回来，我偷偷问卖淫女，老板娘给了她多

少钱,卖淫女说给了50元。老板娘回来后,我就问她"你怎么这黑心,别人一般都是提5元钱,你却提20元钱",老板娘说在外面叫的小姐要贵些,我听着不舒服,出门往外走,在门口我转身用手指着老板娘说"老子要杀你",就走了。当天晚上我回到矿里睡觉时,心里蛮不舒服,老板娘每次收费都比别人贵些,想杀一个旅社的卖淫女让老板娘脱不开身,以这种方式报复老板娘。"五一"之前两天,不知是上午还是下午,我从某矿坐客车到了一个车站下车,转到一家卖小商品的店子,进去后,无意识看到进门右手货架处有刀卖,这时,我想到买把刀杀卖淫女,然后,随手从货架上拿了一把刀。把刀拿到收钱处,问店子的女老板多少钱,女老板用手做出"4"的姿势,意思就是4元钱,同时女老板在店子后面桌上拿了一张报纸将刀包着并放进一个黑色方便袋内,我付了5元钱就拿着刀走了。7号之后大概两三天的那天早晨,我在矿超市门口碰到了"跛子",他对我说"你个苕,别人把你的钱哄了,你还不晓得",我认为他说的是旅社的老板娘,当时一听这话,心里就烦,对"跛子"说"我烦不过",然后我就往住的地方走去,这时我心里就产生了马上去杀卖淫女的念头。我回到住处后从我的床底下将事先放在那里的用报纸和塑料袋包裹的刀拿出来,出门往某街上去。走到某矿门口时,我将装刀子的黑塑料袋扔了,然后将报纸包着的刀插在裤子后腰处。到某街桥头处时,我往旅社方向走。我上身穿深色短袖T恤,T恤下摆没有扎在裤腰内,下身穿深色衣裤。我走进旅社大门,当时进大门的小客厅右边墙角有一堆劈好的柴,我将报纸包着的刀插在大门旁边一堆劈好的柴中间。然后,往大厅走去,看到老板娘和别人在看电视的房间打牌,一个女子也就是后来我杀的那个女子,她当时正在看打牌,看到我走进大厅,就问我"做不做'业务'",我说做,然后她带着我从大厅右边的门走到旅社后面的院子,进了最右边的那间房,当时我酒喝多了,没有注意院子里还有没有其他人,进房之后,那个女子把门关好就坐在床上,我走上前去就打了她一巴掌,她问我为什么打她,我说"打你呀?我还要杀你"。她一听这话就起身往外跑,我抓住她,双手猛推,将她推倒在床上,当时她昏过去了,左手朝下面朝床里面侧身躺在床上一动不动,然后,我把门打开走出旅社大门,在柴堆中拿起用报纸包着的刀,将刀插在裤子后腰,原路返回进了那间平房。进房后,我将门掩着,右手从裤腰处抽出刀,报纸还留在裤腰处,然后右手持刀朝那个女子上半身捅了3刀。具体捅在哪个部位我不知道,当时我喝多了,只听到那个女子小声喊了"哎哟",后来她滚到床旁边的地上了,我就出门了。我走出平房后,将裤腰处的报纸拿出来,将刀继续插在报纸中,慌忙中没有插进去,我随手将报纸扔在院子里的一个角落,然后从旅社大门跑出去了,出门后向右拐弯,我看到一条窄巷子,没有想那么多就跑进去了,那条巷子是一条像蛇一样弯曲的小巷子,跑到巷子中间我随手将刀扔了,扔的具体位置我说不上来,然后我沿小路跑到矿里去了,在修路的工地站了一会儿,当天就离开某街道沿铁路往EZ市方向走去。

(3)同年7月31日第4次供述:(与第二次供述的内容相符,且更详细)我第三次到这家旅社去嫖娼,老板娘找来的卖淫女叫"娟娟"(注:未找到此人),收了我70元钱。事后老板娘留我吃饭,当时有老板娘夫妻俩、卖淫女"娟娟"。吃饭时我偷偷问"娟娟"老板娘给她多少钱,她说给了50元,我想着不舒服,对老板娘说"你太黑心,别人都是提5元,你却提这么多",我喝完酒后走到门口时,对老板娘说"别个不杀你,老子都要杀掉你",说完就走了。当天晚上我睡在床上越想越不舒服,就想到随便杀旅社一个卖淫女,好让老板娘脱不开身,我就想以这种方式报复老板娘……那个卖淫女背朝门左手被压在身体下面,右手在身体上面,侧着身体躺在床沿边。我用右手持刀朝她上半身捅了3刀,我捅她时,她的喉咙发出"哎呀"的声音,我捅她3刀后,她从床沿掉到旁边的地上了。我出平房后,想用报纸继续把刀包着,就从裤腰把开始包刀的报纸抽出来,不记得哪只手拿刀,哪只手拿报纸,我把刀往报纸里放,没放进去,我就将报纸扔在院子里靠近铁栅门的一处地上,然后,沿进去的原路从旅社的小客厅走出去,从旅社旁边的一条小巷子跑了。我在逃跑的小巷里看到有一处右边有几块预制板,我随手将刀扔在预制板旁边。

（4）同年8月13日第5次供述：我只知道在旅社里卖淫的妇女大约40岁，她的颈子上系着红绳子，吊着什么东西我没注意，再就那个卖淫女的耳上有耳环，耳环是什么样、什么颜色的我没有注意，上身穿的紧身衣服，颜色我想不起来了，我以前不认识这个卖淫女，也没有和她发生性关系。作案时，我上穿深色短袖T恤衫，下身穿深色长裤，上衣的下摆没有扎进裤腰。我每次嫖娼老板娘收费都收得比较高，我认为老板娘欺负我是外地人，所以对老板娘有意见。我到旅社去嫖过3次娼，第一次是"跛子"带我去的，他说旅社有卖淫女，30元钱可以发生性关系，他带我去时，我看到旅社放电视房间有几个小姐，但她们长相不中，"跛子"叫老板娘出去找，过一会老板娘就带一个女子进来了，然后老板娘收了我60元钱，我和那个卖淫女在另外一间房发生了性关系，我干完后"跛子"才出来，我们正准备离开时，老板娘说还有30元没有付，我说已经付了60元，老板娘说钱是我一个人的，然后"跛子"问我有没有钱，我说没有钱了，"跛子"跟老板娘说下次一起给，然后我们走了。大约过了几天后，我一个人去嫖娼，老板娘出去帮我叫了个小姐过来，收了我50元钱，我和卖淫女在看电视旁边的房间发生了关系，之后我准备走，这时老板娘的老公，也就是嘶哑喉咙的男人要我站住，说我差他的钱，说是上次"跛子"差30元钱，我想我是外地人，怕他叫人打我，就掏出30元给那个男子了。又过一个星期，我一个人又到旅社去嫖娼，老板娘又到外面去叫个小姐，收了我70元，我只知道第三次的卖淫女老板娘喊她"娟娟"。（问：是把什么样的刀？店里有多少把那样的刀？）我没注意有多少把那样的刀，是把木头柄，不能折叠，刀锋比较尖的刀，和我今天辨认的编号为4的刀一模一样。之后我沿小路回到某矿，准备找柯老板拿点钱，但是柯老板不在，我就沿着火车路不知道走了多少天回到EZ市，捡了几天破烂，后来回到家，之后一直没有到某街道了。（问：你作案那天穿的衣服现在何处？）我走回EZ市的途中，衣服脏得要命，就偷了别人晒在外面的衣服、裤子换了，将自己的衣服扔了，扔在哪里不清楚了。

（5）同年9月6日第6次供述：认识"跛子"之后，"跛子"就带我到某街嫖娼，他带我去1次，之后2次都是我自己去的，我一共在老街嫖娼3次，3次的地点都是在铁路边的一个平房。（问：你为什么杀伤人呢？）是"跛子"第一次带我嫖娼时，是一天下午3点钟，我和"跛子"出来到老街，在下坡处经过一个旅社时，旅社的老板娘出来拉我们，我进去一看，没有一个长得好的，我先出来，有4个男子也跟出来，他们几个用拳头打我，把我鼻子打破了，被打之后，我和"跛子"就到铁路边的平房去了，平房里面有好几个小姐，我和"跛子"就在平房这里嫖娼，钱都是我给的，我是30元，"跛子"是25元。之后，我还有两次单独到这间平房嫖娼。我被打后一直不舒服，"五一"长假之前买的刀，买刀子的地点还是之前说的位置。我就想杀旅社的人，我不杀老板娘是觉得没有用处，我就想到去杀旅社内的小姐。杀人的过程，之前我已说过，是属实的。

（6）同年10月26日第7次供述：（问：你在检察机关的供述中，称案发当时，你在EZ市一旅馆睡觉，还有人可以证实你所说是否真实？）我对检察院的人说的是在案发之后，也就是杀人之后，逃到EZ市后的事，我说案发时在EZ市一旅馆睡觉，我是说的假话。我说假话，是因为我心里当时有些不舒服。（问：你偷了工地震动泵的电线后，离开了工地，你在什么地方？这期间在干什么？吃住在什么地方？）我偷了工地的电线后，就仍然在某街道，我在某街道帮拖水泥的车子卸水泥，我卸水泥不是固定的，都是靠从车上卸水泥拿工钱，我晚上睡觉都说不得是睡在车上，车主还给钱我，我卸水泥的线是按6元钱1吨算的。因为卸水泥有了工钱，就在某街道的一些小摊点吃饭，吃饭都没有固定在哪一家。

（7）辨认笔录、指认笔录及照片：2007年8月13日，杨某某经混杂辨认，确认马某某系某街其嫖娼的旅社的老板娘。杨某某还带领警方侦查人员指认了杀人作案现场、丢弃作案刀具、报纸的地点以及逃离现场的路线。

6.XX市XX区气象台气象资料证明：2007年5月9日整天无降水记录，早晨8时能见度为30千米。全天天气为阴间多云。

（三）证明作案工具等方面的证据

1. 证人胡某清（某街供销社承租户）的证言：2007年5月10日下午，我在供销社巷子里看见附近居民唐某的老伴手里拿1把单刃不锈钢尖刀，她称是刚才在路上捡的，我们都认为可能与5月9日发生的杀人案有关，于是我打电话报了警。

2. 证人陈某英（某街西一巷96号住户）的证言：2007年5月10日下午3时10分左右，我从家里出来，准备到街上去，走到付某某家门前的小巷口，看到地上有东西反光，我走过去一看，发现是1把刀子，我当时就用左手的拇指、食指、中指把刀捡起来了，后我想起5月9日供销社有1名妇女被杀的事情，怀疑可能是犯罪分子用来杀人的刀子，就把刀子拿到供销社，找到了在那里开办牙医门诊的胡医生（胡某清），把情况跟他说了，他当时就打手机报了警。这把刀子四五十厘米长，单刃，红褐色木柄，尖端有一点血迹，不很明显。

3. 证人李某枝（XX区低价商品店经营者）于2007年5月13日的证言：大概是2007年4月初的一天，我去打货，主要购进小五金、小百货等商品，顺带进了10把木柄上有三铆钉且不能折叠的水果刀，到现在为止，只卖了3把。2007年5月13日早晨，1位婆婆买了1把，售价4元；第一次卖刀的时间、买刀的人我都记得了；第二次卖刀大概是4月底的一天下午，我也记不清是什么人买的，但是我可以肯定是用报纸将刀包好，装在一个方便袋内卖给顾客的，售价也是4元。因为这种刀比较锋利，用报纸包扎后放在方便袋内要安全些，以免伤了顾客的手。我没有注意买刀人的相貌特征和衣着打扮，当时刀摆在进店子的右边货架处。

4. 鉴定意见：上述刀上可疑血痕检出人血，且为郑某某所留。

5. 辨认笔录、指认笔录及照片：2007年8月13日，杨某某经混杂辨认，确认警方从陈某英处提取的刀具系作案工具。杨某某还带领警方侦查人员指认了购刀的地点XX区低价商品店。

（四）证明被害人身份情况等方面的证据

1. 证人陈某山（郑某某同居男友）的证言：2005年10月份，我在某冶炼厂打工时，同事陈某梅跟我说"乌龙泉街上有一名卖淫女，是外地人，如果可以就认识一下"。当晚，陈某梅介绍我和郑某某见了面，之后我们就开始同居在我租住的房间，一直共同生活至今。郑某某长期在某街道靠卖淫为生，我也管不了，我叫她不做这事，她说负担大，小孩还没有结婚。2007年5月8日晚11点我回到家中，与郑某某发生了性关系，早晨6点35分我上班去了，郑某某还躺在床上看电视。郑某某被害的地方是某街供销旅社的房子，我儿子春节回来后租的，每月租金40元，郑某某每次卖淫都是在这间房。

2. 证人高某某（某街供销旅社承租户）的证言：郑某某总是带一些男子到她房间去，有时一天带二三人，这些男子大多都是40~50多岁，我都不认识，案发当天她带去的男子我先前没有见到过。

3. 证人陈某胜（某街老街供销旅社经营者）的证言：某供销旅社系我和妻子马某某开办，平时都是马某某负责打理，我们就住在旅社一楼。郑某某对我们讲，她叫王小凤。

4. 证人马某某（某街供销旅社承包经营者，陈某胜之妻）的证言："小王"（郑某某）至少有2个住处，1个住处就在附近，即供销社的这间房，是他们夫妻2006年11月份租的，儿子、姑娘回来时，"小王"夫妇就住供销社，所以他们租了2个住处。2007年5月8日晚，"小王"没有在供销住，案发当日早晨她是过来洗衣服的。"小王"平时跟我讲，她有2个儿子、1个姑娘，但她的3个小孩没有来过某街道。此外，"小王"还有1名情人，绰号"胡子"。

（五）证明破案情况等方面的证据

1. 证人李某刚（外号"跛子"，举报人）的证言：杀人案我怀疑是EZ市

某村二组村民杨某某作的案。自2006年11月份,我在某中学的院子里开始帮人看管"麻木"车。2007年3月份,我认识了杨某某,当时杨某某是和20多个老乡在某矿修路,他们也住在某中学院内。认识杨某某后,我们基本上每晚在一起玩,他把他在EZ市的地址告诉我,我用笔记了下来。在发生杀人案之前,我碰到过与杨某某一起修路的人,他们告诉我杨某某偷走了震动泵上的铜线跑了,连行李都没有拿。在发生杀人案的头一天晚上,我见过杨某某,他来到我住处,约我出去玩,我没有同意,我们只说了几分钟闲话,他自己走了。在杀人案发生1个月之后的一天晚上八九点钟,杨某某打电话到我家,约我到老街喝酒,说在老街菜场等我,我让他到某街道来,他说不敢来,说怕碰到老乡和派出所的人,我拒绝去老街,然后就挂了电话。我只带杨某某到老街嫖娼1次,是在杨某某偷震动泵铜线之前,大约2007年4月份的一天下午5点钟左右,我和杨某某步行到某铁路工区的一栋平房里,找人安排卖淫女。在隔壁房间,杨某某和卖淫女发生了性关系,杨某某给了卖淫女40元钱。我和杨某某没有去过某供销旅社,我没有带他去供销旅社嫖娼。

2. 证人马某某(某供销旅社承包经营户)的证言:我不认识李某刚以及外号叫"跛子"的人,也没有见过右半边手脚有残疾的人过来嫖娼。

3. 证人刘某明的证言:我们于2006年12月在XX区某矿承接修路刷黑工程。我们修路多的时候有20多人,少的时候有几个人。我们EZ市这边的只有七八个人,杨某某是EZ市某镇人,是他的同湾村民杨某如介绍过来修路的。根据我的记工本上记录,杨某某是在2007年3月2日到某矿修路的,与我们一起租住在某中学的楼房,他来修路约1个月零几天的时间,2007年4月3日他就离开了,因为我们怀疑他偷走了我们修路的电缆线,由于电缆线价值只有百把元,我们没有报案,只斥责了他,他就没有做了。

4. 被告人杨某某供述:在修路期间的一个晚上,我偷走了震动泵用的电缆线,柯老板晓得后,说要报警,我就离开那里了。

（六）其他方面的证据

1. 司法精神病鉴定意见：被鉴定人杨某某表现符合 CCMD-Ⅲ 中"反社会型人格障碍"诊断标准，作案有现实动机，行为时辨认和控制能力存在，故为完全责任能力。诊断：反社会型人格障碍。意见：完全责任能力。

2. 户籍资料等书证证明：杨某某出生于 1976 年 2 月 12 日，于 1994 年因盗窃被判处有期徒刑三年；2004 年因偷窃被行政拘留 15 日；2005 年 4 月因偷窃被行政拘留 15 日；2005 年 7 月因偷窃被行政拘留 15 日；2005 年 9 月 23 日因盗窃被劳动教养一年六个月，劳动教养期限自 2005 年 9 月 14 日起至 2007 年 3 月 13 日止。

三、证据特点

本案是一起发生在地下卖淫嫖娼场所中嫖客杀死卖淫女的重大刑事疑案，其证据特点如下。

（一）案发地为地下性交易场所

杀人作案现场位于暗中从事卖淫嫖娼活动的旅社租住房内，作案人为未知名的嫖客，作案对象为化名的卖淫女。一方面，我国的卖淫嫖娼活动是非法的，历来都是警方打击的对象，因此，嫖客与卖淫女之间的性交易都是在隐秘中进行，光顾性交易场所的嫖客一般都不表明自己的真实身份，来去无痕；另一方面，这些卖淫嫖娼场所都是地下公共场所，来来往往的嫖客相对较多，鱼龙混杂，对象不特定。上述特点使警方很难通过排查的方式寻找并锁定作案对象。

（二）作案人未留下痕迹物证

经对被害人进行尸体检验，确认作案人未与被害人发生性关系，警方

移送的材料证明，现场没有检出凶手作案时留下的指纹、头发、汗液、脚印等痕迹物证（说明：事实上，警方从作案人丢弃的作案刀具、包裹刀具的报纸上检出了不知名人员所留的指纹、掌印，但没有在卷宗材料上予以记载或说明）。

（三）目击证人不能辨认作案人

本案中，有多名证人目击凶手杀人后逃离现场、用报纸擦拭血迹等情节，但均不能辨认出作案人。

（四）被告人杨某某时供时翻

杨某某归案后，第一次未供认杀人事实，后在侦查阶段多次作有罪供述；案件到了检察机关之后，杨某某翻供，否认到过作案现场，但在警方对其讯问时又称原来所作的有罪供述属实；判处其死刑缓期执行后，二次均以没有到过现场、没有杀人为由提出上诉；判处其无期徒刑后，服判而未提出上诉，综上，杨某某的供述不稳定，时供时翻，随供随翻，需要甄别。

四、证据分析

经审查，依据本案的证据，不能认定被告人杨某某实施了杀害被害人郑某某的行为。现作如下有针对性的证据分析。

（一）本案的侦破过程不自然

案发后，警方经现场走访调查，目击证人均称不认识行凶的嫖客；经现场勘查、尸体检验，警方也没有提取到可以确定具体作案嫌疑人员的痕迹物证，破案工作一时陷入困局，遂以悬赏的方式发动群众举报从而征集破案线索。检举人李某刚也只是掌握杨某某有嫖娼经历且案发后害怕遇见警察和老乡等较为抽象、模糊的事实，怀疑杨某某与该杀人案有关联，而向警方举报杨某某。而事实上，有小偷小摸恶习且长期受有关部门处罚的杨某某一直对警方心存顾忌，本案案发前，杨某某曾偷窃过他人用于修路的电缆线，因担心对方报警而离开了工地，故杨某某对李某刚所称的害怕遇见警察和老乡极有可能是因为此事。警方根据李某刚不确定的举报线索将杨某某抓获归案后，在数小时的连续讯问中，智力不正常的杨某某作出了漏洞百出的有罪供述。至此，警方认为此案已破。纵观上述侦破过程，其不自然之处表现有三：一是抓获杨某某的依据来自检举人不确切的举报线索；二是突破杨某某的口供没有考虑其不正常的智力因素；三是确定杨某某实施杀人行为主要依据其漏洞百出的供述内容；四是忽视了杨某某因偷窃少量财物都害怕警方抓捕而离开工地，怎么会又在实施杀人作案后胆敢回到乌龙泉的疑点。

（二）被告人杨某某的有罪供述不能作为定案依据

1. 杨某某有罪供述取得的合法性存疑。一是警方未提供前3次讯问杨某某的录音录像资料，无法了解警方突破杨某某口供的过程；二是针对讯问中杨某某答非所问、行为怪异、智力状况明显异于常人的情况，警方没有依法采取对应的讯问措施；三是杨某某辩称警方侦查人员将其双手反铐、双腿伸直悬空，致其精神崩溃、意识模糊，作案经过及细节由侦查人员口述，其只需点头、认可。对于杨某某所提出的警方对其刑讯逼供、诱供的辩解意见，警方仅仅作出没有刑讯逼供的书面说明，侦办案件的警方侦查人员没有现身澄清其没有逼供、诱供的嫌疑。

2. 杨某某有罪供述的客观真实性存疑。

（1）杨某某的智力状况不正常。有关证人反映，杨某某喜欢喝酒，傻里傻气。审案法官提讯杨某某，发觉其嘻嘻哈哈，经常答非所问。鉴定意见确认，杨某某的表现符合反社会型人格障碍。杨某某供述，其作案后沿铁路步行回EZ市；捡破烂；长期在运载水泥的车上睡觉；偷他人晾晒的衣服换穿等，行为怪异，上述情况均反映出杨某某的智力状况异于常人，故对其供述的真实性需要仔细甄别。

（2）杨某某的有罪供述不稳定。在案证据证实，杨某某曾作过多次有罪供述，也进行过多次无罪辩解，纵观杨某某的供述及其内容，可以发现其时供时翻、随供随翻，招供与翻供均很随意，显得极不稳定。该情况也可以反映出杨某某智力状况不正常的情况。

（3）杨某某供述的杀人动机不合常理。杨某某供称，其因在马某某开办的旅社嫖娼，马某某欺负其是外地人多收了其几十元钱，并且其曾经在另一家店寻找卖淫女嫖娼的过程中被打，故而起意杀死卖淫女以报复马某某。该供述中，杨某某仅因马某某多收了他几十元钱就起杀人动机，不合常理；杨某某因与马某某有矛盾而杀害无辜之人，不合常理；杨某某因在另一家卖淫店被打而报复马某某，不合常理；杨某某供称杀死卖淫女让老板马某某逃脱不了干系，而不是直接举报马某某从事卖淫嫖娼活动，不合常理。上述不合常理之处，不仅反映出杨某某的作案动机不明，也印证了杨某某智力状况不正常的情况。

（4）杨某某供述的杀人作案经过不合常理，且与鉴定意见、证人证言等证据相矛盾。杨某某供称，其事先将作案刀具藏在旅社大门旁边的柴堆处，进入大厅遇到被害人后跟随她来到旅社后面的平房，进房后被害人把门关好坐在床上，其声称要杀被害人时，被害人起身往外跑，其抓住被害人，双手猛地将被害人推倒在床上，当时被害人就昏过去了，然后其到旅社大门从柴堆中取刀回平房，持刀朝躺在床上的被害人上半身捅了3刀，被害人喊声"哎哟"而滚倒在地上。上述供述内容中，杨某某所称猛推被害人到床上并致其昏迷、取刀回来被害人仍处于昏迷状态的情节，一是将他人推倒在较为柔软的床上能够致人昏迷，日常生活中未曾见闻，明显不合常理；二是假使被害人遭受猛烈的推搡等打击后出现较长时间的昏迷，证明被害人被杀前已身受重伤，但鉴定意见证明被害人身上除几处刀伤外，大脑等部位未见其他损伤，二者相互矛盾；杨某某所称藏刀、取刀的情节，也不符合一般作案人的心理特征，且无证人印证；杨某某所称被害人受刀伤后从床上翻滚到地上，与目击证人高某某、乐某开证明被害人手捂受伤的腹部站立在房间的证言相矛盾。

（5）杨某某有罪供述的内容存在严重瑕疵。杨某某有罪供述的诸多情节或与其他证据相矛盾，或前后矛盾，或无其他证据印证。①杨某某供称，作案当天是下雨天气；而现场勘验检查笔录和天气预报均记载当天天气为阴间多云，全天无雨。二者相互矛盾。②杨某某供称，其共嫖娼3次，第一次系李某刚带其去的，后2次是其自己一个人去的，且3次嫖娼均在同一地点即案发现场供销旅社；而证人李某刚证明，其从未去过某供销旅社，其带杨某某嫖娼的地点是在某铁路工区的一栋平房里。二者相互矛盾。③杨某某供称，其与李某刚在寻找卖淫嫖娼场所被对方殴打；而证人李某刚未能印证该情节。④杨某某供称，其第3次嫖娼完后，与女老板夫妻、卖淫女"娟娟"一起吃了晚饭，听"娟娟"讲女老板多提了中介费后，其心里不舒服，出门前其还对女老板讲"老子要杀你"（经辨认杨某某确认女老板就是马某某）；而证人马某某经辨认后证明，其根本不认识杨某某，既没有名叫"娟娟"的卖淫女，也没有发生留嫖客吃晚饭之事。二者相互矛盾。⑤杨某某供称，案发当天，其在某超市门口遇见李某刚，李对其说"你个苕，别人把你的钱哄了，你还不晓得"；而证人李某刚证明，发生杀人案的头天晚上，杨某某来其住处，邀其出去玩耍，其拒绝了，两人只说了几分钟的闲话。二者相互矛盾。⑥杨某某供称，其进入旅社后将刀藏于旅社大门旁边的柴堆处，进房将被害人打昏后再过来取刀，其间没有注意院子里有没有其他人；而证人高某某证明其看到被害人郑某某带了一名男子到她房间。二者不能印证。⑦杨某某供称，被害人受刀伤后从床上翻滚到地上；而证人高某某、乐某开证明被害人手捂受伤的腹部站立在房间。二者相互矛盾。⑧杨某某供称，被害人戴有耳环；而警方出具说明称，没有发现被害人尸体上佩戴有耳环和戒指等首饰。二者相互矛盾。⑨杨某某供称，其作案当天就离开了某街道，沿铁路走回EZ市，此后至被抓期间再没有到过某街道；而证人李某刚证明，案发后1个月的一天晚上，杨某某打电话约其去某街喝酒，其让杨某某到某矿来，杨某某说不敢来，怕碰到老乡和派出所的人。二者相互矛盾。⑩对于其每次

嫖娼发生性交易的具体房间、嫖资及交付、偷电缆线之后的去向、杀人之后的去向等情节，杨某某的供述也有前后矛盾之处。

（6）杨某某未辨认被害人。杨某某的有罪供述反映，杨某某与被害人有面对面的交谈和接触，其还能清楚地讲述被害人系40多岁的妇女、偏胖、上穿紧身衣服、颈子系有红绳子、戴着耳环等特征，但不知什么原因，在卷宗材料里，没有发现警方或检方组织杨某某对被害人进行辨认的证据。

3. 在案其他证据均属于"先证后供"，且均不能确切指证杨某某涉嫌杀人犯罪。（1）在案证据证实，在杨某某归案之前，警方对作案现场已了解、被害人尸体已检验、作案工具已提取、目击证人已调查、鉴定意见已作出，即使是购买刀具的商店，也是警方先找到并对商店经营者进行了询问，因此，本案的基本情况以及全部有价值的证据，均由警方掌握在先。杨某某归案之后，警方再没有根据杨某某的供述收集有价值的证据。这种"先证后供"，不能排除警方对杨某某逼供、诱供的可能性，从而大大降低了杨某某有罪供述的可信度。（2）证人高某某、乐某开、李某槐均目击凶手作案后逃离被害人房间，但均不能指认此作案人是杨某某；现场没有发现杨某某留下的指纹、头发、汗液、脚印等任何痕迹；作案刀具、黏附血迹的报纸上均只检出被害人的血迹，与杨某某没有任何关联；经营刀具的证人李某枝证明其卖过3把与作案刀具相同款式的刀具，但不能辨认买刀人。

4. 杨某某案发前后的去向不明。（1）案发前。证人刘某明证明，杨某某在某矿修路时，因被怀疑偷了电缆线，而于2007年4月初离开了修路队；证人李某刚证明，杨某某自4月初偷铜线逃跑后，其直到杀人案发生前的头一天晚上才看到他；杨某某供述，其偷了工地的电缆线后，仍然在某街道帮拖水泥的车子卸水泥，其卸水泥不是固定的，晚上睡觉基本上都是睡在车上。从4月初到本案案发5月9日已相隔1个多月，在该段时间杨某某到底在哪里活动？其间是否回到某街道？这涉及其是否有作案时间的问题，但警方未能查实。（2）案发后。证人李某刚证明，案发后1个月的一天晚上八九点钟，杨某某打电话邀其到某街喝酒，其让杨某某到某矿来，杨某某说不敢来，怕碰到老乡和派出所的人；杨某某供述，其作案当天就离开了某街道，沿铁路步行回到EZ市，此后至被抓期间没有到过某街道。证人李某刚的证言与杨某某的供述相矛盾，此情节涉及杨某某是否具有作案时间和李某刚证言的真伪等问题，但警方未能查实。如果系杨某某杀人作案，则李某刚所证杨某某于案发后又回到某街道的情节不符合行为人实施杀人作案后还敢留在案发地的心理特征。李某刚是提供侦破线索之人，而警方又是悬赏征集破案线索，故李某刚举报杨某某涉嫌杀人的动机存在疑问。

5. 被害人社会背景复杂，不能排除他人作案的可能性。在案证据证实，被害人郑某某16岁时在安陆跟一名60多岁的男子学缝纫，后与此男结婚，生有2个儿子和1个女儿；郑某某离开丈夫后，在武汉认识一名叫胡某军的男子，与胡同居了三四年。胡某军刑满释放回来后，隔三岔五就来到某街道与郑某某见面。郑某某在某街道供销旅社卖淫期间，又与陈某山同居。陈某山证明，郑某某靠卖淫为生，与之交往的人员很杂；证人高某某证明，郑某某总是带一些男子到家，有时一天两三人。基于郑某某复杂的社会关系，不能排除他人作案的可能性。

综上分析，除被告人杨某某在侦查机关的供述外，本案间接证据均不能确认被害人郑某某被杀身亡与杨某某有关联，间接证据未能形成锁链，且间接证据与杨某某的供述在诸多情节上相互矛盾，不能得出唯一结论，也不能排除他人作案的可能性。因此，认定杨某某犯故意杀人罪的事实不清，证据不足。

五、后续案情——真凶落网

案发当天，警方侦查人员在现场院子地面上发现了2片残缺的带血痕的某报纸，技术人员提取了血痕，并对报纸进行了显现，发现了1枚残缺掌纹和1枚指纹。次日，群众发现带血痕的刀子后，技术人员对刀子发现现场进行了恢复照相、固定、记录等勘查工作，并将刀子带回技术室进行检验，

发现刀子上有2枚汗液指纹,随后将现场提取的指纹入库查询。上述报纸、水果刀上的血痕经DNA检测为被害人郑某某的血痕,确定报纸为犯罪嫌疑人所遗留、水果刀为作案工具。警方在做了大量排查工作后认为,由于报纸从印刷到发行到读者手上的环节较为复杂,水果刀是案发后第二天在距中心现场北侧百米处被群众发现,故现场遗留刀子和报纸上的指纹、指掌纹无法确定是否为犯罪嫌疑人所遗留,因此,在勘查笔录上没有记录指纹、掌印的情况,也没有将上述情况予以记载后随案移送至检察机关、法院。

2013年3月7日,XX省公安厅要求全省情报信息员通过客户端直连省厅大库查看比对结果并进行人工甄别,扩大指纹破案战果。同月18日,该省某县公安机关刑事科学技术室技术员,筛选出历年公安部发布的A级、B级现场协查指纹发送比对请求。当天下午,比对结果陆续返回,技术员在人工甄别时发现现场指纹案件的1号、2号指纹(本案提取)与捺印指纹的右环指、右中指的纹线结构、花纹类型相同,相应部位细节特征的种类、形态、位置、距离及相互关系等均相符。该捺印指纹系在押犯罪嫌疑人刘某某所留。经警方反复检验,均作出认定同一的检验意见。经讯问,刘某某供述了其因嫖娼沾染性病而报复杀害卖淫女郑某某的犯罪事实。

至此,杀害被害人郑某某的真凶落网,案情真相大白。

参考文献

一、中文著作

1. 本书编写组编著:《党的十九大报告辅导读本》,人民出版社2017年版。
2. 本书编写组编著:《〈中共中央关于全面推进依法治国若干重大问题的决定〉辅导读本》,人民出版社2014年版。
3. 最高人民法院:《中国法院的司法改革》,人民法院出版社2016年版。
4. 最高人民法院:《中国法院的司法公开》,人民法院出版社2017年版。
5. 汪习根主编:《法律理念》,武汉大学出版社2006年版。
6. 田成友:《法官的改革》,中国法制出版社2014年版。
7. 中国社会科学院语言研究所词典编辑室编:《现代汉语词典(第6版)》,商务印书馆2012年版。

二、外文著作

1. [美]本杰明·N·卡多佐:《法律的成长 法律科学的悖论》,董炯、彭冰译,中国法制出版社2002年版。
2. [美]小奥利弗·温德尔·霍姆斯:《普通法》,冉昊、姚中秋译,中国政法大学出版社 2006 年版。

3. [美] 萨伯：《洞穴奇案》，陈福勇、张世泰译，生活·读书·新知三联书店 2009 年版。

4. [美] E·博登海默：《法理学：法律哲学与法律方法》，邓正来译，中国政法大学出版社 1998 年版。

5. [美] 理查德·波斯纳：《超越法律》，苏力译，北京大学出版社 2016 年版。

6. [美] 理查德·波斯纳：《法官如何思考》，苏力译，北京大学出版社 2009 年版。

7. [美] 李·爱泼斯坦、威廉·M.兰德斯、理查德·A.波斯纳：《法官如何行为：理性选择的理论和经验研究》，黄韬译，法律出版社 2017 年版。

8. [美] 布莱恩·福斯特：《司法错误论：性质、来源和救济》，刘静坤译，中国人民公安大学出版社 2007 年版。

9. [美] 亚伦·德肖维茨：《合理的怀疑：从辛普森案批判美国司法体系》，高忠义、侯荷婷译，法律出版社 2010 年版。

10. [美] 约翰·奇普曼·格雷：《法律的性质与渊源》，马驰译，中国政法大学出版社 2012 年版。

11. [美] 戴维·奥布莱恩：《法官能为法治做什么：美国著名法官讲演录》，何帆等译，北京大学出版社 2015 年版。

12. [德] 卡尔·拉伦茨：《法学方法论》，陈爱娥译，商务印书馆 2003 年版。

13. [德] 伊曼努尔·康德：《纯粹理性批判》，蓝公武译，商务印书馆 2007 年版。

14. [法] 勒内·佛洛里奥：《错案》，赵淑美、张洪竹译，法律出版社 2013 年版。

15. [美] 弗洛伊德·菲尼、[德] 约阿希姆·赫尔曼、岳礼玲：《一个案例 两种制度：美德刑事司法比较》，郭志媛译（英文部分），中国法制出版社 2006 年版。

16. Richard J. Terrill, World Criminal Justice Systems: A Comparative Survey, 8th ed., Cincinnati: Anderson Publishing, 2012; John H. Langbein, Torture and the Law of Proof: Europe and England in the Ancien Régime, Chicago: University of Chicago Press, 2006.

三、其他

1. 陈光中：《刑事证据制度改革若干理论与实践问题之探讨——以两院三部〈两个证据规定〉之公布为视角》，载《中国法学》2010 年第 6 期。

2. 陈卫东：《中国刑事证据法的新发展——评两个证据规定》，载《法学家》2010 年第 5 期。

3. 陈瑞华：《关于证据法基本概念的一些思考》，载《中国刑事法杂志》2013 年第 3 期。

4. 龙宗智：《英国对沉默权制度的改革以及给我们的启示》，载《法学》2000 年第 2 期。

5. 周强：《最高人民法院工作报告（摘要）》，载《人民日报》2018 年 3 月 10 日，第 2 版。

6. 胡云腾：《聂树斌案再审：由来、问题与意义》，载《中国法学》2017 年第 4 期。

7. 蔡彦敏：《从 O.J. 辛普森刑、民事案件评析美国诉讼制度》，载《中外法学》1998 年第 3 期。

8. 孙海波：《不存在疑难案件？》，载《法制与社会发展》2017 年第 4 期。

9. 王星译：《反思疑罪从无及其适用》，载《环球法律评论》2015 年第 4 期。

10. 郭彤：《从辛普森案看美国的司法制度》，载《政府法制》1996 年

第 1 期。

11. 闵春雷:《以审判为中心:内涵解读及实现路径》,载《法律科学(西北政法大学学报)》2015 年第 3 期。

12. 李训虎:《口供治理与中国刑事司法裁判》,载《中国社会科学》2015 年第 1 期。

13. 黄金华、黄鹂:《论讯问方法运用的正当性及其界限——以口供获取为视角》,载《法学》2014 年第 10 期。

14. 苏越、郝卯亮:《小阿姆斯特朗犯了杀人罪吗?——谈谈反驳的运用》,载《新闻与写作》1992 年第 4 期。

15. 唐嫣:《米兰达规则的前世今生》,载《开封教育学院学报》2014 年第 7 期。

16. 徐隽、张璁:《法官员额制改革在全国法院全面落实:85% 司法人力到办案一线》,载《人民日报》2017 年 7 月 4 日,第 11 版。

17. 黄怡:《司法责任制的法理基础与完善路径》,武汉大学 2018 年博士学位论文。

18. 杨宇冠:《非法证据排除规则研究》,中国政法大学 2002 年博士学位论文。

第一版后记

时光荏苒,岁月匆匆。素什锦年,稍纵即逝。不经意间2019年静静而来,又在悄然离去,花开花落,我在湖北省高级人民法院工作已届满12周年,又一个轮回过去了。

12年间,我周而复始地从事刑事审判工作,固守着年少时"挥斥方遒"而成就的法治信念。倒是办公桌上的卷宗,永不停歇地来了又去、去了又来。在铿锵正义的判词中,一件件大案、要案、疑案被彻底画上句号,永远停封于装载历史的档案馆。就这样,年复一年,日复一日,我醉心于时光徐徐流淌、卷宗细细翻阅、法槌声声起落、裁判字字斟酌的场景之中,浑然不觉韶华已白头,岁月脱下了青春的华装,带来了斑斑的沧痕。曾经的梦想,一生的执着,在轻轻的叹息声中徐徐落幕,徒留几番惆怅。

"铁打的营盘,流水的兵",法院亦是如此。12年来,省法院的办公大楼依然伟岸高耸,审判法庭依然庄严静穆,但出入办公大楼、审判法庭的面孔却时时发生着变化,年年都在更迭,老面孔逐渐隐退,新面孔不时涌现。如今,我也成了老面孔。

省法院北邻沙湖。明清年间沙湖又名歌笛湖,一直被誉为武汉的"城市之眼"。这只"城市之眼"历经磨难,曾因填湖建房、污水排放、垃圾堆积而浑浊不堪。经过近几年的精心治理,沙湖的环境已日益好转,如今已成为国家级湿地公园,宽阔的湖面,清澈的湖水,四岸绿树成荫、鸟语花香、高楼林立,重现了昔日风华。每当工作繁忙困顿、思维陷入僵局,我都会倚窗而立,远眺静默的湖水,繁杂的心境似乎瞬间得以安歇,困惑随风而逝,

思路豁然开朗。这些年来，这只"城市之眼"给了我许许多多的启迪，成了我的灵感之源。

近几年，许多新面孔被分配到刑事审判庭，成了我的同事，他们有的刚出校门，稍显稚气的脸庞上写满了自信，脑海里镌刻着坚定的法治信念，满腹诗书法理，洋溢着青春活力。他们已经不满足于老一辈法官"办案机器"式的审判方式，热衷于在审案之余进行调研、总结、写作，经常在媒体发表一些高品质的理论成果。我由衷为法院欣欣向荣的局面而感到自豪和骄傲。但是，"法律的生命从来不是逻辑，而是经验"，这些新面孔缺乏经验，包括生活的经验、社交的经验和审判的经验等，因此，他们有时候感到些许困惑与彷徨，无法突破法学理论与审判实践深度融合的桎梏，在审判大要案时常常显得力不从心。

我也曾经经历过成长的烦恼，理解他们的困境。虽然他们尊称我为"老师"，但我只能就事论事，往往只是针对审判中涉及的具体问题而讲解一时之惑。每每听到他们"智言慧语拨开云雾万千"等"恭维"的话语，我就有一种深深的愧疚，显然，这种就事论事般的帮助远远不够。但是，我从未想到要将多年以来的审案经验形成系统性的、普遍性的、指导性的理论。

直到有一天，一位才华横溢的新面孔向我提议："柯老师，您资历深厚，既有多年审判大要案的丰富经验，又有研究室的写作功底，为什么不写点什么呢？会审案的法官不少，但能够将审案经验总结、提炼、升华为裁判规则的法官太少了。"一席话深深地触动了我！我突然想起自己已在法院工作数十年，除了案件之外，还没有留下只言片语，眼看已近职业暮年，难道也像许许多多的老面孔一样，到退休时也是"挥一挥衣袖，不带走一丝云彩"？这一天，我又一次凝望沙湖，心里却久久不能平静，我想到了司法界目前理论与实务较为脱节的现状，想到了法官办理重大刑事疑案的种种困难迹象……一个决定在心中默默形成：我要将平时审案的点滴体验通过慢慢地回忆记录下来，做一些对中国法治建设有意义的事情。

刑事疑案的办理涉及方方面面，从何写起呢？就我近20年刑事审判工

作实践中的体会,案件的法律适用方面尽管有不少难点和问题,但已经有很多的学者进行了较为全面和充分的研究;而刑事疑案的证据运用和事实认定,恰恰是刑事案件审理的症结所在,但研究者甚少。不少刑事法官不善于运用证据分析的方法来认定案情、表述事实,在裁判文书中往往只是一句"予以采信"或"不予采信"一笔带过,这既与当前关于加强裁判文书说理的司法改革要求不符,也与新时代新形势下当事人、律师及社会公众对司法公开的法治期盼不符。尽管刑事疑案的证据分析和事实认定是块硬骨头,但确有研究的必要。

思路已定,筛选案例,搜集资料,想想写写,停停改改,几易其稿,耗时近一年,终于完成了既定的目标。说来简单,行动起来却也是困难重重:一来,我懒散惯了,多年没写文章,缺乏资料、素材;二来,我多年来疲于应对审判业务,疏于理论研究,缺乏写文章的技术性规范;三来,我有神经衰弱的老毛病,过度用脑则睡不好觉。所幸还是坚持了下来,工作日下班后,我常常留在办公室伏案写作;许多个周末,我也不由自主地来到沙湖之滨,只为即时记录下脑海中闪现的灵感。

秋天是收获的季节。一路走来,尽管有风雨兼程的劳作之苦,但更有硕果初现的欣喜。文稿的完成,除了我自己努力克服写作的困难之外,还得益于身边同事们的不吝赐教、无私帮助与鼎力支持。他们为我提供案例素材、裁判思路、写作建议,甚至为我查阅资料、核稿修正,没有他们的帮助,我的工作难以完成。出于对案件承办人保密等多重因素的考虑,我不能将为我提供帮助的同事的姓名一一展现。他们都是省法院刑事审判的脊梁,优秀的法官,他们的姓名我将一一铭记于心,并在此向各位优秀的同事表达最诚挚的敬意和感谢!

琰初

于2019年8月8日立秋之夜

再版后记

《疑案审判》一书自2019年10月出版，迄今正好5年。这5年，世界局势波谲云诡、风云变幻。这5年，我个人生活也发生了重大变化。书稿完成后，我根据《公务员法》有关规定申请提前退休并得到组织批准，从而告别法官生涯，成为普通群众。当年，刚过五旬，走出机关，步入社会，对自己人生下半程之旅怀有美好期待，但事与愿违，由于疫情的影响以及自己健康状况不佳等各种因素交织，特别是我妹妹英年病逝，让我深切体会到人生无常、世态炎凉。以后的日子过得浑浑噩噩，毫无生机，甚至抑郁缠身，看书听曲心神不宁，提笔抒情丧失兴趣，法学问题更是避之不谈。为了不使自己颓废下去，旅行成了我缓释心境的药方，5年间，我尝试过多次说走就走的旅程，浪迹于戈壁沙漠、雪域高原、水乡古城、大江大河、史迹物馆之间，用心感受大自然的美好，以疲惫去除烦恼，用风景慰疗心伤。

让我感到欣慰的是，《疑案审判》一书出版后，口碑尚可，得到了不少读者的肯定。销量也可以，第一版印刷的数千册已经脱销。自己只是一名普普通通的法官，能在退休前出版个人专著，为中国司法作些贡献，心中还是有点小小的成就感，从未奢求书能畅销，只要不给出版社造成亏损也就万幸了。疫情结束后，社会生活慢慢回归常态，有些司法界的朋友找我索书，于是我考虑到书的再版问题。我想将书再版的另一个原因是，《疑案审判》书中所收录的9个案例，都是"证实"的，没有"证伪"的，也就是说，9个案例，通过证据分析与判断，所得出的结论都是认定犯罪嫌疑人作案能够成立，缺乏认定犯罪嫌疑人作案不成立而无罪的案例，这是一大缺陷与遗憾。

我想通过本书的再版,增加一个典型案例,弥补这个缺陷。另外,《疑案审判》的书名也有片面性,因为书中的所有案例,并没有提到法院审判的环节,而自始至终所涉及的都是对证据的分析与判断,这种专业的证据审查问题不仅涉及法院审判环节,也涉及公安机关的侦查环节,检察机关的批捕、起诉环节,因此也寄希望于再版时一并完善。

本书能够再版,特别要感谢人民法院出版社及张怡编辑,我提出自己的想法后,得到了张怡编辑的大力支持。本书的再版是出版社给予我最大的鼓励和鞭策,也是我的荣幸。

再版启用了笔名,一来与自己的上半程做个适当的切割,二来新的名字预示着新的愿景和新的开始。寄望以本书再版为起点,开启我人生下半程新的篇章!相信自己!祝福自己!

琰初
于二零二四年农历九月九日重阳之夜